刘海永 著

一座城的民国记忆

中国书籍出版社
China Book Press

图书在版编目（CIP）数据

一座城的民国记忆 / 刘海永著 .—北京：中国书籍出版社，2014.9

ISBN 978-7-5068-4429-1

Ⅰ．①一⋯ Ⅱ．①刘⋯ Ⅲ．①文化史—开封市—民国—通俗读物

Ⅳ．① K296.13-49

中国版本图书馆 CIP 数据核字（2014）第 214625 号

一座城的民国记忆

刘海永　著

图书策划	武　斌　崔付建
责任编辑	牛　超　赵晓秋
责任印制	孙马飞　马　芝
出版发行	中国书籍出版社
地　　址	北京市丰台区三路居路 97 号（邮编：100073）
电　　话	（010）52257143（总编室）（010）52257140（发行部）
电子邮箱	chinabp@vip.sina.com
经　　销	全国新华书店
印　　刷	北京中华儿女印刷厂
开　　本	710 毫米 × 1000 毫米　1/16
字　　数	290 千字
印　　张	18
版　　次	2015 年 1 月第 1 版　　2019 年 4 月第 2 次印刷
书　　号	ISBN 978-7-5068-4429-1
定　　价	56.00 元

前　言

　　要穿多少老街巷看多少老门楼访多少四合院，才可以把这个城市绘入心中；要喝多少碗羊肉汤吃多少块花生糕喝多少坛纯粮酒才可以把乡音说的跟开封话一样香甜？要走过多少小桥游多少寺庙观多少亭台和楼阁听多少场祥符调儿，才可以在虹桥遇到倾国倾城的李师师，看到那个经常出入烟花柳巷"凡有井水处，皆有柳永词"的柳三变，瞥见那个绘就市井风华的张择端；一个人遇见一座城，一个一个走访沧桑典雅、风流遗韵的老街旧巷，要吟咏多少句宋词才会把陌生的城市当成亲爱的故乡啊！

　　从启封故城到名城开封，从黄沙掩埋到杨柳葱葱，从古国文明到文治武功，从边塞号角到梦幻东京……是长江黄河朵朵浪花摇落古城街巷上空的满天繁星，仿佛打碎的山河延伸了大宋的光荣。多年来，我一直固执地认为，开封的厚重文化的代表不仅仅是龙亭、铁塔，开封真正的文化在市井之中，在纵横交错、棋盘般的老街巷之中。无论是《清明上河图》中描绘的市井生活，还是北宋以来，中原文明的起起落落，黄河的层层淤泥堆积，潜藏的文明滋养了皇城根儿下开封人的个性。那些曾经被战火抑或黄水摧毁的街巷，在废墟之下一次次被刷新。寂寞斜阳，寻常巷陌，城池变幻的只是大王旗，而永远遗存的是在老地方重新垦殖和营建。从《东京梦华录》到《如梦录》，那些千年以来的街巷名字，穿越千年，行不改名、坐不改姓。一条街道，贯穿帝都南北，一千年过去了，依然还在中轴线上。一个胡同，经历风雨和岁月嬗变后，依然逶迤老城，不曾离去。余秋雨说，开封"像一位已不显赫的贵族，眉眼间仍然器宇非凡"。而我却认为，这些老街巷、老房子，就像这位贵族身上的环佩抑或珠宝，尘土掩饰不住熠熠生辉的灵光，在现代化的进程中，唯有开封的这些老街巷，是重新唤醒古都气韵和重新召来街市繁荣的现实载体。

开封，名人荟萃，灿若群星。远古有仓颉，春秋有师旷，战国有信陵君，东汉蔡邕、蔡琰父女，诗文俱佳。宋祁宋庠同为状元。无论是江淹、阮籍还是曹植都在文学史上留下永恒的灵光。无论是亚圣孟子、诗仙李白，还是北宋时的太祖、徽宗、张择端、孟元老等，明清时期的于谦、史可法等。近代开封作为中原重镇，许多军政要员及社会名流都和开封有交集，近代很多风云人物和历史事件都与开封有关联，立足开封历史文化，就可以整合河南的历史，一部河南史就是半部中国史。

京剧在开封，传播甚广，四大名旦曾到开封演出，留下一段段佳话。为满清殉国的第一人冯汝骙故居在省府后街现 38 号，辛亥革命时期的河南十一烈士，徐世昌、张钫、张登云，文博大家关百益、武术大师张文广、刘玉华等等。他们皆在开封留下了深深的足印——从而转化为了这座城市历史文化中的重要记忆。

清末至民国时期，开封作为河南省府所在地，是中原地区近代社会、经济、文化变革的中心。由于地处内陆，间接受到西方文化的影响，其文化领域呈现出新旧交替的特点，在思想界、科技界、教育界、文学界，都发生了深刻的变革，也在豫中大地处于先进的代表地位。名人故居，顾名思义，是指名人出生或较长时间居住、生活过的住宅建筑，是名人成长和生活的见证，也是历史文化的载体。开封现存的这些名人故居当之无愧的是我们弥足珍贵的物质、人文资源，更是开封历史文化名城的重要组成部分。

一片灰瓦揭开了旧时文明，一堵城墙抵御了异族的进攻，一幅画卷呈现了市井风流，一条街巷珍藏了童年时光；一场斗鸡拉开了街巷民俗，一块青砖打开了尘封记忆，一朵菊花绽开了璀璨笑脸，一抹余晖映照了帝都从容……

序：不是每个刘海永都有一座城市

在著名的《前赤壁赋》中，苏东坡的一段文字我目之为神品："且夫天地之间，物各有主，苟非吾之所有，虽一毫而莫取。惟江上之清风，与山间之明月，耳得之而为声，目遇之而成色，取之无禁，用之不竭。是造物者之无尽藏也。"这段文字的妙处，可意会而不可言表。若强作解人，那就是苏东坡在探讨一种自然而然的"得"与"遇"：自然无主，静待人来。当开悟了的耳目"得""遇"自然，则可"为声""为色"，寓目骋怀。

"得""遇"，这也是我所能想到的谈论刘海永的角度。

我和刘海永有着二十年的私谊，因此，谈论刘海永，即使有意识控制，我难免也会羼入个人情感。这对刘海永也许并不公平。为避免陷入私人情谊这个天然陷阱，我必须说，刘海永是个受益者，他从开封这座城市的文化肉身上汲取了太多的营养。

刘海永是幸运的，因为不是每一个刘海永都有一座城市。

开封这座城市有大喜大悲的过往，用开封话来说，那就是"吃过大盘荆芥"。城市和人一样，悲喜之后历练出的是一种波澜不惊的淡定。是啊，帝国和王朝都成过眼云烟了，还谈什么"脂正浓粉正香"，还谈什么"公子与红妆"，大不了是"寻常巷陌，人道寄奴曾住"，如此而已。

这样的城市经得起繁华，也承受得了冷清；担得起盛誉，也扛得起不屑，因为，这样的城市在文化心理上早已"自足"。"木末芙蓉花，山中发红萼"，开封就像那朵芙蓉花，在无涯的时空里且开且落。

刘海永"得""遇"的就是这样一座城市。

他背着单反，走在这座城市的大街小巷；他现身鬼市，和熟悉的旧书摊主窃窃私语……他钩沉旧物，索引往事，探究掌故，考察陈迹，于是，他遭逢了开封文化的"无尽藏"；惜时人物皆奔来眼底，从前故事亦涌诸笔端，于是，刘海永看到了另外一个开封，还原了另外一个开封。此之谓目遇之而成色，心得之而为文。此非幸运而何？

"民国记忆"是开封这座城市文化"无尽藏"具体而微的一个侧面，但在某种意义来说，这个侧面却自有其价值。

开封为民国时期河南省省会所在地，省会城市加上八朝古都的底子，让开封在民国时期依然呈现着顾盼生辉的"美人"风韵——虽然迟暮。特定的时代，特殊的地域，让地接南北，承东启西的开封成为一个舞台，河南省内人物自不必说，那个时代有着全国影响力的省外人物，也都和开封有着深深浅浅的交集。如今，当年的风流虽被雨打风吹去，但"记忆"却潜藏在了岁月的深处，晶莹剔透，不可方物，静待每一个刘海永的到来。

其实，对于刘海永来说，他所钟情的是"记忆"，他只是要还原出属于他的这座城市的特定时期的样貌，至于这个时期是"民国"还是"明""清"并不是首要问题。他热爱这座城市，他要考究这座城市被历史所"记忆"的样子，就像爱上一个人，就想知道他过去的一切一样简单。

而最简单的东西，往往最为珍贵。

我对海永所做的这种"简单"的一切格外重视，但有一句话我一直没有告诉他，那就是，虽然他在开封这座城市里生活了二十年，但在潜意识里，他和这座城市是疏离的——尽管他比真正的"土著"开封人还要"开封"。

在"自媒体"里，刘海永经常称呼他所寄身的开封为"别人的城市"。起初，我对他这个说法很不以为然。因为，刘海永出生在杞县——对，就是传说中杞人忧天的那个地方。在行政区划上，杞县是开封的辖县。杞县既为开封辖县，杞人也就是汴人，身为汴人，将开封呼为"别人的城市"似有"为赋新词"的矫情之嫌。

但后来我意识到，这种"自远"于开封的疏离感对于刘海永来说十分重要。正是这种骨子里散发出来的疏离感，让刘海永对开封这座城市保持了足够的激情和旁观的兴趣，并成为了真正意义上的开封这座城市的"爱好者"。而当刘海永有朝一日和这座"别人的城市"融为一体之时，也许他会和身边大多数人一样，对许多原本令他激动不已的东西视而不见听而不闻。

刘海永热爱这座"别人的城市"，他以"疏离"的姿态热爱着这座"别人的城市"，拥有着这座"别人的城市"。这让他对这座"别人的城市"的一点点蛛丝马迹都有了异样的洞察力，并具备了抽丝剥茧的思考力。

在文化上，拥有一座城，并以"疏离"的姿态拥有着这座城市，这是何等的幸事！

是的，不是每一个人都能拥有一座城。对于写作者来说，更是这样。

然而，拥有一座城，也仅仅是拥有了一种可能，拥有了一种思考和探究的可能。若无足够的定力和与之匹配的能力，这座城市巨大的吸附力会让一个人无法自持。类似的事情几乎每天都在发生，每个人都会遇到。但刘海永有着难得的清醒，他拥有这座城，却"疏离"着这座城。于是，他可以以他自己的方式自由穿梭于这个城市的每一个角落。

刘海永家住开封西区，工作地点却在开封这座城市的东南隅，他每天必须骑行穿过大半个开封城。这让他对于他所寄身的这座城市有了直观的体认。直观的体认对于一个写作者至关重要，因为来自直观的东西往往最具质感。

和所有的"记忆"一样，这座城市的"民国记忆"也在一点点风化、湮灭，承载"记忆"的媒介也不可逆地走向了损毁一途。尤其在城市大规模拆迁改建这样的背景之下，这个城市的文化记忆链条随时都可能中断，而这些链条一旦中断，那些弥足珍贵的东西也许从此就再无消息，被掩埋在一层层的泥沙之下。因此，刘海永所做的打捞、保存、呈现这些"记忆"的工作，就有了不言自明的意义。

也是从这个角度上说，不是每个刘海永都有一座城市也可换做另外的说辞——不是每座城市都能有一个刘海永。是啊，张择端以及他的《清明上河图》和开封不是一种共生的关系吗？孟元老以及他的《东京梦华录》和开封不是一种共生的关系吗？

以此祝贺刘海永的作品出版，并以此纪念我和刘海永由来已久的友谊。

是为序。

郭灿金

2014 年 5 月

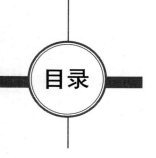

目录

◆名士风流铮铮骨◆

◆风骨文章屹风雨◆

◆士志于道明月心◆

大师背影渐远去

康有为：游历开封留遗韵

1923 年的春天，66 岁的康有为从洛阳来到了开封。因为参加吴佩孚的五十寿诞，康有为也亲临现场并撰写一副泥金对联，作为寿礼，其文曰："牧野鹰扬，百岁勋业才半纪；洛阳虎视，八方风雨会中州。"显然是一副拍马屁的对联。那时的康有为已经不是清代光绪皇帝时的康有为，甲午海战，清政府败于日本之后，康有为曾经 7 次上书，要求变法图强。1895 年更是邀集在京城参加会试的 1300 名举人再次联名上书，史称"公车上书"。他成了那个时代的风云人物，成了晚清政局中的一枚重要的改良派人物。随着"百日维新"的失败，在戊戌六君子遇难于"菜市口"之后，他踏上了流亡日本之路，在苟延残喘中经历了大清的覆亡和民国时期的军阀混战。曾寄托于张勋的复辟，曾想依靠溥仪崛起，屡屡碰壁后，以清朝遗老自居的康有为似乎不再关心政治，疏远了年轻时代的远大抱负，

康有为

而纵情于山水，开始相忘于江湖。吴昌硕曾给他治印上刻："维新百日，出亡十六年，三周大地，游遍四洲，经三十一国，行六十万里"。

1923 年 4 月下旬，康有为携梁仗侯、徐善伯从上海出发，先是在洛阳，经过祝寿活动一系列的接触，康有为看出了吴佩孚倔强固执、自以为是、独断专横、刚愎自用的性格，无心再施展抱负了。他要求到开封一游，顺便讲学，并打算到西陵给光绪皇帝扫墓。吴佩孚很是激动于康有为的贺联，便派高级顾问郑焯全程陪同照顾康有为一行游历开封。河南军政长官诚心邀请，"订平原十日之约"，4 月 27 日，康有为来到了开封，遍游铁塔、龙亭、相国寺等诸名胜。开封之行，他的心情一再闪现思想的火花，由消极灰暗一度转为豪情满怀。

一

康有为在郑焯的陪同下游览了开封的名胜古迹，晚上居住在郑焯的公馆。河南省政府的各界名流很是仰慕康有为，皆拨冗亲临现场陪康有为同游开封。他们先游览铁塔、相国寺、繁塔。游览了铁塔后，康有为怀古思今，颇有感慨，专门写了一篇文章《开封琉璃塔记》："癸亥三月，康有为登绝顶而作天游，俯视城郭人民。扪壁顾梁用弧而叹曰：此塔皆琉璃也。当西历十纪时，为万国琉璃砖之先河。煜耀山川，照映日月，不止中妙之神物，实为大地之瑰宝，惜国人不知。"康有为详细考察了塔中十层琉璃像，他认为宋代的东西已经很少了，那些造像大多都是洪武、正德、嘉靖、万历、乾隆等时期增修的。

4 月 29 日上午，康有为到南郊游禹王台，作《癸亥三月十四游河南开封禹王台》："万里河流俯碧芜，芒砀云去不能呼。吹台高处远观集，授简而今感大夫。"30 日在游龙亭时，康有为登高眺望，南望古城历经兵火已非旧日繁荣，北望黄河滔滔天上来，明镜不知悲白发，颇有感触，这时，随游人员笔墨伺候，康有为挥毫写就一副楹联，联曰："中天台观高寒但见白日悠悠黄河滚滚，东京梦华销尽徒叹城郭犹是人民已非。"末署"癸亥三月（注：农历）南海康有为题"。另又写诗一首："远观高寒俯汴州，繁台铁塔与云浮，万家无树无宫阙，但见黄河滚滚流。"此诗在落款的时候，康有为曾一阵沉思，

大师背影渐远去

他思想守旧一直不承认民国年号，但是也没有清代年号可写了，于是他想起了一直尊崇的孔子，就把日期写成了"孔子二千四百七十四年"，孔子是公元前551年诞生，暗合了公元1923年，现在龙亭大殿东边的石阙上，至今犹存康有为的墨迹。

二

1923年，康有为的开封之行，品尝了美食之后，还给开封带来了一场精彩的讲演。据《河南省志·大事记》（第2卷）、《开封市志》（综合卷）以及《开封大事记》中记载，4月29日下午康有为在直奉会馆讲学。直奉会馆原称冀宁会馆，为河北、辽宁、吉林、黑龙江四省旅汴同乡共同组建。该馆成立于清道光年间，馆址设于自由路，今儿童医院处，其前身是创建于康熙年间之直奉八旗公馆。初称八旗会馆，后称直奉会馆。

《万木草堂遗稿》卷七曾经收入了这篇题为《开封演讲辞》的文章，后来收入姜义华、张荣华编校的《康有为全集》（第十一集）。康有为在开始演讲的时候，先来了一个"小书帽"，虚怀若谷地说，中州为自古文化发达之地，人物殷盛，治教繁赜，难以尽数。康有为自谦说自己读书少，因为对中州十分久仰，所以这次演讲就不敢推辞。"兹特就游历及读书所得之概，与诸君子言之。我辈圆颅方趾，不是天神，不是禽兽。无论为官为民，为士农工商，总而言之曰人。既在世界生而为人，即有人之道，即应知人之所以为人之道。"康有为在演讲中洋洋洒洒讲了半天，从人道讲到宗教，从宗教讲到礼仪道德，从礼仪道德讲到孔子之道。康有为列举了严复的来信："静观欧洲三百年之文明，只重物质，然所得不过杀人利己、寡廉鲜耻而已。回思孔子之道，真觉量同天地，泽被寰区。"康有为分析了欧洲富强主要在其物质，"吾国长于形上之学，而缺于形下之学，科学不讲，物质不修，故至贫弱，不能富强"。

康有为希望今天的中国应该"外求欧美之科学，内保国粹之孔教，力行孔子之道，修身立志，以为天下国家之用"。

三

康有为游开封期间，河南军政要员在又一新饭庄设宴款待他。长垣籍名厨师黄润生等精心烹制了几道开封特色名菜，康有为品尝后连连称好，其中最让他欣赏的是"煎扒青鱼头尾"。他食后，便以西汉"奇味"——"五侯鲭"为典故，当即泼墨写下了

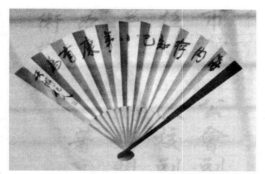

康有为给黄润生题扇面

"味烹侯鲭"四个大字赞之；意犹未尽，又在一把折扇上写下"海内存知己"赠给黄润生，题款为"小弟康有为"，足见其心情之好。"煎扒青鱼头尾"是河南名菜，它以二斤重左右的野生青鱼为主料，整留头尾，鱼肉成块，煎至金黄后铺到锅箅上，以武火见开，小火扒至入味。这一煎一扒，使鱼肉鲜嫩，汤汁醇厚，口感极佳。康有为品尝后题扇赞扬，不能不说他很有鉴赏力，是个美食家。现在大梁门城楼上的开封饮食文化博物馆还展出有康有为题词的图片。

四

5月6日，河南军政要员在禹王台设宴为康有为饯行。禹王台在开封城外东南不远处，相传为春秋时晋国乐师师旷奏乐的地方，后来梁王在此增筑吹台；明代以后，为纪念大禹治水的功绩，在台上建禹王庙，改称禹王台。那一天，是最后挥别开封的云彩，康有为在河南军政要员簇拥下乘马出城，一路上前呼后拥，浩浩荡荡，所到之处，马蹄沓沓扬飞尘，万人空巷争

康有为品尝过
"煎扒青鱼头尾"
后题词

睹"康圣人"。来到禹王台后，康有为登上高台，望万里风云，感时事兴衰，欣然命笔，写下一首古体诗。这首诗生动地描绘了他赴禹王台途中的盛况及禹王台的如画景色。诗中写道："芒砀云去不可闻，大野极目雁鹜群"，"酒酣挥毫感殷勤，归时山河日未曛"等句，在写景与叙事中抒发了他被逐出政治舞台后的那种空落落的孤凄之感。诗后边的《题记》记载了当时的情景：

　　癸亥三月二十一日，张子衡督理，张鸣岐省长饯予于吹台，同观农圃，话时事，兴酣望远，万里风云，感别留题，以讯来者，用记嘉会。同游者：梁用弧、郑焯、张树勋、王兰塘、段树惠、游师尹、徐良。

南海康有为

康有为留在开封禹王台公园的石刻（开头）　　　　康有为留在开封禹王台公园的石刻（结尾部分）

张子衡就是河南督军张福来，张鸣岐就是河南省长张凤台。张福来是直系军阀吴佩孚的嫡系，张凤台是当时大总统徐世昌的顾问，被徐世昌派往河南。康有为在《饯别诗》中对他们歌功颂德，对他们的招待又受宠若惊。康有为亲书的这首诗的刻石镶嵌在禹王台南部御书楼下东壁之上，共十块，现仍保存完好。

现在禹王台御书楼墙壁还有当时张凤台写的《游禹王台记》，详细叙述了在禹王台把酒言欢、群贤毕至饯别送行康有为的过程："……濒行，乃与子衡督理，率僚属，挈醇醪恭饯南海于台上。尔时花鸟迎人，风云送酒，面桑麻于场圃，浑仕宦于山林，天朗气清，地灵人杰，为一时之嘉会，撮合影于数公。古之人兰亭修禊，桃李游园，胜景当前，咏歌为记，岂徒点缀风光，抑以为名人名地增韵事，笃朋情耳。夫南海，今直山斗也，天假之缘而会于此台，且将赋骊歌焉。欧阳子曰：乐不可常，会不可久。甚矣，佳会之难也！除将歌诗刊石外，姑为之记，以附于《兰亭》《桃李园》之例。"

康有为以满清遗老的身份游历开封，足迹所至，求书者络绎不绝，康有为一概满足，不辞劳苦书写，挥毫自如。开封演讲，无论是论学尊孔还是讲解时事要学习欧美，可见其"爱国真诚，溢于言表，都在先生翰墨中"。康有为书法精妙，外柔内刚，表秀里慧，熔魏隶于一炉而自成一家。故人人称道而多有所求。现在龙亭、禹王台仍有康有为遗墨石刻，为开封的书法艺术增添了一道风景。

梁启超：饮冰室外传思想

梁启超（1873—1929），字卓如，号任公，又号饮冰室主人，广东新会人，是近代中国著名的资产阶级政治家和思想家。他在戊戌变法时期崭露头角，以后活跃于历史舞台达 30 年之久。30 年中，他积极参与了各派政治力量之间的斗争，在不同的历史时期起过不同的作用，成为近代中国历史上很有影响而又较为复杂的历史人物。20 世纪 20 年代初，50 岁的梁启超，曾经在开封呆过一段时间，据《开封市志·综合册》和《开封 20 世纪百年大事记》记载：（1922 年）9 月 9 日梁启超应河南军、民两长之请来汴，10 日至 13 日先后作 4 次讲演。

一

据《河南通鉴》记载："1922 年 9 月 9 日，梁启超应河南督军冯玉祥、省长张凤台之请由鄂来豫讲学。同行者为豫人傅佩青、鄂人张耀翔。是日晨抵郑，冯玉祥赴车站迎接。旋乘车赴汴。"

冯玉祥当时是河南省的督军，接到梁启超后就先邀请他"观操"。冯玉祥带梁启超来到了开封南关演武厅附近的一个大操场，学兵团就驻扎于此，传说这里是岳飞枪挑小梁王的地方。但见操场上，营以上军官表演器械体操、军佐队表演实弹射击、手枪营表演劈刀、学兵营表演刺枪。只见大操场上枪声大作、刀光闪闪、杀声震天、好不威武，看得梁启超先生不住点头。阅兵

梁启超

之后进行分列式，以营为单位，依次列队，以豪迈整齐的步伐通过阅兵台。当学兵营通过阅兵台时，只见该营先头有两位骑马军官，前头的一位，四方脸，浓眉大眼，身材魁梧，英姿焕发，雄起起，气昂昂。梁启超兴奋地问身边的冯玉祥将军"前面的军官是谁？""他叫张自忠，学兵营营长。""哦，威武不凡，威武不凡。"

冯玉祥请他给将士演讲，因劳途奔波，梁启超身染风寒，冯劝他身体好了择日再讲，他说："这是我难得向军人学习的机会。战士死于战场，学者死于讲座。此时不讲，更待何时！"9月11日，梁启超给将士们开讲，题为：《兵之必要》，略谓一方面主张国中无一兵；一方面主张全国皆兵，盖兵之必要有二：一是国家保险。二为社会保险。言下表现出对当时军队的反感，他说那些军队不但不能为国家与社会保险，而且时常发生危险。梁启超盛赞冯军"纪律严明，人称模范军队，实保险国家、保险社会之最良保障"云云。梁启超长面孔，戴近视镜，头已稀顶，身着长袍。讲演是广东官话，不易懂。但是这次演讲情感兴奋，竟滔滔不绝，忽闻场内有嚎啕哭声，大家一看，原来是冯玉祥将军被感动得失声痛哭，全军见状亦泣。可见梁启超演讲的感染力之强。

二

民国以后，开封设立社会教育讲演社，1922 年改为河南省模范讲演所。梁启超在开封模范讲演所讲演了《教育职业》《对于河南教育前途之希望》等内容。第一天演讲的时候，他走上讲台，打开讲演稿，眼光向下面一扫，然后是他的极简短的开场白，一共只有两句，头一句是："启超没有什么学问——"眼睛向上一翻，轻轻点一下头："可是也有一点喽！"

当年的演讲内容多淹没于历史深处，据 1922 年 9 月份的《晨报》记载，9 月 13 日梁启超在《对于河南教育前途之希望》的主题演讲中大力称赞河南。他说："诸君以为河南是你们的河南乎，我以为不然，河南是全国人的老家乡，非现在豫人所独有，我梁某此次来豫，不是做客，是回我老家乡，看看祖宗坟墓田庐。其何以故，因我国人侈言我国有五千年的文明，各省的人都如此说。其实一千年前我们广东省尚不配说蛮夷，两千年前湖北江苏，尚是蛮夷之俗，哪有五千年的文明，只有河南山东等省，自伏羲神农即在此地建都，一切文明都是从此发源，长江以南及京畿以北各处文化，都从河南传输过去，所以真足代表我国五千年文化，就是你河南。古代且不必说，即春秋战国时代，周秦诸子百家各学派，均发生于此，汉宋两代，此地又为全国政治之中心。即以历代大儒而论，亦以河南为最多。我常与友人取二十四史上的人物，就其籍贯列为百分表，河南人物之多实属可敬。"针对河南现状他提出：河南现在要紧筹办一个最高学府，他省似尚可缓，可以代表我国五千年文化之河南，则万不可缓。河南要紧办一个博物馆。他说河南的一砖一瓦，到美国即成奇宝。

三

当年开封教育界，都是各个学校单独组织活动，每有名人莅临也是单独接待。而这次梁启超来开封讲学，各校联合组织也请他给学生讲讲。张罗此事的是第一师范校长谷怀芝先生。地点选择在开封丰乐园。丰乐园是开封比较有名的剧院，位于马道街路东，铁佛寺街口南侧，建于 1910 年，为砖木结构，上下三层，整体为长方形，坐东朝西，有南北西三面楼座。场内青砖铺地，池内 600 余条木制连椅，每条可坐四人。中间男观众，两侧女观众，楼座上有男女包厢。丰乐园是开封第一家允许妇女进场子的园子。当时有《丰乐园24 首竹枝词》记载了当时的盛况，其中一首曰："层楼高耸入云天，一室穹窿盖白塵，劲道剧场真个好，为之游侣争看先。"

为了组织好梁启超的演讲事宜，组织者先是散发大量的传单，并在各校显要处张贴海报，强调纪律，要求学生按时参加，有序进场。在开讲前，谷怀芝校长还借机宣传禁止烟赌、抵制日货等内容。然后介绍梁启超先生入场。他身穿米色长衫，清瘦体格，手持羽扇，走上讲台。他演讲的主要内容，是教、政、艺三者不可偏废，也就是说不仅应重视学习西方的自然科学，也要学习西方的政治制度和社会科学。他为了表明学习应该广收博采，演说时两手张开，附在两眼左右，身子稍微向前弯曲，同时解释这动作的用意说：我们不要和驴子一样，由于"遮眼"挡住眼，只看到眼前很窄狭的一条缝，而看不到别的。他这个动作给人们留下了深刻的印象。他声调不高，现场没有扩音设备，全场鸦雀无声，静听高论。中间兴致正浓时，东北角二楼突然发出嘘唏声，继而喝起倒彩来。弄得梁启超顿时愕然，全场也是一片迷茫。原来是楼上听众，看见一位校长在后台吸烟，于是就故意起哄，搞得这位校长十分尴尬。梁启超看是小小误会，便继续讲演。

14 日，梁启超离汴赴京，督军冯玉祥及各界人士到火车站热烈欢送。

于右任：甲辰会试贡院行

于右任，早年追随孙中山先生革命，因坚持"为民请命"，素有"元老记者"之誉，时人谓"先生一支笔，胜过十万毛瑟枪"；后长期担任国民政府监察院院长，在国民党内是一位爱国的富有正义感的老人。于右任书法造诣很深，被誉为"中国草圣"。他布衣粗食，两袖清风。周恩来曾评价他说："于右任先生是位公正的人，有民族气节……"柳亚子在《右任诗存》题词中赞美他是"落落乾坤大布衣"。学者霍松林在《三原于右任纪念碑文》中说："夫立德、立功、立言三者有其一，即可不朽。而于右任先生则兼而有之。"晚年于右任客居台湾，非常思念故乡和亲人，曾写下了诗歌《望大陆》，读来催人泪下。20 世纪初，他曾在开封参加最后一场会试，在开封登台演讲阐述革命。

一

于右任原名伯循，字诱人，后改字右任，1879 年 4 月 11 日出生于陕西三原县城东关河道巷。少年时代家境贫寒，父亲因生计所迫，少小离家。于右任两岁时，

青年时代的于右任

母亲因病逝世，父亲远在四川，难以照料，遂由其二伯母房氏抚养。不久，于家又遭火灾，房氏只好带于右任回到自己娘家长期居住。于右任7岁起，即到房氏娘家所在的杨府村私塾读书。他在困苦之中，不辍读书。两年后，房氏为觅求更有学识的老师教导于右任，带他回到三原县城，随三原名儒毛经畴读经书、习诗文，先后有9年。于右任对毛经畴提倡学习要"以勤补拙"并且身体

晚年的于右任

力行的精神十分敬佩，故读书十分勤勉。房氏对于右任的学习抓得很紧，每当听到于右任在塾中嬉戏或犯有过错时，房氏常数日不欢。

1898年，叶尔恺任陕西提学使。叶氏注重新学，读于右任文章，大为赞赏，誉为"西北奇才"。经叶尔恺的奖掖识拔，于右任脱颖而出、声誉渐起。1900年8月，八国联军攻占北京，慈禧仓皇出逃。10月16日，慈禧一行到达西安，地方官强迫西安群众冒雨跪在泥泞的道旁迎接"圣驾"，于右任亦在其中，他所读书的陕西中学堂也因被占作行宫而停办。对慈禧之流祸国殃民的行径，于右任早已不满，又遭跪迎屈辱和失学的打击，更使他大为愤慨，时年21岁的于右任认为，慈禧一伙正是国弱民穷的根源，他要上书陕西巡抚岑春萱，杀死西太后，被好友制止，此信才未发出。

于右任曾拜刘古愚为师，刘古愚也是陕西著名学者。戊戌维新运动中，他积极支持康有为、梁启超的变法主张，且在陕西身体力行，一时有"南康北刘"之誉。变法失败，刘古愚曾遭贬斥。于右任目睹清王朝政治腐败、国势衰竭、民生涂炭的社会现实，写下大量忧国忧民、抨击时政的诗篇。这些诗篇由其友人孟益民、姚伯麟帮助，于1903年冬在三原出版，书名为《半哭半笑楼诗草》。诗集首页印有于右任散发全身照片，旁题对联为"换太平以

颈血，爱自由如发妻。"诗的字里行间更是充满着强烈的爱国激情和反抗精神。在诗中，他大声疾呼："太平思想何由见？革命才能不自囚。"在《杨妃墓》中，他借古非今地写道："女权滥用千秋戒，香粉不应再误人。"矛头直指慈禧太后。

三原县令德锐看到诗集，立即上报陕西巡抚升允，升允从前对于右任指斥时政的言论已有所闻，又得德锐密呈，遂以"逆竖倡言革命，大逆不道"的罪名上奏清廷。1904年春，清廷下令拿办于右任，就地处死。

二

1904年，适逢甲辰会试。由于庚子之变，北京贡院被八国联军焚毁，因此我国历史上最后一次春闱，便在河南开封举行。按照清朝科举制度，由州府考试进入秀才之列，由秋闱乡试进入举人，由春闱会试进入进士，再由殿试进入三甲与翰林。

于右任正在行往开封的路上，朝廷拿办他的密折已经在途中。他要参加会试，丝毫不知道就要大祸临头了。朝廷令陕甘方面无论乱党于右任行抵何处，拿到即行正法。巧的是因电报和驿站发生问题，密折没有及时送到陕西。密折不见，陕西当局不便提前动手。

正当危急之时，三原县古道侠肠的药材商李雨田先生（其子与于右任是同学）探知到拿办于右任的消息后，火速到于右任的父亲于宝文处商量对策。于宝文一时六神无主，无法应对；李雨田旁观者清，建议雇"快腿"赴开封送信，于宝文离家避祸，免遭株连。从三原到开封需走14天。李雨田重金雇用了一个认识于右任的神行太保"快腿"，限7天把信送到开封给于右任。"快腿"风餐露宿、马不停蹄，一路直奔开封府，不日便进了开封西门。于右任在会试中考取甲第八名进士，放榜的时候有人举报他是革命党人。当时祥符县令也刚刚接到陕西当局的密令。正在此时"快腿"找到了于右任，见家书他甚是疑惑，怕家中出事，急忙拆开阅读，上写："哭笑楼，将上墙，虽未详，祸已藏。"是父亲熟悉的笔迹，短短12字，意义明了，于右任知道自己的"反诗"引来了杀身之祸。于右任连夜逃出开封城，沿途隐姓埋名，才得以脱难。

三

逃离开封 20 年后，于右任再次来到开封。1925 年 4 月 10 日，河南督办胡景翼病亡，国民军第二军师长岳维峻继任军政职务。岳维峻上台不久，野心毕露，积极备战，准备向外扩张地盘，计划东攻山东，南打湖北，北取保定，西战山西。此事由在开封的苏联顾问报告给了李大钊。1925 年 7 月，李大钊为做胡景翼的继任岳维峻的工作，由国民党元老于右任陪同，第二次抵达开封。

于右任在开封对国民军第二军官兵进行了长篇演讲，就革命、国民军、帝国主义、不平等条约等问题，明确阐述了自己的政治观点，他演讲的题目是《革命》。开篇就说："今天来开封，有机会对大家演讲，我实在是高兴！我想到 20 年前，陕西巡抚升允，参了我一本说：'逆竖倡言革命'，教把我在开封就地正法，我听得风声就跑到上海。彼时一般人听得革命两个字，就惊吓得了不得，即我到处倡言革命，也完全是感情所驱使，实在不知道革命到底要做什么。当我在此地逃走时，哪料得 20 年后，出关的同志，在捉我的地方，欢迎我的人有这么多！"于右任指出，"革命是人类社会进化过程中必有的突变现象；革命是根本解放被压迫阶级根本改造旧社会的方法。""革命是要谋大多数人的幸福，不是谋少数人目前的利益；即是要谋社会制度整个的彻底改造，而不是谋社会制度局部的皮面的改良。"

于右任感叹世事沧桑，曾题联开封龙亭："六代迹沉，英雄破梦；中原天晓，汉族登台。"上联写开封的过去，下联写中原的现在，以"天晓"对"迹沉"，以"登台"对"破梦"，一明一暗，一上一下，抒发了自己的革命情怀。

鲁迅：开封民生系心弦

　　鲁迅先生没到过开封，但他与开封却有扯不断的渊源。他十分关切开封的革命运动，对聚集在开封的文艺青年及报刊编辑倾情培育，寄予殷切的期望。无论是为《河南》杂志撰稿、热情支持《豫报副刊》，还是赞赏开封的木版年画等，开封的民生民情无不牵挂着鲁迅先生的心弦。

一

鲁　迅

　　《豫报》，1925年5月4日创刊于河南当时的省会开封，社址设在砖桥街。由吕蕴儒主办，高歌、向培良等参与编辑工作。《豫报副刊》是随报逐日发行的综合性文艺性副刊，每日出16开4版，在当时具有一定的进步倾向。撰稿人有曹靖华、徐玉诺、张目寒等。《豫报副刊》在筹备和发行过程中，都曾得到过鲁迅的支持。除此之外，他还与刊物的青年作家互通信件交流。

　　吕蕴儒、高歌都是鲁迅在北京世界语专门学校任教时的学生。1925年4月

18日，他们和向培良在开封给鲁迅写信，报告了他们筹办《豫报》的消息。当鲁迅得知他们"不特用大胆无畏的态度，来批评社会上的一切"，"还出一种副刊，专注意新文化运动"时，立即分别给他们写了回信，这几封复信后来发表在《豫报副刊》上。在复信中，鲁迅对他们在开封出版报纸一事表示热情支持。他在给吕蕴儒的信中说："得到来信了。我极快慰于开封将有许多骂人的嘴张开来，并且祝你们'打将前去'的胜利。"他在给向培良的信中说："我想，河南真该有一个新一点的日报了；倘进行顺利，就好。"

在这几封信中，鲁迅向《豫报副刊》编者明确地提出了斗争的对象问题，以及如何向旧势力进行斗争问题。鲁迅说："骂人是中国极普通的事，可惜大家只知道骂而没有知道何以该骂，谁该骂"，"现在我们需得指出其可骂之道，而又继之以骂。那么，就很有意思了，于是就可以由骂而生出骂以上的事情来的罢。"正是鲁迅的及时指导，使《豫报副刊》始终保持了反帝、反封建的战斗特色。

5月7日鲁迅收到了两期《豫报》。次日，他又给吕蕴儒、向培良写了回信。鲁迅认为，《豫报》和《豫报副刊》的出版，是一件很有意义的事，因为它代表着中州青年的声音。他在信中说："昨天收到了两份《豫报》，使我非常快活，尤其是看了那副刊。因为它那蓬勃的朝气，实在是在我先前的预想以上。"他告诫中州青年不要去"寻那些挂着金字招牌的导师"，而要勇猛地战斗、向前。他还勉励中州青年，"一要生存，二要温饱，三要发展。有敢来阻碍这三事者，无

豫报报头

大师背影渐远去

论是谁，我们都反抗他，扑灭他"。他在信中还对青年说，所谓生存，并不是苟活；所谓温饱，并不是奢侈；所谓发展，也不是放纵。

二

"铁塔事件"发生在 1925 年，当年的 4 月 20 日《晨报》上登出了开封军士奸污河南省立第一女子师范学校两名学生的丑闻，一时间满城风雨，全国轰动。

1925 年 5 月 4 日《京报副刊》在"来信"的标题下，登出了鲁迅于 4 月 27 日写给孙伏园的信。在信中，鲁迅介绍了他的朋友向培良君来信谈道，开封军士奸污女生之事，全属子虚，《晨报》竟造谣生事。毕竟鲁迅先生未在河南。他于 5 月 6 日在《京报副刊》上发《启事》一则，言，近日来又有尚钺、长虹和荆有麟分别来谈及此事，均认为此事并非谣言：四个朋友，前后说法不一，而自己又未调查，姑且存疑，暂不说什么了。上信已发，收回来已来不及了，特写启事声明，同时也将新续得的消息再次公布在此。署名赵荫棠的作者于 5 月 13 日在《妇女周刊》上发表《谣言的魔力》。1925 年 5 月 25 日，《豫报副刊》发表了题为《再驳所谓铁塔事件者》一文。在这篇文章中，作者列举具体材料，驳斥了所谓在开封铁塔上曾发生过大兵强奸女学生的谣言。作者指出，"这件事并非由开封传出去的，乃是由北京传出去的"，人们"对于这样的事，并不愿查其真相的"，"我想这便是事实上毫无根据的铁塔事件"。作者最后说："铁塔事件者，不过造谣国与撒谎国中无穷诳语之一件。"化名为 S·M 的也在 5 月 21 日的《旭光周刊》第二十四期上发表意见，"认为确有此事"，唯亭于 5 月 27 日写文，在 5 月 31 日的《京报副刊》上发文，也认为此事确存。唯亭在文章中写道："被人骂一句，总要还一句。被人打一下，还要复一拳。甚至猫狗小动物，无故踢一脚，它也要喊几声表示它的冤枉。这几位女生呢？被人奸污以后忍气含声以至于死了。她们的冤枉不能曝露一点！这都是谁的罪过呢？"

"铁塔事件"一时变得扑朔迷离，真假难辨。1936 年鲁迅编《集外集拾遗》时还特别又从《晨报》《京报副刊》《妇女周刊》《旭光周刊》上，将这些材料抄录下来，按时间集中编成一组，附在自己文章的后面，作为"备考"材料。

除了这些之外，鲁迅当年还收到两封有关此事的来信。由于鲁迅已声明，对此事不说什么了，所以这两封信也就塞在了鲁迅的书架下。一封是赵荫棠5月9日给鲁迅的来信，他以自己调查的情况，证明"实事乌有"。另一封是名为"独舟"的人于5月4日写给孙伏园的一信。信的内容主要是针对着鲁迅发于当天《京报副刊》上致孙伏园的信而言。因为鲁迅信中摘引了向培良君的来信，所以他认为向君所举证据全靠不住。他列举了自己所知的事实证明，当时的军人并不像向培良先生所想像的那样有节制，他们是什么时间，什么地方都可以干坏事的。而他收到的河南朋友的来信，也言"这事确系事实"。信的内容与鲁迅有关，所以孙伏园自然转给了鲁迅。而这时，鲁迅也听到了其他朋友类似的意见，并且自己也公开声明，退出了这场争论。因此这封信也未予回答。即便如此，鲁迅仍然完好地保存着这两封信。1990年这两封信在《鲁迅研究资料》第23期上公开发表（叶淑穗、杨燕丽《从鲁迅遗物认识鲁迅》）。

对于"铁塔事件"，鲁迅先生不愿意再卷入其中，由此可见鲁迅先生治学严谨，没有调查就没有发言权，这，似乎成了一桩公案，淹没在历史深处，鲜有人提及。

笔者在《驻马店地区志》（下册）无意发现了一篇"李渭滨"的人物传记：1925年4月12日，在开封铁塔上发生了陕军士兵强奸女学生事件，轰动全国。李渭滨义愤填膺，在《旭光周刊》上以笔名S·M发表《铁塔强奸

美国人甘博拍摄的20世纪20年代的铁塔

案的来信》予以揭露和声讨。《汝南文史资料选编》（第一卷）也记载了这个事件：李渭滨在北京世界语专门学校专修俄语，信仰马列主义，崇拜马列，并积极参加进步青年学生的活动。1925 年 4 月 12 日，在开封铁塔发生了陕军士兵强奸女学生的丑闻，轰动全国。反动当局掩盖事实，以假乱真，混淆视听，许多进步人士和学生赴汴进行调查，以澄清事实，弄清真相。在关键时刻，李渭滨动员在开封上学的同乡积极参加揭露这一丑恶事件的行动。他写信给在开封一中上学的田淑民，询问事情经过，田即复信，详述内情，揭露了学校和军事当局掩盖事实真相的丑恶目的。

　　田淑民还亲自到开封现场调查，他赶到铁塔看到那里已经被宪兵营稽查封锁，见一群学生围观，宪兵营稽查很不满意说："你们还在这游玩呢！前天发生那事您不知道么？你没看铁塔的门，不是已封了么？还有什么？"田淑民在刷绒街王仲元那里遇见了霍君的妻，也是女师的学生，她说学校死了两个人。田淑民通过一朱姓同学在河南省教育厅打听到了确凿消息。4 月 20 日是个星期日，4 名女师学生去游铁塔，被六个兵匪看见，等女生上塔以后，他们二人把门，四人上塔奸淫，并带有刺刀威吓，使她们不敢作声，于是轮流行污，并将女生的裙，每人各撕一条以作纪念。兵匪将女生的衣服放置塔顶，在女生寻找衣服的时候，趁机逃跑。此事发生后，原来游人如织的开封齐鲁花园、龙亭等公共场所，再也看不见游玩的女生了。李渭滨收到田淑民的信后以《铁塔强奸案的来信(S·M)》为题，写文章投寄到河南同志在北京办的小报《旭光周刊》上。此文的发表，暴露了事实真相，驳斥了掩盖事实的各种谣言，激起了全国人民的极大愤慨。北京进步报纸纷纷转载。许多爱国知名人士撰文抨击，使校方和军事当局十分狼狈，只好将作案的"正法了四人"，以平民愤。但暗中却加紧追查写信人。田淑民感到压力很大，去找李渭滨想办法，李渭滨劝他去法国勤工俭学，并四处为其奔走，帮助办理了出国手续，使田淑民于同年冬顺利到达了法国。在法国勤工俭学期间他考入凡尔赛大学园艺学院，攻读园艺学专业，于 1931 年获得农学硕士学位，曾任河南大学农学院教授、园艺系主任——这是后话了。

三

苏联人王希礼是第一个把鲁迅的名著《阿Q正传》译成俄文，而后介绍给苏联广大读者的著名汉学家。而当时《阿Q正传》的翻译工作正是其在开封进行的。

1925年春天，原名瓦西里耶夫的王希礼作为苏联军事顾问团成员来到开封国民军第二军开展军事顾问工作。不久，曹靖华也受李大钊派遣，回到开封，在苏联军事顾问团当翻译。王希礼和曹靖华的工作地点在保定巷6号大院，他们一个通俄语兼懂汉语，一个通汉语兼懂俄语。王希礼喜欢中国文学，曹靖华就向他推荐了鲁迅的小说集《呐喊》。王希礼读完其中的《阿Q正传》后十分兴奋，他对曹靖华说："鲁迅是同我们的果戈理、契诃夫、高尔基一样的世界级大作家！"兴奋之余，王希礼决定把《阿Q正传》翻译成俄文。他说干就干，很快就开始翻译了。翻译中一遇到疑难，他便找曹靖华商量。后来二人把都解决不了的问题汇集起来，由曹靖华写信寄给鲁迅先生，信中还附有王希礼的一封信。在他们热切期盼中，鲁迅先生的回信很快寄来了。1980年，曹靖华在回忆此事时说："至今我还记得，我和王希礼拆开信时的急切心情和看到鲁迅先生详尽解答所有疑难的高兴神色。《阿Q正传序》《自叙传略》和鲁迅先生照片都寄来了。我们要求的，鲁迅先生全照办了。从这里我们也可以看到，鲁迅先生对《阿Q正传》俄译本是多么重视啊！鲁迅先生在信中不仅解答了疑难，还特意为赌博绘了一张图，说明'天门'、'角回'的位置和赌法。这第一手的图解，恐怕是《阿Q正传》所有外文译本都不曾得到的最翔实的材料了。鲁迅先生那种恳切、认真、严谨的态度，实在令我和王希礼异常的敬佩，是值得我们永远怀念和效法的。"

据了解，1929年列宁格勒激浪出版社出版了《阿Q正传》俄译本，书名为《阿Q正传——俄文版鲁迅短篇小说集》。

四

1934年，著名版画家刘岘先生（开封兰考县人，20世纪中国著名版画家，鲁迅先生倡导的"新兴木刻运动"重要代表）先寄后送，两次给鲁迅的木版年画有百十张。著名年画鉴赏收藏家、理论家王树村曾研究考证，这批年画是国内现存最早的存世作品，鲁迅则是河南木版年画最早的收藏者。

鲁迅在给刘岘的信中说道："河南门神一类的东西，先前我的家乡——绍兴——也有，也贴在厨门上、墙壁上，

刘岘创作的鲁迅先生木刻头像

现在都变了样了，大抵是石印的，要为大众所懂得，爱着的木刻，我以为应该尽量采用其方法。不过旧的和此后的新作品，有一点不同，旧的是先知道故事，后看画，新的却要看了画而后知道故事，所以结构更难。"刘岘送给鲁迅的"河南门神"就是朱仙镇的年画。内容多是历史故事，如：《马上鞭》《燃灯道人》《刘海戏蟾》等。鲁迅高度赞扬了朱仙镇的木版年画，他觉得朱仙镇的木版年画雕刻线条粗健有力，木刻朴实，人物没有媚态，颜色浓重，有乡土味，具有北方木版年画的独有特色。鲁迅认为，要创作大众看得懂又爱看的木刻，应该尽量采用河南旧年画的方法。但也应注意一点，即旧年画的内容都是人们熟悉的历史故事或戏曲小说，要创作新的木刻，则需主题明确，内容令人一看就懂。

字里行间，鲁迅为中国新兴木刻指明了方向——要创作出大众喜爱的木刻，就要从"河南门神一类的东西"汲取营养，"尽量采用其办法"。鲁迅的评价，有利于我们提升对开封朱仙镇木版年画的艺术造诣和文化内涵的认识。

李叔同：曾到开封为功名

"长亭外，古道边，芳草碧连天。晚风拂柳笛声残，夕阳山外山……"每次听到这首优美的歌就会想起歌词的作者——李叔同，那时他还不是弘一大师，他还是风流才子，"二十文章惊海内"。他是20世纪的传奇人物，丰子恺说他："李先生不但能作曲，能作歌，又能作画、作文、吟诗、填词、写字、治金石、演剧。"他也是中国第一个开创裸体写生的教师。卓越的艺术造诣，先后培养出了名画家丰子恺、音乐家刘质平等一些文化名人。他对于艺术，差不多全般皆能，而且每种都很出色。"专门一种的艺术家大都不及他，向他学习。"他精通古诗曲词、书画篆刻，被誉为"中国西洋画传播第一人"。林语堂说："李叔同是我们时代里最有才华的几位天才之一，也是最奇特的一个人，最遗世而独立的一个人。"赵朴初评价他的一生为："无尽奇珍供世眼，一轮圆月耀天心。"正是这样一个大师，在青年时代，曾经立志功名，来到古城开封参加河南乡试，却以失败而告终，却落榜而归。

一

1880年10月23日，李叔同生于天津的一所古色古香的小院里中，他家是个经营盐业的大家族，十分殷实。李叔同的父亲曾是清朝进士，做过吏部主事，在68岁时，其妾王氏生下了李叔同，幼名成蹊，学名文涛，字叔同。1884年9月，李叔同的父亲病故，家境陷入困顿，母亲对李叔同的蒙学教育却要求很严，对儿子的前途也很关心。李叔同5岁起即从他母亲习诵名诗格言；六七岁时，由其兄长每日授《百孝图》《格言联璧》等，并攻《文选》；八九岁时，从乳母刘氏习诵《名贤集》，又从常云庄读《孝经》、唐诗等；十岁读《孟子》《古文观止》，12岁习训诂，15岁读《左传》，16岁学词和篆刻。李叔同涉猎广泛，为以后打下坚实的基础。1897年李叔同以童生的资格应天津县儒学考试，1898年又入天津县学应考。19岁的李叔同奉母命携妻迁居上海。不久参加了上海的"城南文社"。

"城南文社"是一个切磋诗词文章的团体。李叔同加入文社立即显露出众的才华。"城南文社"的活动地点就在"城南草堂"。草堂的主人许幻园，松江人，家中富有，为人慷慨，是上海新学界的一位领袖人物。李叔同到上海后，许幻园慕其才华，特地让出"城南草堂"的一部分请李叔同一家搬来同住，从此他俩成为了一生的挚友。

除了写诗文外，李叔同也参加各种艺术活动。1900年3月，他会同画家任伯年等友人在上海福州路杨柳楼台旧址组织"海上书画公会"，每周出书画报一纸，由《中外日报》社随报发行。李叔同是书画报的主编。1901年秋，李叔同考入南洋公学特班，蔡元培担任中文总教习。

黄炎培后来回忆说："我和叔同是1901、1902年上海南洋公学——后来被先后改名南洋大学、交通大学——特班的同学……同学时他刚21岁左右。书、画、篆刻、诗歌、音乐都有过人

1900年李叔同摄于上海

的天资和素养。南洋公学特班宿舍有一人一室的、有二人一室的。他独居一室，四壁都是书画，同学们很乐意和他亲近。特班同学很多不能说普通话，大家喜爱叔同，因他生长北方，成立小组请他教普通话，我是其中的一人。他的风度一贯地温和，很静穆。"

二

1902年农历七月，李叔同首次来到杭州。是年夏天清政府下令各省补行庚子年乡试，即八国联军攻占天津、入侵北京等而中断的"庚子正科"。同时为庆祝慈禧太后和光绪皇帝从西安返驾北京，又另加一次辛丑"恩科"，如今恰逢恩正并科，自然是机会难得。李叔同以浙江嘉兴府平湖县监生的资格参加这次乡试，地点在杭州贡院。杭州会试，李叔同未中举人。

1903年，李叔同翻译的两部日本人的法学著述《法学门径书》和《国际私法》由上海开明书店出版，李叔同由此成为将西方近现代法律思想传介到中国的先驱者之一。但是通过科举进入仕途，仍是青年李叔同心头的一个"结"与"痛"。清代的科举制度规定，凡考入本籍所在的府、州、县学的人，才能取得"生员"资格，俗称"秀才"，这仅仅是科举进入仕途的起步，通过了地方教官所主持的岁试、科试的人，才能参加高一级的"乡试"，乡试通常情况下是每三年举行一次，考试地点则在位于各省省城的贡院；考试合格者称"举人"。一个读书人初步具备了当官的资格。李叔同的父亲就是在32岁那一年以"直隶天津府天津县附生"的身份考中举人的，53岁时又考中进士，列第三甲而得赐"同进士出身"。

李叔同曾以河南纳监的身份到开封参加1903年河南乡试。清代乾隆朝以后，通过捐纳钱粮来获得"监生"资格后，才可以参加各地的乡试。清廷为了广纳资财，纳监现象十分普遍。一些书中说他是1902年到开封参加乡试。笔者认为李叔同是在1903年来开封的。

至今我们可以从李叔同的写给许幻园的一封信中可以窥知一二。李叔同信中说："别来将半载矣，比维起居万福，餐卫佳胜为颂。弟于前日由汴返沪，侧闻足下有返里之意，未识是否？秋风菁鲈，故乡之感，乌能已已；料理归装，

1919年初出家时的弘一大师在杭州玉泉寺

计甚得也……"此信出自《弘一大师文集》"书信卷一"，写信时间为"一九〇三年×月三日"，写信地点是上海。信中李叔同说起了秋风，谈起了往事，证明他参加的乡试的时间在秋天，而河南乡试正好在十月。金梅在《悲欣交集：弘一法师传》一书中记载"据李叔同侄子李圣章说，是年三叔曾赴开封应试未中。"按照常理，李叔同不可能在一年辗转参加浙江、河南两地的乡试，李叔同1903年在开封参加乡试是比较符合情理的。因为癸卯(1903)全国乡试均在8月举行，但顺天乡试改了在开封，河南乡试推迟到10月，是全国最后举行乡试的省，癸卯科河南乡试也就成了最后一科乡试。

　　在河南贡院，李叔同凌晨即被点名，先是被搜检，看是否藏有夹带、小抄。贡院的大门、二门、三门均安排搜检差役，李叔同过此3关后，始得进入号房，一人一间应试作题。每个考生每间号房，号房的东、西两面墙上砌有两层砖缝，一上一下，上层木板当桌，下层木板作凳。晚上将上层木板移至下层又可组成卧榻。考试期间李叔同虽说文思泉涌，但是由于接收新思想较多，主题似乎偏离了八股文主旨，铁塔的风铃不时穿过他的耳膜，汴水秋声在夜晚也曾声声入耳，汴京秋景的华美再也无心观看了。在开封参加河南乡试的失败，杜绝了他对仕途的进取之心，对他而言是最极致的华丽转身，从此开始了半世文人半世僧的生活。

傅斯年：开封演讲布薪火

　　1918 年他与同学罗家伦组织新潮社，编辑《新潮》月刊，《新潮》是仅次于《新青年》的重要刊物。1919 年 5 月 4 日，他是游行总指挥，他扛着大旗率领学生队伍直扑赵家楼曹汝霖的宅邸，那天发生了"火烧赵家楼"一幕。他曾是名震南北的学生领袖，他是中国现代著名的历史学家、教育家，一生著述丰厚，对新文化建设、历史学新领域的开拓、新教育思想的提倡等均有卓越的贡献。他就是傅斯年，一个响当当的名字，在战火之中十五次赴河南，主持对殷墟进行有组织地考古发掘。1929年年底他来到了开封，小居月余，高校演讲，播撒下有生命力的学术种子。

一

　　傅斯年字孟真，山东聊城人。1896 年 3 月出生，6 岁入私塾，10 岁入东昌府立小学堂，11 岁读完《十三经》。1909 年考入天津府立中学堂。1913 年考入北京大学预科，1916 年升入北京大学本科国文门。1919 年底赴欧洲留学，1923 年入柏林大学，1926 年冬应中山大学之聘回国，7 年留学

傅斯年

大师背影渐远去

傅斯年主办的《新潮》杂志

生涯中，他广泛涉猎西方科学教育、文化典籍，孜孜以求，颇有建树。1927年任广州中山大学国文、历史两系主任。1928年春开始筹备中央研究院历史语言研究所。年底他出任所长，后来长期主持历史语言研究所工作。

"上穷碧落下黄泉，动手动脚找东西"。傅斯年重视考古材料在历史研究中的作用，他认为要摆脱故纸堆的束缚，同时注意将语言学等其他学科的观点方法运用到历史研究中。1928～1937年，傅斯年领导历史语言研究所排除阻力，对以安阳为中心的殷墟作了15次大规模的考古发掘，他将西方考古手段第一次运用到中国的考古发掘中，开创了中国考古的新纪元，找到大批甲骨文和殷商文物，震惊世界。

二

1929年初，殷墟发掘的准备工作就绪，历史语言研究所在安阳洹上村设立了办事处；地方政府派来部队进行保护。历史语言研究所考古队绘制了发掘图,并作了详细的地下文物及地层分布情况的记录。先后出土了甲骨680片,古器物、兽骨、蚌壳、陶片甚多。正当发掘顺利进行时,国民党新军阀的混战日趋激烈,河南军事形势紧张,保护殷墟发掘的部队骤然撤走,土匪活动开始猖獗起来。加上河南当局的地方保护主义严重,考古工作处处受阻,发掘的材料难以运出。5月6日考古队停止了发掘。李济、董作宾将所出古物分别藏于安阳高级中学和河南第十一中学,然后携带一小部分文物回到北平历史语言研究所,进行整理和研究。不料此举引起河南方面的误会,指责史语所欲把殷墟出土古物据为己有。一时间,河南舆论纷纷,众心不平。当时主持发掘工作的董作宾被人指为"省奸",甚至一省级大员还公开通电指发掘工作为"盗墓"行为。

当暑假后李济再次率众发掘之际,10月21日,河南政府忽然派河南省图书馆馆长兼民族博物院院长何日章来安阳发掘。说是奉本省省政府命令,将与安阳县会衔布告,禁止中央研究院开掘,保护民族博物院开掘。历史语言研究所考古队不得不停工。李济和董作宾即返回北平向傅斯年汇报情况。傅斯年弄清原委后,即于24日到南京报告,请政府出面。国民政府即电河南省政府继续保护中央研究院院发掘工作,"并停止何日章任意开掘,以免损毁现状,致坠前功。"其实早在1928年,董作宾考察殷墟之后,河南图书馆长何日章就向省政府要求,将所掘龟骨器物陈列于开封。河南省政府就此事向国立中央研究院发公文,国立中央研究院回复说:"本院特派员在各地发掘古物,将来如何陈列,亦仅限于首都及本地博物馆。其有标本多种可以分陈各省者,亦当先征求当地省政府之同意。贵省政府所请以掘出古物留存开封古物陈列所一节,自可酌量办理。"

傅斯年11月24日到达开封。为了解决纠纷,他四处奔走,一再申明历史语言研究所进行的殷墟发掘,旨在促进我国史学的发展,便利学人的研究。带走的一部分古物,实为整理研究之用,绝无据之为已有的私念。整理完毕,即与其他出土物一起陈列于首都和本地,以便学人参观研究之用。傅斯年还诚恳表示:中央研究院历史语言研究所愿借殷墟发掘之机,对河南学术界作出帮助,如欢迎河南高校派专家学者参加发掘,为河南史学研究培植后进,

当年国立开封中山大学（今河南大学）六号楼

历史语言研究所学者充当河南研究工作顾问等等。

　　傅斯年在开封期间，下榻国立开封中山大学。当天白天他各方奔走接洽，晚上则在六号楼与大家见面，并做了演讲，那天他演讲的题目是《现代考古学的重要性》。34岁的傅斯年精力充沛，口若悬河，不因白天公务繁忙而有丝毫倦色。他虽然是为安阳殷墟发掘而来，但是却不专谈此事。他先从"汲冢"与"竹书"谈起，指出"竹书不过是战国时期的作品，被人盗掘，不知被烧去了多少。安阳甲骨是殷代作品，比竹书早千余年左右，现在如用科学方法处理，将来作用就不可限量"。他从安阳殷墟的发掘，谈到河南地下埋藏着丰富的古代文物，进而强调必须借以现代科技考古手段才能更好开发与保护。

　　后来的演讲更为奇妙。傅斯年不准备主题内容，每次由学生现场提出问题即兴演讲。据郭灿金编的《百年流韵》一书中收录的石璋如先生的一篇回忆文章《河南大学与考古事业》记载："有一次他讲的是武虚谷与汉学和徐旭生先生与西北考古，有一次讲的是'古史问题'，他还讲了'哲学问题'、

'文科学生应具有之科学基础'，每次都不一样……那时候开封正下着大雪，傅先生穿的是西装，外面穿两层大衣，开封由于风力特强，也特别觉得寒冷，室内生有火炉，但外面雪大风强，室内外温度相差无几，讲演厅也很寒冷，因此傅先生染上感冒。他的高论实为前人所未发，也是书本上所未载，他说现代的治学方法与功力并重，有时方法尤重于功力。同学们不但佩服他学问渊博，更佩服他的治学精神，尤其是他指给同学们许多治学的门径，实在感激不尽。"傅斯年在开封月余，在国立开封中山大学演讲期间，他上至天文，下至地质、科学，哲学，文学、史博，深为员生们所钦佩。尤其于考古学，古生物学精详的发挥，一讲两三个钟头毫无倦容，并且让大家提出问题，当场给予解答。

他的坦诚得到河南各界人士的谅解，误会也随之冰释，纠纷得到圆满解决。后来傅斯年在《本所发掘殷墟之经过》一文中说："愿误会之事以后不再发生。愿与河南地方人士之感情，日益亲固。愿借发掘殷墟之事业，为河南造成数个精能之考古学家。愿殷墟发掘为河南省内后来考古学光大之前驱。"1929 年 12 月，河南省政府与中央研究院两次签订协议，欢迎国立开封中山大学史学、国文及其他与考古有关的教授、学生去安阳工作。

施蛰存：满园兰蕙开四窗

施蛰存先生是一位学贯中西的饱学之士，他涉猎的范围相当广泛，他是一名作家，也是一名编辑和翻译家。晚年的施蛰存移情于古典诗词，并专注于金石碑版的研究和考证工作，建树颇丰。正是因为这些金石碑版，施蛰存与开封开始了联系，他的故事在开封开始流传，他的鸿雁曾经翩翩飞往开封，他的步伐曾经矫健地踏入古城。那些绝代的风华，那些传世的友情，那些如风的岁月，都曾在开封惊鸿一瞥。

一

施蛰存，原名施德普，1905 年 12 月 3 日生于浙江省杭州水亭。他的父亲施亦政，与马叙伦同窗。施家虽是书香门第，奈何当时已罢科举，没有了晋身之阶，家道清贫的施亦政无钱入大学堂，只有以教书为生。1909 年，施父才被邀至两江优级师范学堂作文牍，兼掌管藏书，于是，全家迁往苏州。1911 年的元宵节，父亲为施蛰存举行了开蒙仪式后将其送入私塾。施蛰存喜欢读书，上了高等小学后，常将母亲给的零用钱积攒起来买书看。中学时代，受老师影响，他读了许多宋诗，斗胆写了一首七律，被人称赞"神似江西"，于是萌生了做诗人的野心。五四以后，他开始写新诗，用了各个不同的笔名写诗投到邵力子先生主编的《民国日报》副刊《觉悟》上去发表。后来开始写小说，并与同学戴望舒、杜衡、张天翼、叶秋原一起组织"兰社"，出版四开旬刊《兰友》。1922年考进杭州之江大学，次年入上海大学，开始文学活动和创作。从此，世上多了一个文艺的施蛰存。他以修辞绵密瑰丽的语言演绎情节开合有致的故事，终于成为弗洛伊德思想在中国文坛上的"双影人"。他和九叶派诗共同构建了现代文学史上履痕不及西土、而西风自然风行水上的独特风景。

施蛰存曾说："我的一生开了4扇窗子。第一扇是文学创作，第二扇是外国文学翻译，另外则是中国古代文学与碑版文物研究两扇窗子。"他对碑版文物研究始于上世纪50年代，从1957年到1977年，他没有发表过文章，但是他也没有空闲过。他曾说："那个时候，白天不是我，晚上才是我。一到晚上，我就爬上阁楼做我的工作：校读书籍，研究碑版，读书写札记……"北山楼是施蛰存的书房，所谓楼也就是极小的阁楼。施蛰存在上世纪70年代居住在一座朝北的只有几平方米的小房子里面。当时的陈设是：左边是一张单人木床，床前是一张旧木方桌，桌子的另一边就是抽水马桶。有时候，他就坐在抽水马桶上伏案写作，条件相当艰苦。然而，就是这样艰苦的岁月，施蛰存却不坠青云之志，"竟日抄写金石遗闻"。施蛰存收集碑拓近30年，藏有大小拓片2300余张，唐代的碑拓就有1500多种，几乎囊括了历代珍贵碑刻。

二

1955年，施蛰存收到李白凤的来信，得知当年的朋友已经到开封师范学院中文系教苏联文学。李白凤是我国现代著名书法家、篆刻家、作家、诗人。当年茅盾这样称赞他："足迹遍大江南北，生活经验丰富，故其治印、写诗、写小说，莫不卓特。"施蛰存评价他说："国内写大篆的，今天恐怕还未见有人能超过他。"

施蛰存在编《现代》的时候与李白凤相识，以后成为交往40年的老朋友。李白凤坦率耿直，施蛰存对他刚毅不挠的志节十分钦佩。老朋友之间常常鸿雁传书，除了嘘寒问暖之外，还在业务上相互交流。那个时候，施蛰存也开始"抛弃了文学，转移兴趣于金石文字"，"从前鲁迅放下了古碑，走出老虎尾巴来参加革命；我也原想参加革命，或说为革命服务，结果却只落得躲在小阁楼中抄古碑。既然如此，那就索性往古碑里钻吧"，"白凤也索性钻进了书画篆刻，有时还哼几句旧诗解闷"。施蛰存托李白凤在开封搜罗金石拓本，李白凤托施蛰存在上海买书、借书。一天，施蛰存在南京路店铺购得旧拓未断本《根法师碑》等，返家收到李白凤寄来河南图书馆藏石十余种，当日喜悦之情溢于言表："一日之内得碑17种，摩挲至深夜，殊不觉倦。"李白凤还将一些书寄到上海北山楼，施蛰存收到后，兴奋不已。施蛰存这个时期生活很困难，报纸要借阅，看到有用的新书舍不得购买，常靠卖掉藏书买碑拓，但他有时却买书寄给李白凤。1964年7月13日，施蛰存为李白凤购《西门豹祠堂碑》和《曹子建碑》。后来施蛰存在给李白凤的信中说："足下为弟买的是《石门颂》，《郙阁颂》市上只有明申如埕摹刻本（也刻在山上），原刻摩崖少见，颜书二种未见，有好的整纸拓，故弟未备。"不久，施蛰存收到李白凤寄给他的《郑文公碑》，认为"此拓片甚佳，兄之题签亦佳"。施蛰存还询问靳志家是不是还在开封，如果有其遗印可否印一份。于是，李白凤便委托桑凡先生寄去靳志印稿数枚，施蛰存十分感谢。

河南大学博士生导师佟培基教授曾受教于李白凤，并与施蛰存有交往。佟培基1974年在上海出差期间，受李白凤委托，到愚园路施蛰存的家中拜访。佟培基至今还记得那次是与施蛰存商量《金石百咏》刻印的事。《金石百咏》是施蛰存1971年撰写的，他想让精于书法的李白凤用蜡纸刻印《金石百咏》。佟培基回忆说："那次相见甚欢，临别的时候，施先生赠送我《填词图谱》一函，线装，十分精美。"

1975年6月，佟培基又去上海拜访施蛰存。佟培基至今仍清晰记得那次上海之行："再至愚园路，促膝谈于板子间阁楼上，转弯楼梯很窄，一半堆放书籍，谈词论及金石碑版，约第二天于南京路见面。"第二天，佟培基在南京路与河南路交叉口与施蛰存见面。施蛰存请远道而来的开封客人到咖啡店喝咖啡，后又到"朵云轩"选购了一些青铜器拓片。在福州路一家南纸店里，施蛰存购毛边纸两刀，请佟培基带回开封，刻印《金石百咏》用。一周后临别时，施蛰存送佟培基手书小行草《金石百咏》10首。佟培基回到开封后精心装裱，珍藏至今。1976年4月，李白凤帮助刻写的《金石百咏》油印本印出50册，施蛰存分赠同好友人。茅盾收到《金石百咏》之后说："20年蛰居乃有此收获，亦可谓因祸得福也。"施蛰存致唐兰的一封信中说："月前得汴中李君来函，得知拙作《百咏》已代寄一本达文儿，甚为惶悚。此闲寂无聊时所作，汴中小友，愿留一本，因此付油印。""汴中小友"指的就是佟培基。

三

　　缘于李白凤的介绍，施蛰存得以认识并交往了开封的著名文化学者武慕姚、桑凡、佟培基、崔耕等。施蛰存曾做《夷门三子墨妙歌》，当年书写3份，分别赠予武慕姚、桑凡、李逢（李白凤）。诗中叙述了与武慕姚、桑凡、李白凤3人的深厚交情。

　　武慕姚师从名士邵次公，其行书出自褚颜，俏丽典雅，道健深厚；隶书入汉石经残字，方严犹存，颇得原刻神韵，隶书实乃熔篆隶于一炉，古拙而又清新。20世纪60年代初，上海、北京的碑帖专家来汴交流工作，公认"北京的名家是张彦生，过了黄河就是武慕姚"，号称"南武北张"。20世纪70年代中期，施蛰存同他书信来往频繁，探讨"北碑南帖"问题。施蛰存非常赏识武慕姚的学问和书法，对武慕姚评价很高，认为自"二王"（王羲之、王献之）和怀素、张颠以后，古文篆籀罕行，书法传统中缺少了北碑"丈夫气"；认为武慕姚的书法"大雅扶轮"，有独特的造诣，"行健持刚"，发扬了北碑的优良传统，开一代书风。

　　1975年，40多岁的桑凡与寓居开封的李白凤、武慕姚同尚篆隶，已经书名满天下。施蛰存为桑凡所藏的清人英宝《花瓶图》画卷做诗并题书："不随红紫闹春阳，独伴秋风落叶黄。篱下已无彭泽令，何如供我胆瓶香。丙辰秋杪吴兴施舍坠合一章。"如潺潺流溪，由景生情，感触颇深，意境深远。

　　1978年，李白凤在开封病逝。施蛰存闻讯后特别悲伤，在致崔耕的信中表达了难过之情，撰写发表了《怀念李白凤》。佟培基说："白凤先生去世后，施先生曾来函询问来往之信件，当时欲选一部分出版，白凤夫人朱樱整理出168件，1992年间，其女儿李荣裳带去上海。"

　　那些书信，见证了文学史上的一段往事。笔者在《北山散文集》中，仅

李白凤去世之后施蛰存来开封与李白凤的妻儿合影

看到 13 封施蛰存致李白凤的书信。李白凤的女儿——今年已经 70 多岁的李荣裳居住在开封。笔者找到她，问其施蛰存信件最后的下落，李荣裳说："施伯伯说要出书，他与我爸爸通信有 200 余封，但是找到的只有 168 封。1992年我便把母亲整理好的一批信件带到上海交给了施伯伯。施伯伯说用后还给我们。后来，施伯伯去世了，这些信件我们也就没地方要了。"遗憾的是施蛰存与李白凤的书信大部分遗失，十分可惜。

四

施蛰存在展玩历代金石文字的过程中，"自然而然地会注意并欣赏其文字的结构及其笔法"。然而，施蛰存不是囿于在故纸堆中自我陶醉，而是更关心国宝千百年来的沧桑之变，特别是近百年来，少见古碑新拓，存留情况令人担心。恰恰那个时期，崔耕作为开封地区一名文物工作人员，适逢当时全国掀起了一股农业学大寨的热潮，开封地区境内，平整土地的时候不断发现古文化遗址或者古代墓葬。当时属于开封地区管辖的嵩洛地区，历代碑刻很多。为了考察现有情况，学习文物知识、业务上得到高人的指点，经李白凤介绍，崔耕得以结识施蛰存，在金石碑刻、古代汉画像砖等方面经常请教。而这个时候，施蛰存也正需要一个可以传达"情报"的信使。施蛰存曾赠送崔耕"中岳汉三阙"（即三座汉代石阙：太室阙、少室阙和启母阙）残纸及一些碑帖目录。崔耕在开封做碑刻调查的时候，每有新的发现，就函寄拓片请施蛰存品评。这对当时开封地区的文物调查很有益处，相当于请施蛰存当顾问。笔者在采访时，崔耕如是说："古碑新拓，证明原石还在，先生释忧思之怀；古碑久失传拓，存毁未明，复得新拓，先生欣喜之余，旁征博引，考察其失拓因由；新发现珍刻拓片，先生为之惊喜，不厌其详进行点评。"施蛰存在沉寂之中，遇到开封的文化人，其愉悦之情，可想而知。

从1975年年底到1997年7月19日，崔耕不断向大师问学。20多年间，施蛰存为此先后致崔耕手札69封，构成了一部别样的《北山金石录续编》。笔者在崔耕的家中看到了这批手札，里面很多内容都是施蛰存对碑学事业的精辟论述。这批手札详细反映1975年至1997年间施蛰存的治碑生活和考古方法，从一个侧面实录了他考索金石碑版的部分研究过程，从中既能了解施蛰存在这些年间是如何治学的，也能窥见一些具体研究方法。按施蛰存自己的说法："不像写信，倒是'谈碑小记'了。"如1976年3月27日信中所说："登封是一个汉唐碑刻中心，唐刻最多，但宋元以后石刻，向来少记录，希望特别注意元明清石刻，这种石刻，论书法是不为人所重视的，但是一种非官方的史料，是有很大的史学价值。"

1976年5月，崔耕给施蛰存寄去唐王知敬书《武后发愿文》残碑拓片。施蛰存回信时十分兴奋，称该碑是永淳二年九月立，《宝刻类编》曾有记载，宋以后，只知有"天后少林寺诗书碑"，而不知另外还有《武后发愿文》；信中说："你现在找到这一块七百年来无人知道的残碑，实在令我惊喜万分"。同时，他提醒："这块发愿文残石的下半截，如不粉碎，可能还找得到。万一找到，岂非更大的喜事。"不久，知此残碑得到妥善安置，施蛰存1976年8月23日在致崔耕的信中十分欣慰地说："《武后发愿文》已移在室内，这半块王知敬可以不再损坏，都是好事。"

1983年，施蛰存在香港《书谱》杂志发表《嵩洛新出石刻小记》，又专门著录此碑。他1978年8月22日致崔耕信中说："卅年来，此事已成痼癖，欲罢不能。只要知道有一个新出土的石刻，总想搞一个拓本来开开眼界……"施蛰存在1982年1月30日致崔耕的信中写道："收到承惠日本禅师书撰碑

大师背影渐远去

1983年施蛰存（中）到嵩山考察少林寺塔林碑刻

三种，甚佳，谢谢……今年五月有机会到西安开会，便道可在洛阳、汴都小住数日，当可晤见，届时再奉闻。"

五

1982年5月12日晚10时许，77岁高龄的施蛰存由西安赴开封，5月13日到洛阳作短暂停留。5月14日下午，施蛰存乘火车到开封，刘朱樱、王宝贵以车来接，寓开封宾馆3号楼112室。5月15日，施蛰存在王宝贵、王澄等开封友人的盛情下游览了柳园口、铁塔、龙亭等处。当天下午他参观了开封博物馆，在博物馆的碑林他观摩良久，并在禹王台公园、大相国寺游览一圈。李白凤的夫人刘朱樱陪同施蛰存同游。5月16日9时，刘朱樱来到宾馆把施蛰存接到家中吃午饭。施蛰存见其后代，一声叹息，悲从中来。他在刘朱樱家里见到李白凤的一些遗物，想起了故人的音容笑貌，面对李白凤用过的东西，他"叹抚良久，如对故人"。他可以止住眼泪，却控制不住感伤，挥不去的是温馨的回忆。据施蛰存的《昭苏日记》记载："16日下午2时，佟培基来迎至河南师范大学访高文，任访秋来会晤，即在高家晚饭后，佟以车送回宾馆。5月17日午，王宝贵来邀至其家午饭，具馔二十品，极丰盛，同席者桑凡及其子大钧、王澄、尹文正、周俊杰、刘梦璋、王胜泉、刘朱樱。下午，王宝贵、刘朱樱等六人送至车站乘车回沪。"开封，他曾来过；开封，他一直牵挂着。施蛰存常常想起李白凤，在某个天气晴好的日子，点一支雪茄，怀想40年的友谊，他在致友人的信中曾不止一次提起开封李白凤。

离开开封后，施蛰存与开封几位著名文化学者的友谊持续到老。施蛰存在乔迁到大房子之后，佟培基还到上海与施蛰存会面。崔耕的女婿到上海办事儿，崔耕委托给他捎去小磨香油。

2002年4月，崔耕在女儿的陪护下专门到上海拜访了施蛰存，施蛰存一眼就认出了崔耕，用手比划了个大圆圈："胖了。"施蛰存面对这位来自开封的客人，脸上露出了十分惊喜的笑容。

2002年4月崔耕到上海拜访施蛰存（右坐者）

2003年11月19日，施蛰存在上海逝世。

沈从文：两京传书论章草

读吴世勇编著的《沈从文年谱》（1902—1988），发现 1979 年 77 岁的沈从文在"5 月 9 日，复崔耕信。崔耕，通信时任职于开封地区文物委员会。"后来我找到了 2002 年张兆和主编、北岳文艺出版社出版的《沈从文全集》，在第 25 卷书信集里查到了《北京复崔耕先生》，此信的原件一直被崔耕先生珍藏着。2006 年，崔耕先生在编辑自己的文集《嵩洛访古》时，偶尔展阅沈从文先生信札，不仅感慨万千。崔耕说，沈从文乃学界泰斗，曾是著名作家，后改为文物研究，也是贡献巨大。沈从文以文章、考古、书法称颂于世，却一直虚怀若谷，令人敬佩。用他自己的话说："人来到城市五、六十年，始终还是个乡下人，不习惯城市生活……"沈从文没有来过开封，但是他却与开封有过一段文字缘。

一

20 世纪 70 年代末，崔耕先生在开封地区文物委员会工作期间，为了在业务上得到高人的指点，他先是向施蛰存先生求教碑刻方面的知识，后来想了解章草方面的知识，施蛰存先生便介绍对此颇有研究的沈从文先生。带着忐忑的心理，崔耕向沈从文寄出了一封信函，问学章草。1979 年，沈从文先生十分繁忙，这一年，他倾注巨大心血，历时 16 年著作的《中国古代服饰研究》全书修订增补工作完成，终于交付给香港商务印书馆。

崔耕先生在1979年的5月终于收到了沈从文寄往开封的信件。这是文学大家沈从文致开封市一名普通文化工作者的亲笔信。沈从文在信中关于人生、为文、书法均有独到精辟的见解。信中行文无不闪烁着这位大家风采，不失为沈从文晚年之佳作。其书法手迹更不为人们所常见……崔耕说，收到信后他拜读再三，六页信笺，"字字见学问，满纸是肝胆。使我这个后学者终生难忘"。

翻阅沈从文先生的文学年表，发现1950年代以后他已经很少文学创作，1949年成了沈从文的生死线，郭沫若在1949年发表的《论反动文艺》中，触及了他。1949年7月，第一次文代会召开，沈从文却被排除在外。那一年，孤独、恐怖一直缠绕着他，他曾经绝望地拿起小刀自杀，经抢救方脱险。这位高小毕业的旷世才子从此陷入无言的苦闷之中。1953年第二次文代会召开，沈从文以美术组成员参会。毛泽东接见代表时，对沈从文说："你还可以写点小说嘛！"沈从文报以微笑，他此时已经放弃了文学创作，投入到了文物研究的新天地。汪曾祺说："他的一生分成了两截。1949年以前，他是作家，写了40几本小说和散文；1949年以后，他变成了一个文物研究专家，写了一些关于文物的书……"

二

我在崔耕先生家见到那封珍藏多年的信件，只见发黄的信笺上布满了行云流水般的毛笔书法，沈从文的复信开篇就是致歉，说近段"因工作南行于申、杭、苏、宁各博物馆学习约二月，四月末方返北京。尊函迟复，极歉。"他和施蛰存是40年的老友了，感叹施蛰存在金石方面取得的成就之后就自谦"近于不学无术"。说40年前，"学习用笔，因缘时会，写了些不三不四小说。"解放后不久，"所有旧作均因过时而禁毁无遗"。沈从文在复信中说：新社会即早改业，转入历史博物馆工作，不折不扣作了十年说明员，沈从文目标并不甚高，原以为十年八年能达到一个"合格说明员"业务水平，便已不错。事实上则在坛坛罐罐花花朵朵间转了三十年，仍难及格，"假里手"终不易改成"真内行"也。崔耕说，沈从文先生以让同仁瞠目的学识和毅力，历尽坎坷，完成了巨著《中国历代服饰研究》，填补了我国服装史上的空白，为中华民族的文化史上增添了夺目的一笔。作为考古学家的沈从文不比做文学家的沈从文差。

谈到书法，沈从文先生说自己"更不敢冒充内行，增人笑料"。"一般条幅即作价五分钱，恐仍将不免只合成为地摊上处理品看待。那（哪）敢和海内名家争得失，论书法！"。崔耕说，沈从文先生的这封书信本身已经是一件难得的墨宝了。做这样格调高古运笔自如、法度严谨的章草，时下并不多见。只是沈从文先生致力于学术研究，不以书法名世罢了。

崔耕说，沈从文先生复信的主要部分介绍了历代章草碑帖的真伪，书家的优劣，版本、书迹的流变、考证等。

沈从文说，承询及章草资料，科学院影印的《居延简》，内中有不少东汉时简牍，作章草体保留分隶布局，值得重视。《淳化阁帖》中之《索靖月仪帖》和二王帖中作章草体的，还近古。沈从文认为，《孙过庭书景福殿赋》，或宋明人伪托，不大可信。传世的隋人书《出师颂》，用笔沉重而活泼，惟

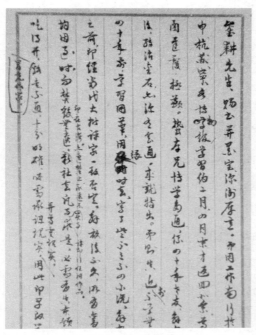

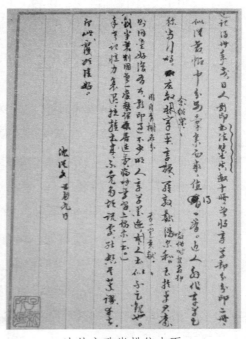

沈从文致崔耕信首页 　　　　　　　　　　沈从文致崔耕信末页

和常见隋代小墓志少共同处，可能成于唐代，和流传于日本之贺之章书《孝经》有些相近。"故宫曾影印过《唐人书月仪》墨迹一册，结体较长，用墨沉重，也还好，似与传世万岁通天诸王墨迹善本有相通处，或同时作品。此外还有怀素在《曹娥碑》真迹后书章草一行，亦疑后伪托。"沈从文说，宋代作章草的不多，章草复兴在元代，除赵孟頫的四体《千字文》《急就章》，尚有一系列高手，如邓文元、陈镐、俞复。元末明初的方壶，均各有不同成就，值得学习。以方壶最潇洒，多只题画上留一二行题记。明代的二沈、三宋、陈璧，都在元代基础上另有发展，以宋克留传墨迹最多，惟有些起笔过于柔媚作态，缺少古朴处。王宠书《古诗十九首》作章草体，比其他行楷墨迹，亦较挺拔厚重。明人洒金扇面用章草书的多可观，清代能章草的应数乾隆皇帝，可惜因其为皇帝，反而不为重视。近人能作章草足称当行的，应数余绍宋、林宰平、章梫、罗敦融、汤尔和 (敌伪时官教部)。

崔耕先生说，已经 77 岁的沈从文先生并不专门从事书法研究，在"年老力衰不能一一记忆"的情况下，对于在书道中颇为冷僻的章草仍能如数家珍，实在让人折服。从居延汉简到晋唐元明以至近代，从国内到国外，举其大要，略为论述。把章草的流传脉络讲得一清二楚，实为难得的章草研究资料。

因为文化，崔耕问道于沈从文；因为文化，沈从文与开封结下一段文字缘，从而，传下一段佳话……

叶鼎洛：最是情痴为香魂

　　叶鼎洛，笔名骆鼎、鼎洛、尤庭王。现代小说家、画家。他就像沉淀于岁月之河中的一粒珍珠，却一直暗淡失色、布满了尘沙。1932 年顾凤城编《中外文学家辞典》就有"叶鼎洛"条目。杨义说："叶鼎洛是一个早已被人遗忘了的作家，但他在新文学第一个十年后半期，当那股以郁达夫为代表的浪漫抒情潮流泛溦之时，是多少显示了自己的存在的。"20 世纪 30 年代，叶鼎洛一度生活在开封，为中原文坛增添了一抹色彩。当繁华落尽、洗尽铅华、拨云见日、回望汴梁时总有一丝感伤弥漫心间。关于叶鼎洛，关于他在开封的事迹，以及他的才情，他的寂寞，他的哀愁，偶尔在地方文献中留下一个名字，更多的情节淹没在历史的洪流中了。

一

　　他多才多艺，当年与叶灵凤被上海文坛称誉为"二叶"，极有名声。他天资聪敏，自幼喜爱绘画，曾以优异成绩考取杭州艺术专科学校。母亲典当首饰送他到杭州，校长刘海粟知他家贫，破例准其免费入学。毕业后，经刘海粟介绍，在杭州任中学美术教师。不久，东渡日本深造，结识"创造社"的一批骨干，如郭沫若、成仿吾、田汉、郁达夫等。

　　回国后，他到长沙第一师范任图画教员。与赵景深、焦菊隐等成立"绿波社"，积极投入新文学运动。1927 年，他参加过田汉组织的"南国社"活动。

1929年叶鼎洛（右二）与南国剧社到广东等地演出，在厦门合影

1928年与郁达夫等创办《大众文艺》杂志时，叶鼎洛不顾被校方解聘的危险前去帮忙，其中的插图、封面设计之类的工作大多是他做的。另外，他还为该刊写了数量众多的通俗和普及性的文艺作品，中篇小说《红豆》，成为其代表作。后来，经朋友介绍，叶鼎洛到开封学校任教。

据《文学天地》创刊号（1931年2月上海出版）"文坛消息"刊载："小说创作家叶鼎洛氏由赵景深介绍将赴开封高中任教。"由此可证，他是在1931年初到开封的，先到开封高中任教，后来到河南省第一师范教国文。1935年3月《现代》第6卷第2期革新号"文化界杂讯"栏中有下列一则消息："叶鼎洛仍在开封师范任课，把原住在故乡江阴的父亲和妹妹，接到了开封去住，迄今尚是'独身主义'者。"

二

苏雪林说，郁达夫曾有两个信徒：一个是王以仁，一个是叶鼎洛。叶鼎洛有《他乡人语》《男友》《未亡人》《归家及其他》《前梦》《双影》《乌鸦》等集。他的作品也是感伤颓废一路，不唯艺术胜过王以仁，更远胜郁达夫。

是否艺术远胜郁达夫，是苏雪林的一家之言，但叶鼎洛的小说，题材广泛多样，情节离奇曲折，文笔隽秀如行云流水，感情细腻如工笔素描。他不仅是作家，擅长于长、中、短篇小说的创作，古典诗词也精通；绘画则是他的专业，其他如演、拉、弹、唱、昆曲、京剧、话剧样样都能露一手，是中国现代文学史上难得的多面手。

阿英编的《中国新文学大系·史料索引》有叶鼎洛的一篇简短小传，说他"1930年后，甚少写作。"他的老友赵景深在《文人剪影》中记述："鼎洛到开封以后，也像我似的，拿起粉笔来谈文学了"。当时，在开封任教的，还有孙席珍、于赓虞、万曼等一批有名的作家和诗人，一时开封新文学之风大盛。叶鼎洛人长得较高，不长的头发向上竖着，有胡子，穿长衫，讲课时喜欢抬头向前上方看着，给人以孤傲之感。

20世纪30年代，开封高中银砂社编辑《银砂》杂志，河南省立第一师范学校文学研究社编辑、出版的《天河》等期刊多有叶鼎洛的文章。他还编辑《河南民国日报》特刊《平沙》（周刊）。1931年春，上海唐槐秋话剧团到开封，在人民会场上演《茶花女》，唐槐秋的女儿唐若青饰演茶花女玛格丽特，陶金演阿芒。叶鼎洛也应约扮演一位宾客角色，在舞台上出现，颇受欢迎。《茶花女》连演几个晚上，场场满座。当时河南省政府里的公务人员组织一个新声剧社，剧社管事的是叶鼎洛。后来在上海出版的《电影新闻》1935年第一期刊发了《充满朝气的开封剧坛：汪漫铎叶鼎洛颇为努力》。1934年夏，叶鼎洛、汪漫铎等

叶鼎洛为郁达夫小说《迷羊》画的插图

发起成立成立中州文艺社。同年 9 月创办《文艺月报》，至 1937 年止，共出五卷五期。刘岘在《我初学木刻的时光》文中说，他在河南开封双龙巷举办了《王泽长木刻、木炭画展》（刘岘原名王之兑，曾用笔名王泽长），作家叶鼎洛为他写了介绍的文章，并在当地《大梁日报》上刊出专页。在 1936 年 10 月 25 日，叶鼎洛和开封进步文艺家冒着当局追查的危险，在开封水专学校，召开了追悼鲁迅大会。在开封文艺界，叶鼎洛相当活跃。

三

在开封，叶鼎洛开始住在大兴街 17 号的院子，后来因为窘困搬到了游梁祠居住。他生活浪漫，多才多艺，才华毕露，领尽风骚。田汉在《南国新史略》中写道："翌年暑期……终日与叶鼎洛等纵饮酒肆。"郁达夫在一九二七年一月二十五日日记里（见《日记九种》）记述："十二点后，和叶鼎洛出来，……又改到四马路去痛饮。到午前的两点，二人都喝醉了，就上马路去打野鸡……"郁达夫对叶鼎洛赞赏有加，1933 年，北新书局出版郁达夫的中篇小说《迷羊》，特请叶鼎洛在扉页上作了一幅工细的插图：在一间别墅的花园之中，一个新式女子正在疾痴地出神。这幅插画画法工细，人物衣着上的每一条纹路，四周植物的每一片枝叶，都加以描绘，线条的疏密控制得当。

据说叶鼎洛奉父母之命曾有妻子，但是他认为新娘相貌不美，婚后蜜月没过完就回杭州教书去了。后来，他写信给妻子，说看破红尘，意欲出家，要其再嫁。此后叶鼎洛摆脱束缚，自由高飞。据 1938 年 6 月 25 日赵景深给杨义的心中说，早在 1925 年秋"叶鼎洛和田汉的新夫人黄大琳谈恋爱，有过婚外情。田汉知道后，叶鼎洛只好羞愧地离开了南国社。"叶鼎洛是属于他那个时代的新潮人物，即"五四"时代的浪漫文人，风流倜傥。他几次恋爱均未有结果。在开封期间，他常常出入烟花柳巷，浪漫颓废。与当时开封第四巷中的名妓金楼多有来往。金楼因年长色衰，流落二等窑子。赎身未遂，希望破灭，吞大烟膏致死，埋于宋门外。那时叶鼎洛失业年余，穷愁潦倒，孑然一身。曾多次会金楼，渐生感情。闻其死讯，夜潜其坟，"掘土将其头骨携回，剔去腐肉，洗涤干净，涂以红漆，日夜焚香吟哦，得句即刻其上，刻满再漆，漆好再刻，时而痛哭，时而大笑"。陈雨门先生在《古汴娼妓血泪录》中收其一首词，题为《悼金楼·调寄玉女摇仙珮》，词曰：

> 香残红褪，衰柳落阳，空忆当年模样。公子情痴，书生肠热，
> 愿结鸳盟声朗，向萱堂说项，请怜孤苦，慈悲收养。怎料及怒持鸠杖，
> 逐出败家辱门孽障，望黑海茫茫，难达今生宿愿梦想！
>
> 不叹人谋空费，只怪人间充满魑魅魍魉。一盏芙蓉，两行热泪，
> 了却飘零肮脏。掬一把酸辛，听荒冢鬼哭声声冤枉。凭诔词招魂，
> 春将不远，馨香祝拜晨光晓，千年明暗终尘壤。

同是天涯沦落人，相遇何必再相逢。

曲终人散。"叶鼎洛因思虑伤身，以致精神失常"，日军侵汴前离开了开封，杳无音信。

梨园舞台留余韵

汪笑侬："伶隐"寓汴剧改良

　　汪笑侬是清末民初著名的京剧演员、剧作家、导演和优秀的戏剧改良家。周信芳等老一辈戏剧家对其人、其戏剧改良活动都有较高的评价。他一生剧作颇丰，被誉为"梨园编剧第一能手"。他不仅京剧老生艺术造诣颇高，其红净戏和老旦戏也有独到之处。他的唱腔取汪桂芬、谭鑫培、孙菊仙三派之长，自成一派。他还精通昆曲、徽剧、汉调、粤调等，是一位集编、导、演于一身的全才艺术家。

汪笑侬

一

　　汪笑侬从小好读诗书，天资聪慧，17岁应试入学，22岁中己卯科举人，但他无心功名，醉心于听书唱曲，常去票房学戏、演戏，很快成为名票。其父为他在河南捐了个县知事，他上任时除带行李，外加一把京胡。汪因风骨铮铮、性情怪僻，得罪乡绅，上峰借词"耽于声色，怠于牧民"，竟被辞官。离开仕途的汪笑侬一度住在古都开封双龙巷的一个小院中，正屋堂前悬挂一联："看我非我，我看我，我也非我；装谁像谁，谁装谁，谁就像谁。"寓居开封期间，编演不少剧目。汪笑侬学识渊博，才气过人。琴棋书画，无所不能，医卜星象，无所不晓。西学传入中国后，他还涉猎过心理学、催眠术、法律、西洋史、商业史等。他曾去拜谒京剧老生三杰之一的汪桂芬，请教并陈述自己从艺的志愿。见一文人，汪桂芬不以为然，笑着说："唱戏谈何容易。"后来，他就以"汪笑侬"为艺名，意思是说，汪桂芬曾经嘲笑过我。在开封，汪笑侬成为著名的票友，他在滚滚红尘和歌哭笑骂中粉墨登场，在每日出将入相的种种装扮中演绎段段历史故事。他以伶为隐，慷慨自傲，世界一戏场，犹嫌舞台小。他最初在开封上演的《马前泼水》，一举成名，后来被百代公司灌成唱片，风行海内。

汪笑侬从事戏剧改良活动主要是借戏剧发泄内心的忧愤，凭借自己的口舌声手，来讽刺、抨击黑暗的政治和社会，以达到高台教化之目的。他改编演出了《党人碑》，借北宋书生谢琼仙不满蔡京诽谤忠臣，醉后怒毁元祐党人碑的故事，对维新志士寄予哀悼和同情。他还把昆曲《桃花扇》改编成京剧，歌颂李香君的爱国精神。袁世凯窃国后，汪在上海编演历史剧《博浪椎》，借张良之口表达了他反对复辟、铲除专制的热切愿望。他的唱腔不仅能放，亦能蕴蓄。遇有细腻的感情，擅用迂回曲折的腔调来表达。同时善于吸收各家之长，兼容并蓄，形成独特的汪派风格。《耕尘舍剧话》曾给汪笑侬的唱腔以高度评价："檀板一声，凄凉忧郁，茫茫大千，几无托足之地。出愁暗恨，触绪纷来，低徊呜咽，慷慨淋漓，将有心人一种深情和盘托出，借他人之酒杯浇自己之块垒。笑侬怠以歌场为痛苦之地者也。"

二

汪笑侬不仅能演善唱，而且颇富创作天赋，经他改编或创作的新剧，不仅思想新，而且词章华美，很有文采。1910年，丰乐园建成开业，汪就在此首场演出。影响较大的却是1915年的演出，可谓盛况空前。

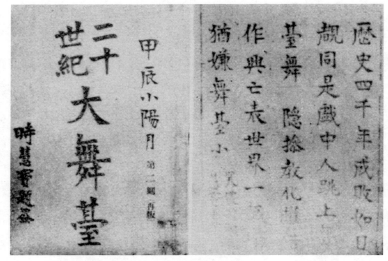

汪笑侬为中国第一本戏剧杂志《二十世纪大舞台》题词

1915年12月份的演出是应袁世凯之子袁克文再三邀请才到开封的，袁克文位居民国四公子之首，出身豪门，才华横溢，集书法、诗文、戏剧、鉴赏等诸多才艺于一身，以喜爱京剧著称，且能演唱，与汪笑侬是义结金兰的弟兄。后来汪笑侬去世后袁亲自写挽联："论交近十年，溯沽流买醉，燕市邀歌，竟使绝弦痛仲子；小别才六月，便淞浦归魂，江楼沉恨，空余挂剑吊王孙。"袁克文在开封南郊有寓所。汪笑侬到开封公演，下榻于袁的寓所。汪每天演出、住宿，必乘袁的私家汽车往返。当时开封军政界领导尚无汽车，而汪以一伶人，享受此新式交通工具，一时传为佳话。

东火神庙是开封最有名的京剧戏园之一，建于1901年，建筑格式为明清楼式，上下两层，青砖灰瓦，坐北朝南，可容500余人观看，每天日夜两场，夜场照明使用汽灯。12月4日，汪笑侬到开封东火神庙同义班演出。此次来开封，汪笑侬第一天演出的节目为《张松献地图》。夜间演出的是《宇宙锋》《一捧雪》《牧虎关》等。汪笑侬每次演出，座无虚席。当时一般演员票价是300文，而汪的票价竟增至780文，上演《马前泼水》《哭祖庙》，则又涨为1080文。后来在东司门浙江会馆演堂会，汪应邀演此两剧。日演《马前泼水》，夜演《哭祖庙》。两剧戏价为 120 块银元，出场费相当高。

在开封演出的时候，汪对戏剧改良身体力行，一方面让他所搭班的演员明白演剧对社会风化有一定的影响，劝诫大家都不演有害于社会民心的坏戏，另一方面对自己演出的传统剧目，凡有淫荡之情节、淫词，一律删去，加以改良。

东火神庙因戏楼存在隐患，警署令同义班 5 日停止演出。"12 月 8 日丰乐园经南区警署批准，由天津新曲改良社社长汪笑侬艺员演唱三星期"。

在丰乐园演唱三周，每次观众上千人。由于他主演的剧目颇具现实意义，深受各界欢迎，"可谓豫省历来新到名角演剧盛况所未有也"。《河声日报》刊登评汪笑侬演出《张松献地图》一文说汪韵调清澈，耐人寻味，表情细腻。"并且汪君爱国之心最热。故新编好戏，皆具慷慨淋漓之致。"

月底东火神庙戏楼整改完毕，汪笑侬在那里演出了《溪黄庄》，在此剧中扮演十二美女中的彩旦，汪一开口，观者掌声如雷。

1916 年 1 月 29 日，汪笑侬将加工修改过的《朱买臣休妻》《哭祖庙》等剧本，各印刷数百份，分送各界传观，征求意见，以便进一步改良，对河南的戏剧改良产生积极的影响。时人《题汪笑侬 < 哭祖庙 > 脚本》诗云："益都片瓦已无存，蜀道谁寻杜宇魂。付与当筵作歌哭，可知优孟亦王孙"。

汪笑侬对京剧改良所作的贡献，对后代京剧演员的影响很大。梅兰芳曾说："我见过汪笑侬，他是一位能编、能导、能演的戏

汪笑侬（右一）演出剧照

梨园舞台留余韵

剧家，他在辛亥革命前后所演的戏，是具有爱国主义精神的。"汪笑侬对开封很有感情，就是到上海之后，对开封的旧友经常挂念，关心开封的戏曲发展动态，不时来信询问，如有告急，即解囊相助。据陈雨门先生《伶隐汪笑侬在汴二三事》记载："吹古台之'醒豫舞台'之'醒豫'，即其命名，并特书匾额，派人专程送汴。"

葛文玉：国粹神韵绽汴京

葛文玉已经沉寂于历史的长河中近百年，这位京剧艺术家的盛誉渐渐被尘沙掩埋，致使很多人竟然不知道他，连《中国京剧史》也是一笔带过。葛文玉是京剧界早期人物，是史料可查的继程长庚来开封后的第二批京剧艺术家。葛文玉擅长武生和文武老生，当年曾流行"北京杨小楼，河南葛文玉"之说。他的表演，动作潇洒利落，脸上有戏，一对眼睛神采奕奕，表演风格迅捷威猛，扔刀、扔枪特别拿手，外来河南的武生几乎都要砸在他手里。葛文玉一生的艺术事业大部分完成在开封的舞台上，闻名全国的刘奎官、李洪春等都是他的弟子。对开封京剧艺术而言，他是大武生行一个承先启后的人物。在开封，葛文玉居住在学院门后街。

一

说葛文玉绕不开他的父亲葛四，葛四是光绪年间著名昆丑。《清稗类钞》载：都中苏班名伶有杨三、葛四二人者，皆苏人，皆唱昆丑，二人交至密。鬻技京师，杨尝语葛云："君技胜我，所在皆可求食。君在京，则人皆贱我矣，君能去乎？"葛曰："诺。"遂去。之河南，之山东，所至为人所重。杨自是遂独以技名京师。葛暮年病盲，仍留山东不去，曰："我不负杨也。"杨三就是"同光十三绝"中的杨鸣玉，冠盖满京华。《北京戏剧通史》也记载："葛四至山左（济南）而擅声，杨三赴京师以享名。"后来，葛四的眼睛瞎了，

开封的老戏楼

仍继续登台演出演剧，每次必演《尼姑下山》一剧，但见他神采飞动，台步整齐，背负一人，其行如驶，见者不知其盲。这是由于幼工极深，场上地位尺寸烂熟于胸中，才能这样进退从容。《清代燕都梨园史料》载："昆丑葛四与杨三同门，亦隶高升部，年逾花甲……作工身段变化神奇，同辈罕有其匹。"梅兰芳在《舞台生活四十年》中说葛四与程长庚也是师兄弟。

葛文玉就是葛四的儿子，小名虎子，开封人都叫他葛虎。因是门里出身，从小就能唱昆曲，扮武生，身段绝佳，"惜喉闭不能发音，然已矫矫于世。"

葛文玉最初是在北京跟随曹毛包学艺，学成之后，常与其师配戏。一次戏园贴出《挑滑车》，曹毛包扮演高宠，葛文玉配兀术。戏该上场了，曹还没来。老板是文玉的师叔，救场如救火，他对文玉说，戏该出场了，你老师还没来，这不能空场，你快扮演高宠我演兀术。当时葛文玉一愣，就是借给他个胆儿他也不敢演师父的角色啊。当时师叔十分急，说：有我在，你只管去演，你老师来了我解释。他担心全场观众起哄，影响不好。葛文玉不得已，只得改扮高宠，当他装扮完毕，曹毛包来了。他见徒弟扮如此扮相，不问青红皂白，就说："好！好！我给你演配角！"葛文玉无奈坚持要卸妆，而师叔不让他卸，说文玉你先上场，演完我与你老师解释。曹说：甭说了，出场。按剧情，高宠横握大枪金刚怒目，金兀术战败提枪撤步。而这次当演到高宠与兀术对打时，兀术猛然一棒将高宠打倒在台上，弄得满场愕然，继而大笑不止，有的口中调侃道："稀罕！稀罕！"葛回到后台，卸了装给老师曹毛包磕了个响头，从此就离开了北京，在河南开封发展。

二

京剧传入河南的具体年代无从考证，光绪年间京剧与梆子等同时在开封演出，开封人称"昆黄腔"。当时鼓楼街较出名的京班有福庆班、荣升班，原来都是徽班，以唱皮黄和昆曲为主。葛文玉擅长武生和文武老生，《河南戏剧记事》载，1901年10月10日，慈禧太后、光绪皇帝从西安返北京，逗留开封，正值慈禧生日，北京名伶汇聚开封并与开封的名伶葛文玉等在行宫演戏数日。

光绪年间葛文玉在开封名气很大，他为人端重，人也很义气，他演出的《挑滑车》是一绝。当年每次他的《挑滑车》演出海报一贴出，就会轰动古城，开封戏迷们争着买票观看。据说，葛文玉只要演《挑滑车》，大梁书院几个教书的秀才是逢场必去。那时东火神庙票价是每人二百文，而这些秀才的月课钱才1000文，看一场戏消费20%月收入，甚是奢侈。省吃俭用也要听葛文玉的戏，可见这些"粉丝"多么的热爱葛文玉的戏。

1909年丰乐园建成并于1910年元旦开业，从此这里成了京剧在开封演出的主要场所，有不少知名班社在丰乐园演出。葛文玉一直在丰乐园搭班，开封京剧观众一直喜欢他的《挑滑车》。在此剧中，葛扮演高宠，一出场就是双起霸（通过一套连续的舞蹈动作，表现古代将士出征上阵前整盔束甲的情景。全套的称整霸或全霸，大都用于剧中主要人物。两个人同时起霸称双起霸。）他的瓷实、利落、威武使在场观众为之精神振奋。随后，剧中演至岳飞传令遣将时，当岳飞每遣一将，葛文玉面就有一种表情，一次比一次紧张，一次比一次扣人心弦。观众也随着他的神色，不自觉的而起变化。最后，各将派遣完毕，高宠只气得头与全身不动，满头盔珠振振作响。台下有的观众受此感染甚至气得朝桌子上奋拳一击，茶壶茶碗被震得叮叮咣咣。

三

葛文玉是开封京剧舞台上的不老松，很长时间他的地位都无人撼动。有一次北京著名武生高福安来开封演出，高在演出之前，先询问丰乐园老板，葛文玉都擅长什么戏，老板说《挑滑车》《通天犀》《长坂坡》。高要挑战葛文玉，他吩咐老板说他头三天就演这三出戏。老板将这三出戏的海报一张贴，立即轰动了开封城。高福安第一天就演《挑滑车》，当时观众满园，都想看看京城的名角风采和能耐。戏没看完，观众就很失望纷纷议论"这哪有葛虎的《挑滑车》好"，"比葛虎差得远！"高福安暗听观众的言谈并察看观众神色，戏一演完就将丰乐园老板叫过来，吩咐明天改演《狮子楼》，并连夜将海报贴出。于是凭借《狮子楼》，高福安算是在开封打响了。

葛不但擅长靠把（指身披铠甲、手持兵器、擅长武功的老生角色），而且还擅长短打。《河南戏曲史志资料辑丛》第二辑孔宪易《开封京剧纪略》介绍，有一次一位名角到开封，第一天演《莲花湖》，那位名角扮演韩秀，葛文玉扮演胜英，结果出人意料，台下观众只给胜英喝彩，那位名角很不服气。第二天仍贴出《莲花湖》，角色对换，名角演胜英，文玉演韩秀。结果观众仍是把掌声送给了葛文玉扮演的韩秀。这一下子，那位名角彻底佩服。后来那位名角临死时，把一把大刀交给他的孩子，叫他到开封拜葛文玉为师。

1911年7月，葛文玉开始演《巧离奇》《大战四川佛门点元》等"改良新戏"。笔者翻阅《河南戏剧活动报刊资料辑录（1907—1949）》，发现1911年的《中州日报》、1912年的《自由报》、1913年的《河南实业日报》多次刊登了葛文玉在开封的戏剧活动。1914年之后，几乎很少见到了关于他演出的记载了。葛文玉的晚年，时常演些歇工戏（艺人称唱念做工不多的戏）。《打棍出箱》这出戏也是葛文玉的绝活。范仲禹一出场，能将鞋子踢到甩发上，当时国内除谭鑫培外，就要算葛文玉，余叔岩了，其他就寥寥可数了。他能从箱子上"鲤鱼打挺"一跃而起，动作干净利落，不愧是久负盛名的大武生。

梅兰芳：万人空巷看梅郎

　　他艺术高超、品格坚贞；他厚以立德、诚以待人；他为国为艺、尽心竭力；他侠骨丹心、举世赞誉。"八载留须罢歌舞，坚贞几辈出伶官。轻裘典去休相虑，傲骨从来耐岁寒。"这是田汉写给梅兰芳的诗句。20 世纪 30 年代，梅兰芳曾经在开封的舞台上为河南人民赈灾义演，掀起一股"梅超风"，万人空巷、争睹梅郎。

梅兰芳演出剧照

一

1934 年，河南先后发生水涝与旱灾，大旱之后又遇蝗灾，作物绝收，"灾情奇重，民不聊生"。河南省赈灾委员会委托郑剑西邀请梅兰芳来开封赈灾义演。郑剑西曾向"胡琴圣手"陈彦衡学京胡，拉得一手好琴，与梅兰芳、程砚秋等多有交情。正在上海的梅兰芳接到赈灾邀请后，便应承来开封。当时的河南省主席刘峙便敦请郑剑西专程赴沪去接梅兰芳。

1934 年 6 月 21 日上午 8 时许，"河南赈灾游艺会"全体会员在开封火车站迎接梅兰芳。同来的还有王又宸、姜妙香等名伶 10 余人，另外还有一位由黄金荣派来专门护送梅兰芳的徐拂生。那一天，从火车站到西大街梅兰芳下榻的党政军联欢社的街道两旁，站满了围观群众，夹道欢迎、气氛热烈。

1934 年梅兰芳在开封演出广告（冯艳英供图）

当天下午，开封当局在党政军联欢社为梅兰芳召开了记者招待会，与会的有各报社、通讯社记者 40 多人。河南赈灾游艺会主任杜扶东首先向记者们通报了邀请梅兰芳来汴演戏助赈的经过。继而梅兰芳介绍了他赴美演出的情况后，作了《戏剧与中州之关系》的主题发言。最后公推《河南民报》社长刘伯伦致答谢词。梅兰芳表示此次演出"愿尽义务，不收包银"，赢得了记者阵阵掌声。晚上，他又亲临人民会场视察现场环境，对灯光布置和桌椅的陈列做了改进。第二天中午，刘峙在环境优雅的禹王台专门设宴款待了梅兰芳一行。梅兰芳还到美光照相馆留影纪念。

梅兰芳来汴前，当时开封市内的报纸都提前发了消息。3 天演出的票都被抢购一空，剧场只好"星夜派工，加修座位"。《河南民报》从义演的前一天起，每天刊登剧目预告、剧情说明、全部唱词以及评介文章，报道梅兰芳演出情况。开封的其他报纸也纷纷发布广告，吸引了河南省内乃至周边省份的票友戏迷们争相前来观看。一时之间，交通拥挤，当局不得不临时增加客运班次，以解燃眉之急。

1934 年梅兰芳在开封演出剧照

演出过程中，梅兰芳受到了媒体的盛赞："梅博士自开演以来，所演者皆系生平最得意之拿手佳剧。戏虽重头，演时吃力，然梅君为报答各界雅意起见，不辞艰辛特别卖力。"原本计划义演 3 日，后因观众的强烈要求而增加了 8 场。

因是义演，票价较高，很多市民囊中羞涩却想一睹大师风采，于是就联名致函报社和赈灾游艺会要求降低票价。梅兰芳得知消息后立即表示同意，降价后，使更多的戏迷有机会一饱眼福。当时的政府官员为梅兰芳对河南百姓的一片诚意所感，纷纷退出可以免票的"游艺会指导员"的徽章，表示"愿购票观剧与平民同等"。梅兰芳更是恪守诺言，除将演出收入的六万余元捐赠灾民外，还将最后一场与王又宸合作演出《四郎探母》的全部收入，捐赠给开封京剧界的穷苦艺员。其大师风范，至今令人景仰。

二

梅兰芳虚怀若谷，从不恃才傲物。此行开封，遵从梨园界"行客拜坐客"的风俗，在正式演出前，除了对当地要员、记者的走访回拜外，对开封演艺

梅蘭芳

霸王別姬

文化宣傳社印

赈灾演出《四郎探母》戏票

界知名人士都做了拜访。比如拜访邹少和，邹素喜清歌，酷爱戏曲，在京数年，京剧名演员姜妙香曾拜他为师学习绘画。辛亥革命后，返回开封，在河南省警务处任职。开封的京剧、豫剧青年演员多拜他门下，亦多得其庇护援助。梅兰芳来汴期间专门到邹少和家作画谈艺。来不及登门拜访的，还借《河南民报》刊登启事声明"敬祈亮察"。据当时报刊记载，在开封走访回拜时，"梅所到之处，万人空巷围观，每至一家门首，市民隔窗相窥，人头累累然"。

三

"又一村饭庄"是汴垣"八大名餐厅"之一。康有为游学汴京，对其饭菜赞赏有加。所以梅兰芳在开封义演时，赈灾委员会会长杜扶东首选又一村的厨师为梅先生"落作"(由饭庄派厨师和堂倌携带做菜的原料、炊具，到机关、团体或私人寓所承办宴席)。听说是为梅先生做菜，老板便选派技艺高超的李春芳前往。李的手艺得到了梅先生的赞许。当时，开封各界人士争相宴请梅先生，而他对宴请仅是应酬，不等宴席结束，便回住处，吃李春芳为他准备的饭菜。据《开封市商务志》记载，李春芳特意给梅兰芳做出了一道菜叫"炒桂花江干"，梅先生吃得非常开心。并问用鸡油炒制是否会更鲜？李春芳说，试试看。试后品尝，果然锦上添花，风味更佳。时人盛传：梅兰芳、李春芳"同台"献艺；艺术家、烹调师"芳名"流传。

四

那一年，在开封，梅兰芳40岁，扮相清秀俊美，唱腔典雅，吐字清晰，声音洪亮；表演端庄大方，古朴典雅，舞姿洗练，武功娴熟，文武昆乱不挡。

他的精彩表演给开封人民留下了十分深刻的印象。当时流传有顺口溜："不要爹，不要娘，不可不看梅兰芳"。据马灵泉所著《相国寺》记载：梅先生的演出"轰动开封全城民众，竟有人借债购票往观。人民会场前人山人海，仰首翘足，争看梅郎下装之仪容，颇极一时之盛"。

梅兰芳

梅兰芳在开封赈灾公演时，曾经受到亲日分子的恐吓。为防不测，开封票友贾荫堂不但亲往护卫，出车时还将自己的小儿置梅怀中，确保了梅兰芳在汴期间的安全。贾荫堂，幼年随父流落开封，常到相国寺学戏。后步入仕途，任相国寺警察队长，人称"票友队长"。他酷爱京剧，受过杨小楼等著名演员指导，曾与刘奎官同台演出。

在人民会场演出的 11 天，梅兰芳极受欢迎。他无私的品格感动了开封人民。义演举办单位赠梅兰芳"热心公益"银盾。1934 年 6 月 25 的《河南民报》说："河南省赈务委员会赠梅兰芳剧团一方匾，上写：'灾民受福，德音孔昭'。"

新中国成立后，梅兰芳再次来汴献艺，再度受到开封观众的热烈追捧。

梨园舞台留余韵

程砚秋：春烟秋水君子风

他，舞台上是神采奕奕、魅力四射的绝代名旦；他，舞台下是刚正耿直、勇敢英武的血性男子；他的剧目，直面人世的悲苦，从不媚俗；他的唱腔委婉细腻、历久而弥新；他的表演，风格清奇隽永，令人神往；他创造的程派艺术，成为京剧旦角艺术的一座里程碑。四大名旦中程砚秋年纪最轻，在旦角唱腔艺术上独辟蹊径，有非凡成就，有人说如果梅派艺术象牡丹花一样富丽堂皇，那么，程派艺术就像秋菊那样深沉婉约。程砚秋在北平沦陷时期一度息影舞台，务农隐居。

在 20 世纪 30 年代，风靡天下的程砚秋来到了开封，相貌倾城，其表情、做派细腻，特别吸引观众。

一

程砚秋（1904—1958），男，满族，籍北京，京剧旦行演员，原名承麟。为学唱戏从了汉姓，以承为程，取名菊侬，后改名艳秋，成名后改名砚秋。在他 6 岁时，家道败落，缺衣少食，经人介绍，他投入荣蝶仙门下学艺，荣蝶仙是唱花旦、刀马旦的，一看这孩子不错，就收下了，让家里人立下"文书"，言明 7 年期满，当年不算，7 年期间由荣家供给食宿，但演戏的收入归老师。迫于生计，程母在犹如卖身契的"文书"上画了押。

荣蝶仙脾气不好，对徒弟十分凶狠。程砚秋每天顶着星星起床，半夜才能休息，片刻不闲，打骂更是常事。一次，程砚秋刚练完早功，荣蝶仙马上让他吊《宇宙锋》，他一时张不开嘴，师父大怒，立马狠打一顿，由于刚练完撕腿，血未循环过来，一顿毒打，把血凝聚在腿腕上，留下了淤血疙瘩。成名后的程砚秋赴欧洲考察戏剧时，经一位德国医生的手术才把两腿治好，他后来说："学艺的 8 年，是我童年时代最惨痛的一页。"

荣蝶仙对他的练功学艺要求非常严，老师的严酷，学艺的艰苦，他咬牙顶了下来。他懂得不下苦功，难学真本领。正是童年时的严格训练，使他幼功非常扎实。程砚秋天资聪颖、勤奋好学，11 岁就登台演出了，在天桥东大市浙慈馆票房和丹桂茶园边学戏、边"借台演出"，一登台便四座惊叹。他给老生前辈孙菊仙、刘鸿声都配过戏。他在台上很有光彩，加上年纪小，很惹人喜爱。登台不久，便声誉鹊起。

当时名士罗瘿公慧眼识珠，在得知程砚秋变嗓后，还要继续为师父赴沪演戏，毅然借款 700 银元为其赎身，使程砚秋提前两年"出师"。罗先生为了培养程砚秋煞费苦心。他专门租了所房，把程砚秋的母亲、兄嫂们接来，请中医为他调治嗓子，请乔蕙兰教昆曲，请九阵风（阎岚秋）教武工和大小五套刀枪把子；据张次溪《燕都名伶传》所述，罗瘿公教导程砚秋"闲则为讲述古先贤轶事，及立身立法，又教以诗、书、画，陶冶其性灵"。安排他看戏和看电影，提升他的艺术鉴赏能力。在罗瘿公的引荐下，16 岁的程砚秋拜王瑶卿为师，经过悉心调教，程砚秋果然是越唱越红。后来嗓音恢复，又拜梅兰芳为师，在梅的多部戏中饰演配角。1927 年《顺天时报》评出四大名旦，其中程砚秋唱功得了 100 分，堪称菊坛独步。

二

程砚秋是 1935 年来开封演出的，从 6 月 17 日起，程砚秋在开封广智院演戏三天。说起广智院不得不提梁子恪，他是一个文化商人，在西大街开一"文化书社"，之后他又在南书店街路东开一"人生观"书社。大概是 1933 年左右，人民会场租与梁子恪，他将人民会场改为广智院，自己担任经理，经营剧院，颇有办法。他曾多次赴北京约请名角来开封演出，订立合同，演员对上演剧目的收入赔赚不管，净得"包银"若干，往返接送以及食宿皆由剧院负责，所约演员大都演出一个星期载誉而归。演出期间每场满座，剧院收入颇佳。国内各派名角，络绎不绝地应邀来到历史名城开封演出，使古城爱好京剧的人们，大饱眼福。

1935年6月12日，程砚秋率戏社40余人来到开封，他带有俞振飞、侯喜瑞、王少楼等，主演了《风尘三侠》《孔雀东南飞》《贩马计》《奇双会》等剧，票价分三元、二元、一元、五角四种。正式演出从17日开始，前期主要是拜访汴城名流和政要以及新闻媒体。

程砚秋给开封带来了正宗的程派艺术，第一天演出久久不能谢幕，开封观众热情好客、对京剧的执著追求令他感动。当时河南省主席刘峙想请程砚秋为河南演两天义务戏，因广智院经理梁子恪已经与程砚秋订立了合同，特别强调："只准演三天；不准演义务戏；不播音。"程砚秋心系豫省灾民，真心想赈灾义演，奈何"梁对程演义务戏为影响该院发财百般阻挠，对程颇有失礼之处。"此事气得程砚秋离开广智院安排的住处，改搬到中国旅行社招待所寄宿。

6月18日，广智院在《河南民报》刊登戏报，宣称当晚程砚秋要为开封人民演出《牧羊卷》，此为程剧重头戏，精彩异常。全城轰动，街头巷尾无人不谈程砚秋，盛况空前，戏票很快告罄，很多没买来票的戏迷只得在戏院外徘徊。《牧羊卷》又名《朱痕记》，描写唐代西凉节度使黄龙叛乱，朱春登代叔父从军，由他婶母的内侄宋成做伴同行。宋成想谋占朱家财产，又垂涎朱的妻子赵锦棠。他在途中谋害朱春登未成，回来又谎报春

程砚秋演出剧照

登战死。朱春登从军有功，衣锦还乡，他的母亲和妻子已被婶母赶入山中牧羊，但朱婶却说她们已死。春登哭祭，并搭棚舍饭七天，代作功德。朱母和赵锦棠前来讨饭，朱母失手打碎饭碗，惊动春登：便唤锦棠进棚问话；锦棠手上有一朱痕，被朱认出，夫妻、母子得以重逢，朱婶羞于见人而自尽。这个戏一般只演后半部分，祭奠时老生有一段动听的反二黄唱腔，程砚秋曾加以改编，演唱全部。在开封唱至"推磨""牧羊""席棚相认"等场时，程砚秋的唱腔委婉细腻，低回、婉转、感情丰富，低则像涓涓流水，若断若续，如泣如诉，催人泪下，高则像行云流水，给人舒适亢奋之感；现场观众追随程砚秋的唱腔和表演一会儿感动的泪水婆娑，一会儿激动的掌声雷动，叫好不断。

程砚秋扮演的角色，典雅娴静，如霜天白菊，有一种清峻之美。表演上无论眼神、身段、步法、指法、水袖、剑术等方面都使开封观众欣喜若狂，多年之后，很多人提起此事仍是赞不绝口。

尚小云：侠气清声誉梨园

在"四大名旦"的艺术表演上，梅兰芳雍容华贵大家风范，程砚秋举止端正幽咽委婉，荀慧生娇声荡气甜润柔媚，尚小云英姿飒爽明亮昂扬，各有特色。据说，梨园界"通天教主"王瑶卿有一次跟人谈起"四大名旦"时，说：梅兰芳就是一个"样"，程砚秋就是一个"唱"，荀慧生就是一个"浪"，尚小云倒是能文能武，就瞧他的了。"四大名旦"都曾受王瑶卿教益，他一语道出他们各自艺术风格的差别。尚小云幼学武生，武工最好，又仰慕国剧宗师、武生泰斗杨小楼的艺术，曾以杨为师。后改工旦角，创"尚派"艺术，在"四大名旦"中，他武工最扎实，能打能翻，火炽勇猛。20世纪30年代，尚小云一度活跃在开封的戏剧舞台，为中原戏迷留下了一段佳话。

一

尚小云，原名德泉，字绮霞，1900年出生，河北南宫县人。父亲病故后家道中落，母亲把他送到那王府当书童。尚小云眉清目秀，做事伶俐，那王觉得这孩子是个唱戏的料，便免去典价，送至戏班。他跟随李富春学老生，是为"把手徒弟"。因嗓音不适，转至"三乐科班"（后改名正乐科班）学武生，又学花脸。师辈们见其扮相秀丽、英俊，逐让他改学旦行，其青衣开蒙师傅是吴顾林，后又从名师孙怡云学艺，正式改名为尚小云。三乐班生活相当艰苦，睡觉连枕头都没有，只用半块砖头。尚小云因一句唱腔过不去，被老师用戒尺刺入腹部，险些丧命，伤好后继续学戏。1914 年和同科的白牡丹（荀慧生）、芙蓉草（赵桐珊），在正乐科班表演出色，被赞誉为"正乐三绝"。8 月，北京《国华报》评选童伶，尚小云被评选为"第一童伶"。1919 北京《京报》开辟"菊选"专栏，尚小云当选为"童伶大选第一人"。

1923 年 9 月，为各国驻华外交使团演出《御碑亭》，日本使节久保得二观后，对尚小云推崇备至，写诗称赞：更有青衣迥不群，婉转歌喉高不分。正乐虽废传头在，婉

青年时代的尚小云

变第一尚小云。1927 年北京《顺天时报》举行"首届京剧旦角名伶评选"。以尚小云演出的《摩登伽女》、梅兰芳演出的《太真外传》、程砚秋演出的《红拂传》和荀慧生演出的《丹青引》得票最多，"四大名旦"由此产生。

尚小云成名后，他把那王和福晋的寿诞牢记在心。总是在他们生日的前一天去那王府唱一个晚上的堂会戏。凡新排尚未公演的戏，尚小云总是在那王府先演，分文不收。说：这是孝敬。章诒和在《伶人往事》中写道："他是有名的孝子，对母亲向来是绝对服从。老太太个子矮，要打儿子又够不着。尚小云就跪下让她打。"

尚小云生性豪侠，同行上门求助，识与不识也不问情由，出手就给五块大洋。人誉"尚五块""尚大侠"。在梨园界，尚小云的义是人所共知的。20 多岁的时候，他就与名震四海的梅兰芳被推举主持梨园公会，后来当选梨园公会会长。每逢年节，尚小云都要出面组织戏界义演，为穷苦同行准备过年过节的生活费用。走在街上，遇有同业向他提及要办嫁娶而缺钱的，立刻倾囊相赠。遇见有向他磕头报丧的，得知此人没钱办理丧事，买不起棺材，

也同样以钱相赠。当时报载：老伶工范宝亭善后诸事皆由尚小云补助料理一切。他还在棺材铺立下账本，凡同业无钱购棺木的，便记在他的账本上，年终，他一总付款。

二

1933年夏天，尚小云首次来到开封演出。初到开封他就拜访了本地武术界各门派名流，并礼请众家与他同台表演。这次演出是在广智院，也就是人民会场。上下三层看楼，均为条椅座位，可容纳万余人。听说尚小云要和开封的武师同台表演，剧场座无虚席，站厢也挤满了观众。

首场演出之日，各门派拳师齐聚广智院。当时开封街巷都在谈论尚小云，他嗓子冲，武功好，水袖表演更见功夫，常在剧中连唱带舞，有"铁嗓钢喉"之誉。据说他在夏天演出之时，无论多热，脸上从来无汗，最多是前后胸、腋下的衣服有些湿。只有等到演完了戏，卸了装，这一身汗才"哗"地下来。

尚小云演出剧照

尚小云把汗都摄含在体内，什么时候松弛了，才叫它排出体外。当时开封的戏迷都渴望一睹名家风范，但尚先生建议先练武，后演戏，倡议被通过。于是从武术单练项目开始，各门派拳师竞献技艺。接下来是对练项目，只见单刀群枪令人眼花缭乱，双刀群枪掀起龙争虎斗，舞台上热闹非凡。特别是"培英武术学社"的名拳师鲍忠功、杨金贵的"朴刀进枪"，惊动全场，把表演推向高潮。紧凑逼真的攻防技艺使尚小云击掌叫绝。这场精彩的武术表演使尚小云沉浸其中，他不但眼见攻防技击之奥妙，而且还能通过武术的动作美、形体美、意念美仔细观察其身姿、动态、节奏和神韵，追寻民族风格武舞的精华，想化之于戏中。冥想间，只见杨金贵突然朴刀顺着对方枪杆涮下，紧接着一刀向对方脖子抹过去，惊险万状；忽又见鲍忠功一个低头涮腰、躲过朴刀，两人一起握住刀柄收势，顿时台下喊声四起，要求"再来一遍"。这时尚先生急忙跑回后台取来两听铁筒"哈德门"牌香烟，让给二位拳师。他想琢磨里面的动作要领，也想满足观众的热烈情绪，说："烦请二位辛苦再表演一遍"。他宁可推迟演戏也不扫观众的兴，此举给中州古城留下了深刻印象。

三

1934 年 10 月，尚小云带着新编剧《空谷香》再次来到了开封演出，地点在相国寺西吹古台街醒豫舞台。尚小云的新编剧给开封人们带来耳目一新的感觉。

1936 年 5 月，尚小云应邀再次到广智院演出，原计划 13 日开始，因故停演 3 天，5 月 17 日才开始演出。那时尚小云偶感风寒，他便趁空闲时间拜访开封各界名流。那一年，尚小云 38 岁，带 70 余人来汴演出，住河南旅社。在接受当时《河南民报》记者采访时，尚小云说，四大名旦梅可谓具有全才，苟、程各有特长。中国旧剧富有贵族意味，技术上主张复古，但是含义必须求新，票价求平民化，较他人低廉。有必要提倡话剧。"至于在汴减低票价为平生素志，演义务戏本人愿意……"他在开封主演剧目有《摩登伽女》《峨眉剑》《汉明妃》等戏，开封观众强烈要求他续演几天。

尚小云在汴演出期间，还到位于南土街路西国货商场的丙子剧社和全体社员联欢并合影留念，还将亲笔画的花卉立轴，赠给该社。尚派艺术歌舞兼长，声情并茂，刚劲挺拔，洒脱大方。尚小云的演唱音亮气足，刚健挺拔；曲调创新，自有妙处；善于应变，唱腔独到。刚劲中蕴柔美，朴实中显含蓄，有"浑厚峭险，满纸烟云"的风格特色。他的表演给古城人民留下了深刻的印象。

马连良：须生泰斗"活孔明"

春风秋雨马蹄疾，一代宗师美名传。马连良，字温如，1901 年 2 月 28 日生于北京，回族人。京剧老生，中国著名京剧艺术家，与余叔岩、高庆奎、言菊朋并称"四大须生"，他位居首位，有"须生泰斗"之称，享誉数载而不衰。他开创的马派艺术影响深远，是我国京剧界里程碑式的代表人物。对于艺术，他苛刻到精致，对于生活，他精致到苛刻。他唱腔从容舒展，清新流畅，千回百转；他的念白韵味十足、节奏鲜明；他的表演造型规范，武功根底坚实，富于艺术美感。一件蟒袍，镶金绣银，以繁华声色呈现于舞台，曾让多少人心醉神往。20 世纪 30 年代，如日中天的马连良来到开封演出数日，留下了一段佳话。

马连良中年着便装照

一

马连良的父亲开设"门马茶馆"，内设"二黄清音桌"，一些票友常来清唱京戏。马连良从牙牙学语时就受到京戏熏陶，耳朵里就灌满了西皮二黄，两三岁时，就能唱曲儿。四五岁时常随父亲到阜成园看戏。每次回来，他都模仿戏里的演唱，还不断比划。他沉湎于京剧艺术，戏瘾也越来越大。家人见他对戏"魔怔"，便送他入喜连成科班（后改为富连成），师从叶善春，时年8岁，一年以后即登台演出。这个科班的一些老教师都是艺术上有成就、舞台经验丰富的老师，学生学得很出色。喜连成科班，规定学生早晨六点起床练基本功，然后再学戏、吊嗓、排戏，直到午饭前才结束。

马连良的嗓子好，自然合弦，唱出来有味；眼里有神，脸上有戏；动作节奏鲜明，有棱角。他从不多说多道，总是认真听讲，注意老师做示范，同学们练功，他在一旁也集中精力注视着。马连良天赋条件并不十分好，但通过勤学苦练，学起戏来很快。吊嗓子，练白口，无一日懈怠。后来他曾对人说："别人唱过五十遍的戏，我已经唱过一百遍了。"

18岁那年，马连良终于凭借《借东风》一炮而红。他每天清晨出来喊嗓、练念白，回家吊嗓，坚持不辍，不动烟酒，严格律己。27岁后，他多次灌制唱片，剧目之多，发行量之大，为当时所少有。他师法谭鑫培、孙菊仙、刘景然、贾洪林，汲取余（叔岩）派艺术之长，融会贯通，结合自身条件，形成了具有鲜明个人特色的"马派"表演风格。1930年组成扶风社，他的戏班，讲究"三白"（即"护领白""水袖白""靴底白"）。"他做戏潇洒飘逸，表演入微。每一出戏都有特点、特色，受到业内的一致称赞。他演戏，一切唯美是尚。动作规范，无处不美。"1931年他与周信芳同台演于天津，技艺精湛，各具风采，被誉为"南麒北马"。

二

马连良是1933年9月来到开封演出的，地点在相国寺旁的广智院（人民会场），那时刚由梁子恪承包剧场，为了扩大影响增加收入，梁经理常亲自去北平把著名艺人请来演出。那时马连良已经享誉南北。32岁的他应邀到开封广智院演出，双方订立合同，言明只演七天，马连良剧团净得"包银"若干，演员对赔赚不管。马连良来开封演出的海报一出，提前几天戏票就预售一空。在开封人印象中，马连良身材修长，前额开阔，鼻梁笔直，眼睛明澈

玉泉三兄惠存 马连良谨赠 己卯首演临潼出留念

1939年马连良首演《临潼山》中饰李渊

有神。他第一天的"打炮戏"（昔日演员到某地搭班或串班，格外重视前三天的演出，多演出自己的拿手戏，以期一炮打响，故称"打炮戏"）是《群英会》，这出戏演的是孙权刘备联合破曹的故事。马连良前部演鲁肃，后部演孔明，这两个人物，马连良表演的侧重点不一样，鲁肃以念白和做工为主，这对于表现他热忱、憨厚、爽朗的性格是适合的。而孔明则以唱功为主，以唱带做，即使同样念白，在语气上也是不一样的。扮演孔明时，念白音调稍低、尺寸放慢，表现了孔明沉着、镇静、稳重的风度。同样是笑，鲁肃是呆笑、大笑，孔明是冷笑、含蓄的笑。第一天，马连良深厚的艺术造诣和丰富多样表现手法就征服了开封戏迷。

马连良的剧团叫扶风社，这次来开封的成员有茹富蕙、陈富瑞等。因未带青衣，在唱《龙凤呈祥》时，特请正在大华戏园演唱的沈曼华扮演孙尚香。因当天马连良来的迟一些，广智院的梁经理为救场临时约石月明垫一出《乌龙院》，石月明一出场刚念完"列位少陪了"，台下就是一片"唏嘘"之声，紧接着就是一片"喧哗与骚动"，石摘下胡子说："马老板没来，我不垫个戏恐怕凉场。"谁知，席中观众并不买账，接着又是一阵"滚下去！"的声讨声，"我们情愿凉场！"石一跺脚无奈下去了。耿福田扮演张文远，一上场，也是遭遇反对，耿不敢说啥，也下去了。

三

开封观众是如此的喜爱马连良。但是马连良在开封的演出后来很是不顺畅。民国二十五年三十三期《戏剧旬刊》载:"……马连良……一出演于广智院,其结果总是声名狼藉,败兴而归。"笔者对此颇为疑惑,是开封的观众难伺候还是名角儿的"腕"大?

原来,这次马连良来汴,因为没拜访到开封票友界诸人,搞的处处僵局。按照梨园"行客拜坐客"的风俗,在正式演出前,除了对当地要员、记者走访回拜外,对开封演艺界知名人士都要拜访。徐珂在《清稗类钞》说开封京剧"位置实为第三",不少京剧班社和知名演员在这里演唱,开封戏迷道行很深,见多识广。马连良一不小心,照顾不到就诸事不顺。

据孔宪易老先生在《夷门菊影录》(20世纪80年代初未刊本,署名金梁辛史)记载:马连良在汴演唱期间,因为傲慢得罪了当时新闻界,省垣记者连篇累牍地在开封报纸上报导马连良演唱诸多不佳。但开封观众心里明白啥是"角儿",看戏热情依旧高涨,观众仍未见减少。最后某报记者想出一个绝招,说广智院上梁已有倾斜的现象,恐有覆顶危险,这样一来观众才一日一日减少下去。

另外,马连良在开封唱《十道本》时,少唱两道,又不演《失空

马连良演出剧照

斩》,可是在国货商场内的华光电影院为东大寺内的私立养正小学举行义演的时候,竟然演了《失空斩》,将卖票收入八百元全部捐赠。《失空斩》的上演激怒了广智院经理梁子恪,因为合同在先,梁子恪起诉马连良违约,官司在身,马连良还要忙于其他地方的演出,就将他的叔父留汴打官司,打了半年,后来才算糊里糊涂完结。

一代大师马连良,在开封停留时间虽短,就像"一阵风,留下了千古绝唱"。

马最良：戏里不知身是客

马最良，原名马叔良，1913 年出生于上海，原籍北京，回族艺术家。他自幼聪明，8 岁登台，13 岁唱正戏，少年即崭露头角，与李万春、蓝月春、王少楼并称为"童伶四杰"。在京剧界，有"南麒（麟童）北马（连良）关外唐（韵笙），西北有个马最良"的雅称。他年轻时曾 3 次来开封演出，晚年曾在开封市京剧团工作数年，并定居开封。他演出的剧目，给开封观众带来了美的享受，留下了深刻的印象。

一

马最良的父亲马昆山，工老生，由于酷爱京剧，作为票友他一度下海。京剧大师马连良是马最良的堂兄。马家几代人都与京剧艺术结缘，生末净丑，文武场面几乎都有马家艺人。马最良在这样的家庭环境中，饱受熏陶。他聪明勤奋，学艺刻苦，在六七岁时，就登台为父亲配戏。一个偶然的机会，年少的马最良作为正生替父登台，这是他生平第一次以一个角儿的身份登台施展才艺。父亲忐忑不安，为他把场。但是，台帘一挑，马最良举步亮相，稚气全无，自始至终表演得轻松自如，他身段潇洒、唱腔婉转、白口利落，赢得了观众的阵阵掌声。从此，马最良开始走上京剧舞台。他曾得到过潘月樵、瑞德宝、贵俊卿的指点，先后拜鲍吉祥学余派，拜马连良学马派。由于和堂兄马连良接触机会更多，他对马派艺术较为了解，他结合自身条件，刻苦钻研。

在堂兄马连良的传授和指导下，他的技艺愈发成熟。

马最良承继家学，博采众长，为马派艺术的开拓做出了自己的努力。从青年时代起，马最良便悬牌挑班，走南闯北，开阔了视野，丰富了艺术实践。他在京、津、沪、鲁、豫、陕、甘、川、晋各地均做过出色的演出，享有盛誉。《扫松下书》是京剧舞台上常见剧目，马最良演来，却曾获得 36 次喝彩，可见他的才能和创造力非同一般。

马最良演出剧照

马连良看到堂弟才艺不群，为勉励其继续奋进，便将他的名字"叔良"改为"最良"，并赠号"白眉"。他勤奋好学，不断探索、艺术日臻完美。在西安，当时还流传着马最良虚心向秦腔和其他兄弟剧种学习的佳话。由于他不断汲取各家之长，深得马派精髓，所以驰名西北，蜚声艺坛。马连良在北京和李万春同班时的上海友人、著名书法家步林屋还曾赠他写有"马氏五常，白眉最良"的横幅。

二

1932 年 9 月，韩复榘主豫以后，开封西大街文化书社经理梁子恪将"人民会场"租下，取广开智慧之意，改名为"广智院"（1935 年又恢复"人民会场"名称）。广智院先是经营电影，后为扩大盈利，开始邀请著名演员演出。1933 年 8 月 5 日，马最良应邀来开封演出。通过查看当年广智院的戏剧海报可以看出，马最良首次来汴演出阵容强大。演员包括李喜隆（架子花）、李玉田（老生）、徐艳云（青衣）、张醒州（净）等，演出的剧目是《范仲禹》（带《黑驴告状》）。《范仲禹》取材于《包公案》，演的是宋代书生范仲禹携妻儿进京赶考，回来途中又去看望岳父、岳母，遭遇不测，儿子被猛虎

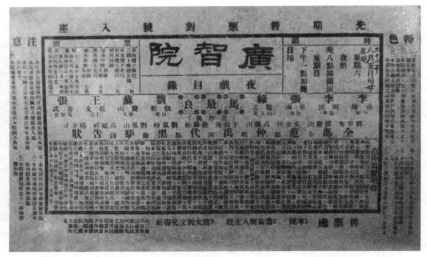

1933年广智院关于马最良演出的戏剧海报

衙走，妻子被告老太师葛登云抢走。范便径直往葛府索妻。葛登云假意款待，将其灌醉，送入书房。又遣家丁葛虎刺杀之，葛虎反被煞神所杀。葛登云反诬范行凶，将其乱棍打死，装入箱中，抛弃郊外。恰在此时，范仲禹金榜题名，差人到处寻找状元，在郊外寻到了死而复生的范仲禹的一段故事。马最良在剧情后边增加了范仲禹的黑驴去开封府告状，包公审案，惩治葛登云，救还范仲禹的情节。马最良在开封凭《范仲禹》一炮打响。在接下来的几天中，马最良演出了《九更天》《焚绵山》等剧目。此次演出是广智院改革后首次邀请名角儿出演国剧，开古城开封剧场内对号入座之先例。

1936年8月，开封名士孙佛生、巨商李运隆等邀请商、学、军、政各界组织"易俗国剧研究社"，研究国剧改良并约请北平名伶来汴演出。1937年2月，马最良第二次来开封演出就是在应"易俗国剧研究社"之约。马最良在人民会场上演《十道本》《法门寺》《貂蝉》等戏，轰动开封城。开封的一位老戏迷说："我当初看过马连良先生演《十道本》，可能由于年岁的关系，一些念白被删除了；最良先生没有删，功力很强，把早期完整的台词念给观众，很卖力气，听着过瘾。"在《十道本》剧中，唱做兼重、念白尤多，马最良最为拿手。1937年2月15日《河南民国日报》曾这样评价马最良的演出："他前面饰演褚遂良、后面饰演老王，扮作大雅，合身份。"

1946年春，穆培卿、李志仁、王一成3人合股，将日伪时期的华北电影院整修后重新经营开业，改名为大华戏院。戏院把楼上改为包厢，以演京戏为主，遂邀马最良先生来汴演出。此次演出阵容较大，马最良亲率马四立（丑）、马金武（文武老生）、任意亭（丑）、李元瑞（武生）、宋耀芳（青衣花旦）、耿岭秋（花旦）、金少春（刀马旦）、裴世英（花脸）、陆宏勋（花脸）等班底扎实的京剧班来汴，在此演出《借东风》《十道本》《大劈棺》《翠屏山》《四郎探母》《四进士》《乌龙院》《欧阳德》（连台本）。此次，马最良在开封时间略长。据《开封市戏曲志》记载："直到开封解放前夕的1948年8月初，马的戏班因入不敷出而解体。马最良也随之他往。"离开开封的马最良，1949年在兰州参军，随王震同志的部队开赴新疆，后来成立新疆生产建设兵团京剧团，他担任副团长。

马最良第4次来开封是在"文革"期间。为了普及"样板戏"，1970年6月，在开封市曲剧团基础上成立了"开封市京剧团"。当年马最良在新疆，先是被错划为"右派"，在"文革"中受到了冲击。1973年，开封市京剧团从千里之外的新疆建设兵团邀请马最良到开封（一说被下放到开封），马最良举家迁徙，定居开封，住在文庙街18号。马最良对开封有十分深厚的感情，他是怀着开封是第二故乡的心情开始工作的。一到开封，他就加快"样板戏"的排练。他热心接待每一个登门求教者，还主动为青年演员作示范、辅导。1975年9月，开封市京剧团撤销。后来马最良曾赴石家庄、昆明、北京等地演出。1979年他被平反昭雪，分配至开封大相国寺管理处工作。据开封著名作家王少华介绍："记忆中马最良曾在相国寺把门，与我父亲很熟，30多年前来俺家喝酒时，他还说到马连良在开封的事情。"

马最良善于运用马派之长，并能吸收他派精华，塑造了许多有血有肉的艺术形象。他会的戏很多，常演剧目不下百出，传统戏有《失印救火》《春秋笔》《击鼓骂曹》《失空斩》等，现代戏有《龙江颂》《海港》《平原作战》《奇袭白虎团》等。舞台上，他举止潇洒、感情真挚，吐字发声铿锵有力，行腔运用圆润流畅。他的表演以情带声、寓声于情、声情并茂。至今，开封的不少老票友仍对他念念不忘……

刘奎官：梨园舞台"活关羽"

刘奎官6岁那年就随父亲从济南来到开封。他没有坐过科，9岁登台饰《锁五龙》的单雄信并扮娃娃生，时人称"小奎官"。在开封，他经过刻苦钻研，功成艺就。扮演关羽肃穆庄严，扮演赵云威风凛凛、扮演青面虎则粗犷豪迈，其各个舞台形象，长久屹立于京剧舞台。他与当时的梅兰芳、周信芳、马连良、赵如泉、林树森、赵君玉、白玉昆等7位名家并称为京剧界的"八骏马"驰誉全国。

20世纪60年代刘奎官纪念梅兰芳六十周年演出时化妆照

一

刘奎官初进开封，适逢慈禧太后及光绪一行从西安回北京，途经开封，慈禧寿诞，一些京剧名伶前来晋贺，萃集于汴，都在这里落脚搭班，直至清末民初，形成一时之盛，给刘奎官提供了较好的从艺环境。刘奎官成长于梨园世家，父亲刘长清唱京剧武生，兼演武二花脸，在开封荣生班搭班唱戏。来到开封后，他开始学戏的第一位师父是开封的著名武生葛文玉，葛文玉教他武生戏。他认著名京剧演员刘寿臣为义父，因刘寿臣是个难得的多面手，生、旦、净、末、丑无一不能，无一不精，使刘奎官受益匪浅。他白天从父练功，晚上去戏园看戏，并渐渐喜欢上花脸行当。在"内廷供奉"范宝亭来开封演唱时，刘奎官托人介绍又拜范宝亭门下，不巧，范宝亭身染重病，一病就是几个月。在这期间，刘奎官亲尝汤药，端屎端尿，细心照料，使范宝亭深受感动。范病愈之后，教给他《通天犀》《芦花荡》等戏。后来，他又从王福连学习《过五关》《水淹七军》等关公戏。他不但成了丰乐园的主演，而且做了丰乐园班主曹小山的东床。

由于常暗下工夫偷学戏，刘奎官 12 岁那年，一个偶然机会，他冒名顶替师父的牌子，首演了一出武净大戏，成为开封梨园的一段传奇。那一次丰乐园门首悬挂"丹桂班京派著名铁人武净范宝亭，今午 12 点钟准演拿手好戏《收关胜》"的醒目戏牌。谁知，范宝亭突患急病，躺在后台不能上台，戏班上下十分焦急，都没了主意。有的说："范师傅临场不能上，那就换戏。"有人说，观众是奔着范宝亭的《收关胜》来的，票都卖了，换戏怎么成？当时，戏班注重信誉，宁肯退票也不换戏。刘寿臣此时却胸有成竹，说，今天的戏关胜由奎官演，我顶奎官的活儿。奎官的父亲却连声说不，怕演砸了影响园子的生意。刘寿臣说他这个当干爹的心中有数。"再说台上有葛文玉和我给他兜着，就算大伙儿傍他练功，机会难得，就这么了。"大家一致同意这个办法。戏准时开锣，刘奎官一出场，刘长清怕他丢丑，时而跑到池座边瞅瞅观众的反应，时而钻进后台向儿子叮咛再叮咛。刘奎官不负众望，园子里掌声不断，不时传出一片叫好声，多亏刘奎官私下练就了一身硬本领，才及时救场。

二

上世纪 20 年代至 30 年代，刘奎官在上海各戏园常唱大轴戏，当时《申报》《新闻报》常在戏剧海报上大字刊登刘奎官的名字。我国京剧剧目中关羽戏计有 28 出之多，刘奎官演过 25 出，其中以《古城会》《单刀会》《水淹七军》《走麦城》最为拿手。徐慕云在 1928 年所著《梨园影事》中所列武净人才，仅列出钱金福、范宝亭、刘奎官等 10 人。这足以证明刘奎官早已是南北驰名的武净了。

为了学习关羽戏，他历尽艰辛，从 6 岁起父亲就开始教他练功，他的腰腿基本功得力于父亲对他的严格教导和坚持锻炼。全身之戏在于脸，全脸之戏在于眼。在他从师张仲福先生时，师父是用"弹眼"的方法教他练眼；先在他面前放一盆冷水，再叫他把眼睛睁大，然后用手沾水向眼珠上弹，慢慢练的不再眨眼，目的是把眼练硬，在台上真枪真刀打斗时，尽管刀光剑影刺眼，而眼都可以不眨。刘奎官眼睛特大而且有神。师父在晚上点燃一支香，站在暗处，左右上下摆动，叫刘奎官在头不动的情况下，眼随香火动，这样练习涮眼和转眼。他自己仍不满足，在正式任角后，继续借助镜子练瞪眼、转眼（单转、双转）、涮眼（慢涮、快涮）、凝眼、醉眼等技巧，运用不同方法及不断地苦练，终于使他在眼神技巧上日臻纯熟。刘奎官还注意博采众长，在净角的基本技巧"哇呀"上下工夫练，按张仲福老师指点，对着镜子张开嘴，看着舌头伸缩形态的变化，然后发"啊"的音。一起"哇呀"，要松劲，不憋气，托起颤动的舌头发中音；二起"哇呀"，稍起气，用力；三起"哇呀"，用底气去催，结合脑后音，用背弓劲打出一种波浪似的波浪音……如此不断地苦练，在演关羽戏中，他"哇呀"一声，真有惊天地、泣鬼神之势。全国只有他能三起三落，三个音调一个比一个高，在京剧界久负盛名。刘奎官具备了武净"一眼二腿三哇呀"的基本功，又有高技巧的动作，这对唱好关羽戏是至关重要的。他的关羽戏早年得到王鸿寿、王福连等名师的指点，加上他博采众长，走出了自己的路子。

三

20 世纪 30 年代初，刘奎官护送岳父的棺木回到开封，在人民会场演出了几场。所演出的《走麦城》《霸王别姬》《拿高登》等几出戏，显出他那丰富的舞台艺术经验，创造出关羽、项羽、高登等人物不同的鲜明性格，表演艺术炉火纯青。

《走麦城》是他回开封演出的第一场戏，几位开封的知名演员，都很热
情地和他合作，架子花脸段小楼饰周仓，武生昊三泉饰关平，老生贺桂福饰
华佗，配合很默契，收到很好的演出效果。据韩德三先生回忆：夜走麦城，
下着大雪，关羽的坐骑赤兔马，掉在覆压积雪的坑里，关羽几次劈叉，几起
几落。最动人的是关平跪在关羽的马前："启禀父王，赵累死在万马军中！"
关羽听报，惊痛万分，他横背春秋大刀，两眼怒视，指着跪在雪地上的关平，
在"撕边儿"声中，只见他浑身颤抖，说不出话来，最后如裂帛似的呼出：
"杀！"全场爆发出暴风雨般的掌声。《霸王别姬》也是他在开封第一次演出，
刘奎官演至项羽与心爱的坐骑惜别时，刻画细腻深刻，目睹随他征战多年的
宝马，抑制不住内心的悲哀，唱出"力拔山兮气盖世"的慷慨和无奈，唱至"虞
兮虞兮……"最后的"奈若何"三字，已哽咽了，两眼望着虞姬，双手捧着
胡须，头盔的绒缨不住地颤动着，
把一位叱咤风云的盖世英雄，受
困垓下的末路情伤，艺术地展现
在舞台上。

四

1952 年末，56 岁的刘奎官带
着他整理并主演的《通天犀》，
赴京参加了"全国第一届戏曲观
摩演出大会"。会间，毛泽东同
志和他亲切握手，并关心地询问
他年龄多大了。在他演完《通天犀》
后，周总理上台和他亲切握手，
并称赞他尺度掌握得很好。1959
年再次晋京演出时，演出团被周
总理邀至中南海做客，并在怀仁

《通天犀》中刘奎官饰青面虎

堂演出一场折子戏，其中有刘奎官的《通天犀》。这时他已是60多岁的人了，身体又不好，演出时青面虎徐世英在罗圈椅上的坐椅、卧椅、推椅、飞椅、跨椅、带椅等身段动作和技巧照走；在酒楼痛饮时"龙戏水"照做；眺望法场时在桌子上的"朝天蹬"照搬。演出结束后，总理上台接见演职员。交谈中周总理称赞刘奎官演得传神，对艺术严肃认真。

名士风流铮铮骨

邵瑞彭：魏晋风骨自不群

　　夜读诗书，忽然发现了一个闪亮的名字———邵瑞彭。邵瑞彭，字次公，浙江淳安人，曾得清末文字训诂学家孙诒让的薪传。《鲁迅日记》1924 年 3 月 16 日载："寄邵次公以《域外小说集》一本。"1924 年 12 月 8 日记载："晚子佩招饮于宣南春……坐中有……邵次公。"邵瑞彭在现代词坛上负有盛名，自言"幼习倚声，长治齐学"，后来以词名世。夏敬观评其词云："次公为词，宗尚清真。笔力雄健，藻彩丰赡……运用典实，如出自然。"龙榆生《近三百年名家词选》中，收录邵瑞彭词 13 首。况周颐《蕙风词话》里面关于他的文字就有好几处，如《邵次公指事词》《邵次公玲珑四犯》等。就是这个"擅词章，风骨骞举"的邵瑞彭先生，20 世纪 30 年代执教于河南大学，为学渊博，著作等身，名震梁园，与当时豫省学界结交甚密。

一

　　邵瑞彭，幼聪慧，五岁读经，七岁能诗，十五岁中秀才，十六岁补廪生。1908 年，就读于浙江省立优级师范，目睹清政府腐败无能，丧权辱国，毅然参加资产阶级民主革命，先后加入光复会、同盟会以及柳亚子等创办的南社。1912 年 12 月，国会成立，瑞彭当选为众议院议员。1915 年袁世凯阴谋称帝，拒不同流，忧郁返里，1916 年 6 月，黎元洪继任大总统，又召开国会，应请再度北上。张勋复辟后，1921 年 5 月 5 日，出席国会非常会议，选举孙中山为非常大总统，担任北京大学教授，又应清史馆赵尔巽之请，协修《清史稿》儒林文苑传，间或为北京、天津诸报写稿。所撰《梧丘杂札》，曾于北京晨报副刊连载。

1923 年 10 月，时任直鲁豫巡阅使的曹锟要当大总统，玩弄贿选手段，国会议员绝大多数接受贿赂投了票。当时邵在北京佯作参加贿选，待领到五千贿选支票后，却拍了数十张照，分寄全国各报馆，同时秘往天津检察厅，控告曹锟。那位检察厅长翁敬棠，是福建人，天生耿直，居然准告，发传曹锟到案的传票。有人证物证，事态扩大，顿时轰动京津。

在当时北洋军阀随意捕人杀人的情况下，邵不畏强暴，词意激昂，尽情揭露。他在诉状中写道："为告诉高凌蔚，王毓芝，边守靖，吴景濂等因运动曹锟当选大总统，向议员行贿，请依法惩办，以维国本而伸法纪事。窃民国总统，职在总揽政务，代表国家，地位何等重要！乃直鲁豫巡阅使曹锟者以骚扰京师，拥戴洪宪之身，不自敛抑，妄希尊位。国会恢复以来，以遥制中枢，勾结疆吏，多方搜括，筹集选费为第一步，以收买议员。……瑞彭为国家立纪纲，为议员争人格，不得不片言陈诉……"

此诉状公布后，曹锟手下之人吓得手足无措，有人主张捕杀。邵瑞彭已逃往上海列席新南社成立大会，受到盛大欢迎。

二

刘叶秋在《学海纷葩录》中回忆邵瑞彭时写道："才思敏捷，而性高傲，意有不惬，即以白眼向之，弗与酬对。"1931 年，应河南大学聘请，担任国文系主任，寓居开封，清贫自守。授课之余，潜心治学，工词章，尤精通古历算学、目录学，卓有成就，学界评为"发有清一代诸人未发之秘"。朱自清说："读邵次公《扬荷集》竟，觉集中令词境界苍老，如诗之有宋；至如《生查子》数阕，直以诗为词，实前所未有。"

邵瑞彭在河南大学每月工资是 300 银元，这在当时来说，是教授中最高的待遇。因邵瑞彭嗜好鸦片，校长许心武便在距离校园不远的后火神庙后街 12 号为其租一院子。邵瑞彭当时在全国名望很高，他的宅院天天贵客盈门。

谈笑有鸿儒，往来无白丁，河南省各路贤达络绎不绝。诗词歌赋、风花雪月之余，邵瑞彭忙于抽烟打牌，而学生来请教常常等到夜半闲时，邵瑞彭引经据典，滔滔不绝，学生深为折服。邵不修边幅，给学生的印象是十分随意，常穿灰色的长衫，须发斑白，蓬松不整。他吸烟自己却并不会烧烟，搞得鼻头总是黑的。这时河南正禁烟禁得紧，他黑着一个鼻头在公开场所出入，真是对禁政一个讽刺。

邵瑞彭在开封组建了梁园吟社，在他的召唤下，这个社团聚集了一大批爱好诗词的文人。他曾为社刊题两首《绝句》："梁园风雅今能继，岳色河声起万暗。莫漫登坛拜何李，要知八代有遗音。""金梁桥外如霜月，又照诗人侧帽来，眼看瑶天下鸾鹤，清声历历夏王台。"在为《朱守一主吟社编纂·为长歌代序》中写道："……香草见性情，美人喻栖泊。金梁多高人，诗怀常磊落。何不结社吟，因风传远铎……"在邵瑞彭的主持下，加上书名号：河南《民国日报》开辟一个半月刊的版面"庠声"，主要刊登河南大学国文系学生的课外作业，间或发一些外来投稿。

戴耀法先生在《河南大学国文系回忆片断》一文中记载：他经常还对学生说，必须把《四库全书总目提要》提前看一遍，因为这套书把四库全书作了内容简单的介绍……有一些概念，别人谈起了，自己也可以谈论一番。真正一个有学识的人，是不把《辞源》放在书桌上的，即使有也是藏在暗处，以免人家看见了可笑。他说要查典故，应以四大类书为本。他还说，教书不一定限制在一堂课上，一堂课同学们能听到多少东西，必须随时随地来问事决疑。（《开封文史资料》第十二辑）他常常是刮风不上课，下雨不上课，身体不舒服不上课，瘾不过足不上课。他上课并没讲授他的课程内容，而是看见什么，就天南海北大讲一通，"以炫耀其学术渊博，使学生摸不着头脑，而更加崇拜"。他抽鸦片烟，有些学生便在他的烟榻前承教。有些同学经常留在他处谈笑，以致也染上了不良嗜好。最令人不能容忍的是，他还常带着学生到"第四巷"寻花问柳。

在汴期间，邵瑞彭还参与河南省图书馆的部分工作。1933 年创刊的《河

邵瑞彭（前排就坐者）与武慕姚等人合影

南图书馆馆刊》由其负责组织稿源，并由其题写刊名。1934年，参加省馆清理馆藏书版工作，还整理了《集韵》。1936年1月1日，开封正值一二·九学生运动的高潮时期，河南大学学生在邵瑞彭、孙德中、胡石青等教授的资助下办起了《救国先锋》报，唤醒民众，宣传抗战。

三

邵瑞彭后来戒烟了，绯闻不断，最后与女弟子李澄波同居。李澄波，跟

名士风流铮铮骨

随邵先生研修词学，是他的入室弟子。她曾在河南国学专修馆（1934年改为尚志高级文书科职业学校）任教员，"才情骏发，属词清丽，人以李易安称之，尝应梁园吟社月课《秋雨题限萧韵》七律一首云：'西楼风满短檠飘，梦破邻家紫玉箫。檐铎不堪愁里听，杨枝偏向水边摇。心如絮乱浑难理，夜抵年长未易消。几度当春伤往事，不曾凄断似今朝。'万宝祯谓予曰：'此次梁园社课，李澄波作可称压卷'。"（孙诒鼎《拜楔堂诗话》）。河南大学博士生导师佟培基教授送我的一张邵瑞彭的老照片，上面武慕姚先生的题记："次公先生于丁丑孟冬晦日下午九时一刻无疾故于汴垣火神庙后街十二号寓斋，身后萧条，遗书无托，痛哉！前此虽因个人之间小有芥蒂，然十载师门，有足感者沉痛，良木之摧难申小草之志，诚不禁失声一痛也！往者，先生糜于孽缘，竟招不洁，遂致不为常人所不谅，困顿而死。推其所为，实暮年性情变易所致，一年前曾为友人发之，真不幸言之中也，哀哉！十一月初二日福鼐谨记于汴垣蔡胡同八十八号寓斋。"这张照片是于"癸酉十月初六日"，在邵瑞彭的书斋"壮学堂"门前拍摄的。"往者，先生糜于孽缘，竟招不洁，遂致不为常人所不谅，困顿而死。"是什么原因造成了他的"困顿而死"？原来李澄波的丈夫发现他们偷情后，当面掴了邵两记耳光，邵感觉斯文扫地，虽说后来李澄波离婚后嫁与邵先生，但是他却一直抑郁，很少再在大庭广众下露面，加上身体不好，于1937年12月2日怅然去世。李澄波在开封沦陷后，漂泊镇平，与靳仲云、郑剑西诸名宿诗词酬唱，"然孤灯蒹纬，声多变微矣"。章士钊先生当年专门写下了《西江月·追忆邵次公》："一世才华无两，半生潦倒堪嗤。文章稗贩到君疑，总是名心害你。未见人前卖老，却从词里寻痴。东京故事系人思，欲问齐诗那里。"

邵瑞彭笔致挺秀，其瘦金体有细筋入骨之妙。旷世才华的一代词人却晚岁潦倒，在开封郁郁以终。就像一阵风，留下了袅袅绝唱。

武慕姚：胸无芥蒂心常坦

一次，一位外地朋友问刘占锋："都说开封的文化厚重，除了龙亭铁塔，开封到底哪里有文化？"刘占锋说，20世纪60年代初新华书店古旧门市部有个职工，1930年代就曾在河南大学任教，建国后任河南省博物馆顾问、中国书法家协会河南分会理事，他的书法名满天下，他就是武慕姚。上世纪70年代郭沫若来河南的时候，曾说"河南有武慕姚先生，我怎敢写字题词。"对其评价甚高。笔者走访了佟培基教授、王宴春先生以及武慕姚的女儿武韵珊，从师友、亲人身上读取了一代宗师武慕姚在开封的一些往事。

武慕姚

一

武慕姚号守拙、拙叟、拙老人、贞默、瓶翁等；斋号适斋、守拙斋、贞默斋、望山堂、秋华馆等。祖籍河北省永年，1900年9月初三出生于湖北省京山县祖父任所。祖父武延绪，为光绪十八年壬辰进士，曾任知县和翰林院庶吉士，是著名学者，家中书籍、碑帖、字画的收藏极为丰富，九间大厅摆满了藏书，约三万余册。武慕姚名叫福鼐，祖父寄予厚望，以桐城派文学大家姚鼐为榜样，故取名福鼐，字慕姚，慕姚即慕姚鼐之意。其父武毓荃，字湘邨，太学生，为光绪年间第一期留日学生。他自幼聪慧，坐拥书城，四岁即能诵《千字文》，7 岁而能诗，9 岁时已将"四书五经"烂熟于胸。受家庭影响，他爱好书法。16 岁毕业于永年初中，同年考入北京中国大学预科，后入中国大学国学系学习。负笈京师，遍访名流。他和齐燕铭、李苦禅为同班同学，受教于梁启超、陈寅恪、范文澜、黄侃、邵瑞彭等。武韵珊说，他的父亲武慕姚和梅兰芳、马连良等京剧泰斗交往密切。中国大学毕业时，王瑶卿、梅兰芳各以扇面相赠，以为纪念。1934 年 6 月，梅兰芳来汴演出，他设家宴招待。

1928 年，武慕姚应聘到察哈尔第五师范任国文教员。1930 年秋，应河南省立第一高中（1933 年改为河南省立开封高级中学）校长邀请来到河南。当时的河南省立第一高中正闹学潮，进步学生已经连续轰走了几个教员。武慕姚得到来给学生带来了崭新的思想，深受欢迎，很快，河南省立第一高中就传出了"二武一张"的说法，即师生公认，最好的国文教员是武慕姚，最好的数学教员是武狄生，外语教员是张乐天。

来开封的第二年，恰好武慕姚的恩师邵瑞彭也来到了开封，时任河南大学国文系主任。他乡遇故知，武慕姚格外欣喜，和邵先生朝夕相处。每有疑问就请教于邵瑞彭。他的文字学、版本目录学和读经的门径，多得益于邵先生。那时邵瑞彭寓所常常高朋满座，邵瑞彭性诙谐，爱开玩笑，常唤武慕姚为"慕桃"，惹得众人大笑。武慕姚虽然已经为人师表，对邵先生极尽弟子之礼。先生稍有不适，他就亲奉茶汤，嘘寒问暖。邵先生爱吃北方水饺和冰糖燕窝粥，武慕姚常常让妻子在家做好后装在特制的保温饭盒中，亲自给邵先生送去。邵先生对他也十分器重，素知他学问功底，就推荐他到河南大学国文系兼职任教。武慕姚十分珍惜这段时光，每想起常感慨万千，曾写诗抒怀："问字曾登大雅堂，何期挟策共游梁。青灯病榻殷勤叩，兴叹真如望海洋。"

武韵珊说，开封沦陷后，武慕姚随河南省立开封高级中学迁往南阳镇平。当时国民政府教育部曾派督学到南阳视察，随机听课。正逢武慕姚讲庾信的

《哀江南赋》。一篇课文直抵内心，讲得满堂声泪、群情激昂，学生在课堂上高呼口号："驱逐日寇，收复国土！"课后，督学拉着武慕姚的手连声称赞。南京失守后，政府迁往重庆，武慕姚心忧天下，慷慨上书，"当时有上中枢执政五十韵，曾托李使君涵初，孙将军连仲代上；皆不诺，并劝余不必多事贾祸。"（武慕姚《醉呓录》）。当时战区长官孙连仲和当地驻防的别动军司令刘穆德，先后来访，劝他投笔从戎，出任上校秘书，他婉言谢绝；国民政府驻麻城的五十三集团军军部秘书长许克猷，特意托武慕姚的表弟蒋梦隐致书相请，武慕姚仍以"生性愚憨，涉世无术，酷嗜金石和愁病"为由，坚辞不就。

王宴春先生讲，李培基任河南省政府主席期间敦请他出任县长。武慕姚深知当局的腐败，直言相告："现在咱俩是朋友，平起平坐，一旦我当了县长，就成了你的下级。再说，我当清官呢，还是当赃官呢？当清官，你们不高兴；当赃官，我不愿意。我还是当教员吧，自由自便惯了。"李培基闻言，

34 岁时的武慕姚

不再勉强，心中却深为敬佩。王宴春说，1945 年以后武慕姚先后再到鄢陵、许昌任教。1948 年秋，许昌解放。许昌市长曹志真久仰武慕姚大名，多次到家拜访，并向边区主任吴芝圃作了介绍。吴芝圃陪同陈毅司令员亲自登门热情动员他参加革命，并安排他到许昌市公产学田委员会工作。为了报答党的关怀，他把唯一的儿子送到部队参军。

二

1950 年，在时任河南省委统战部副部长、中南总工会生产部长曹志真的推荐下，武慕姚从许昌调到省会开封工作，任图书馆文管会干事，后来一直在文化教育战线工作，为国家做了大量古书画、版本、碑帖的鉴定工作。为表达爱国之心，武慕姚在建国初期把多年珍藏的宋、元、明、清字画一百三十二件，木刻线装书籍四千余种，碑帖三千余种，全部捐献给国家，分藏在当时的中南局、河南省图书馆、博物院和河南大学。当时的《河南日报》作了专题报道。

20 世纪 60 年代初，上海、北京的碑帖专家来汴交流工作，公认"北京的名家是张彦生，过了黄河就是武慕姚"。施蛰存同他书信来往频繁，探讨"北碑南帖"问题。施蛰存非常赏识他的学问和书法，对他评价很高。

河南大学博士生导师佟培基教授在《论书绝句》中写道："书卷清逸金石雄，瓶翁一语硬盘空。而今满目江湖气，家祭如何告乃翁。"这是他写武慕姚先生的一首诗。佟培基教授说，武慕姚先生曾教诲他说："写字贵有书卷气、金石气，千万不可坠入江湖气，一旦走火入魔，则无法救药也。"武慕姚行书出自褚颜，峭丽典雅，道健深厚；隶书入汉石经残字，方严犹存，颇得原刻神韵，隶书实乃融篆隶于一炉，古拙而又清新。十年动乱的时候，他想得开，身处逆境，照常看报写字，莳花弄草，"座上客常满，樽中酒不空"。河南省举办汉画像石和碑刻拓片对日本展览，特邀他和河南大学历史系孙作云教授参加鉴定，撰写材料，孙作云教授对其十分佩服，称他为"古典灵光"。

王宴春老先生说，1978 年，开封市落实知识分子政策，政府把相国寺对面新建的一套楼房分给他。他坚辞不受，说："越鸟巢林，不过一枝；

鼹鼠饮河，不过满腹。够用就行了。"当时他居住在东华门街，陋室三间。真名士、自风流。70多岁时，他就为自己写好了挽联，词曰："斯翁寔熙代幸民，漫放浪形骸，沈酣诗酒。此圹依萱堂寄宅，有几湾流水，一树冬青"。武慕姚才华横溢，文思敏捷，出口成章。精于诗词、书法、金石、考古学和版本目录学等，著有《淯水觚谭》《毡椎闲话》，诗集有《枣香梦影》《安陵游草》《适斋题跋》《书法韵语三十六首》《春草轩小稿》《河南省金石目》等。武慕姚人品好、学问深、书艺精，品质高洁、淡泊名利，实大师风范也。李白凤先生曾作大篆对联云："博学如柳子政，清诗似孟浩然"。公正地评价了他的学问和诗作。1982年3月20日，武慕姚逝世于开封。

郭仲隗：为民请命立千秋

郭仲隗是同盟会早期会员，曾先后两次受到孙中山先生的接见。在胡景翼督豫的时候，一度在开封工作。他作为第二届和第三届国民参政会参政员，不惧权贵、仗义执言。后任豫鲁监察史，大义凛然、铁面无私，弹劾卫立煌、申诉参政会、揭批汤恩伯、大闹粮食部等事迹被人广为称道。

一

郭仲隗

郭仲隗 1887 年出生于新乡县大召营村，幼年受教于同县名儒，废科举后，入河朔中学堂。1908 年，同盟会东京河南支部派杜潜回开封筹组省内支部，郭仲隗率先加入，并介绍 20 余人入会。不久，宪政党人王抟沙也由日本回到开封，住在三圣庙街河南法政专门学堂，与熊范舆共同演讲，攻击同盟会。他们在演讲过程中说同盟会是"瞎哄党"。当时在开封的河南同盟会支部已经有成员 30 多人，隐蔽分散各处，王抟沙、熊范舆每次演讲后，开封的同盟会成员就于夜晚在"大河书社"秘密集会，并连夜贴出批驳王抟沙的大字报。未及，王抟沙他们就借口到外省联系请求清廷颁布宪法。其实，开封教育界当时都知道，他们是被郭仲隗一行吓跑的。

1912年，同盟会改组为国民党，郭仲隗因从事反对袁世凯的活动被通缉。1924年年底和1925年，胡景翼任河南督办期间，郭任督署总参议。郭代表胡接待各省代表人物和国民党人士如李根源、于右任、李烈钧等以及共产党人李大钊、萧楚女、蒋光赤等，苏联顾问也于这个时期到了开封。一时冠盖云集、盛况空前。郭仲隗推荐贤能，对于政治兴革、开封建设、人事任免多有建树。柏文蔚曾书写一联赠给郭仲隗：河上小隐人，中原大有人。

二

1940年，郭仲隗出任国民参政员。因卫立煌向孔二小姐求婚而贻误战机，致使中条山失守，郭仲隗严正弹劾卫立煌，要求对其撤职惩办。在1941年～1943年的国民参政会上，郭仲隗等分别提交了《河南灾情惨重，

日军侵占河南是造成河南大饥荒的重要原因

名士风流铮铮骨

请政府速赐救济，以全民命而利抗战案》等议案。

1942年，河南大旱，除少数水田外，一粒未收。河南志士为拯救灾民不遗余力地奔走呼号。先是河南偃师县的卢玮平愤而投书《大公报》社和国民政府赈济委员会，指出苛捐杂税和摊派给农民带来的灾难"综计去年收成，农民将所收食粮毫不动用，仅够缴付。按去岁之人民负担，如家有十亩地之小农、贫农，即得负担一千五佰元。至岁年底，农民已十家九空，发生粮荒"卢玮平的呼吁如泥牛入海。8月3日，河南省灾情调查委员会公推刘基炎、杨一峰等为代表，赴渝报灾请赈。杨一峰等人在重庆四处奔走，多方呼吁。他们想见蒋介石，蒋介石不但不予接见，而且禁止他们在重庆公开活动，宣传河南灾情。杨一峰等在重庆查出了河南省政府主席李培基向中央所呈送的报告，说河南的粮食收获还好。8月18日，豫籍参政员马乘风上书蒋介石，详陈河南灾情，并拟救济办法四项。

10月份，中央政府派张继和张厉生两位大员来河南视察灾情的时候，在密县召开了一个灾情报告会，省政要员及各县都派代表参加。李培基在赴会途中传话给代表们，叫他们不要把灾情说得太严重。之后，在河南军方宴请的筵席上，张厉生曾当面质问李培基为何不报灾。李培基说："起初看到二麦麦苗秀丰，不会不下雨，谁知道皇天这王八蛋刮来一阵黄风，一夜之间把麦苗全刮干了。"张厉生又问："有了这样情形，为何还不报灾？"李培基说："我见早秋长得还好，谁知皇天这王八蛋又来个捋脖旱！"郭仲隗后来在《自传》中说，河南省政府主席李培基只报了1602人，开政治上未有之奇。

当时国民政府粮食部长徐堪致电各省说："今年的工作是以征实征购为中心，成绩好的给予奖励。"于是河南省政府得电后，便将征实征购的数额分配给各专区。按各县实际能力，有成就者将数字先行上报。于是各专员当然遵命执行，河南省政府很快就获得报齐的数字，便电粮食部略云："河南人民深明大义，愿罄其所有贡献国家，征实征购均已超过定额。"徐堪立即传电嘉奖，同时根据所报数字分配给一、五两战区；该两战区兵站总监部得到通知后，各派队向指定仓库要粮，结果颗粒无获，逼得厅局长、专员分赴各县逼索。这样一来，民间收存的种子、饲料均被搜索一空，人民饿死得更多。

在 1942 年 10 月份国民参政会第三届一次会议上，当时国民政府的粮食部长徐堪作了 3 个小时的报告，报告完毕后，郭仲隗在会上就对河南灾情作惨痛描述，说河南土地最少，出粮最多。并且指出，上届参政会（1942 年 11 月）已提交《河南军粮及征实负担过重，民不堪命，崩溃可虞，请政府速予减轻以维地方而利抗战案》，针对提出的这一问题，当时答复是对河南出粮情况尚无确实调查。郭仲隗质问徐堪说："今时隔一年，难道还没有调查清楚以体恤河南灾情？"(1942 年 12 月 23 日《新华日报》) 在这次国民参政会的最后一天，通过了郭仲隗与部分豫籍参政员联合提交了《河南灾情惨重，请政府速赐救济，以全民命而利抗战案》《请移送灾区难民于西北各省垦殖，以固国本救灾荒案》等提案。会后郭仲隗也不闲着，奔走于财政部、粮食部等中枢主管机构，呼吁、敦促豁免军粮，减轻民负，赈济灾情。

后来国民党政府粮食部迫于舆论压力，经蒋介石同意，给河南省政府拨款 1.2 亿元法币办理平粜救灾。当时河南省政府主席李培基兼任河南救灾平粜委员会主任委员，实际具体工作由副主任委员李汉珍操作。郭仲隗与李汉珍同是国民参政会的河南籍参政员，他对李汉珍的为人十分了解。他深知，凭李汉珍的贪婪，这笔救命款无异于羊入虎口，叫他经手，岂不是等于让他从灾民身上再榨一次油？当国民党政府粮食部也想聘请郭仲隗担任平粜委员会委员时，郭仲隗婉言谢绝，他不愿与李汉珍同流合污。后来事实证明，郭仲隗对李汉珍之流看得比较准。1942 年 10 月之后，河南省政府将此款交省政府秘书长马国琳与河南农工银行行长李汉珍，办理平粜解救灾荒，救灾如救火，是刻不容缓的事。但是马、李两人，利欲熏心，竟盗用一部分平粜款，购买美金公债。他们拿着救灾款做了几次生意，财发够了，到 1943 年麦快成熟的时候才运到一批发霉的麦子。经过分发手续，到发放时灾民已吃到新麦。麦前麦后粮价相差甚大，灾民当然不愿要高价平粜粮，政府强迫灾民接受赈粮，结果等于向老百姓摊派了一次款，麦收前后粮价差额，全由灾民负担，此事激起了河南人民的极大愤恨。

三

开完参政会后，一天下午，郭仲隗同另外两名豫籍参政员到国民党政府财政部去会见部长孔祥熙，因时间尚早，他们便先拐到粮食部徐堪那里去，顺便问询《河南军粮及征实负担过重，民不堪命，崩溃可虞，请政府速予减轻以维地方而利抗战案》的处理结果，郭仲隗他们在部长会客室里足足等待了半个钟头，"日理万机"的徐堪才迟迟同他们见面，还没等郭仲隗说话，徐堪就单刀直入说起河南平粜的事情来了。徐堪很不客气地质问郭仲隗："你们就是反对李汉珍，也不应该和平粜委员会拉在一起，平粜委员你们为什么也不干呢？"郭仲隗不想节外生枝，他惦记的是提案落实情况，更不愿意在人事问题上争执，于是他就耐心给徐堪解释道："不干平粜委员，是因为我一时无法分身回河南，也就不必担名了吧。至于说不干平粜委员，是反对李汉珍，这完全是猜测之词，平粜委员会主任委员是李培基主席，倘说反对李汉珍，不更是

日军进攻开封城墙

反对李主席吗？"

徐堪一听话中有话，十分不爽，颇为愤懑，他带着申斥的语气说："你们河南的事情根本没法管！"郭仲隗答道："你不管正好，没有你来管，河南饿死不了这几百万人。"徐堪更加恼怒，他说："河南平粜委员名单是你们开的，开来了，为什么不干，不是故意想和粮食部为难么？"郭仲隗说："哪个开给你的，请把名单拿出来对证一下！"徐堪气得面红耳赤，咆哮起来："那算我糊涂，我糊涂！"他摆动两手，站了起来。郭仲隗吼道："糊涂还当部长，你岂不是祸国殃民？！""你们参政员不是皇帝，没有权力撤我部长的职！"郭仲隗毫不示弱，声嘶力竭地说："我要是有权撤你的职，还会让你干到今天吗？"气得徐堪面如猪肝，两手发抖。

后来，在两名参政员劝解之下，郭仲隗不再发话，大摇大摆地迈出了粮食部的大门。"郭仲隗大闹粮食部"一事，很快在重庆传开了，"郭大炮"之名不胫而走。

四

1944年4月，日军占领豫中30多个县城。据郭仲隗的儿子郭海宽介绍，当时河南属于第一战区，副司令汤恩伯是蒋介石的嫡系，他大肆扩军，横征暴敛，老百姓对他恨之入骨，把"水、旱、蝗、汤"并列为造成河南大灾的"四害"。郭仲隗亲眼目睹了汤恩伯部队临阵逃跑、侵民扰民行为，决定为民请命。他突破日寇封锁，冒着生命危险，前后行程23天终于到达重庆。这期间他的体重减去12公斤，门牙掉了两颗。在重庆召开的国民参政会第三届三次会议上，他为河南灾民涕泣陈情。在会上他开宗明义地说，我坐过牢，下过狱，什么都不怕。河南灾情重到饿死的百姓不计其数，年轻者往陕西逃生，政府竟下令堵截，老弱在家园先吃草根后吃树皮，现在吃"观音土"，吃后屙不下来，活活憋死。"难道政府的眼睛瞎了，看不见吗？耳朵聋了，听不见吗？我带来河南人民吃的10种'观音土'请大家传着看一看。"言至此，郭仲隗情不自禁、声泪俱下，爱国忧民的强烈情感使在座的参政员也都热泪盈眶，哽咽饮泣。他面向坐在主席台的蒋介石大声疾呼："委员长如果再不管河南的事，我们三千万河南同胞就只有去跳黄河了。就这，我们也不投降日本！"

在参政会上，郭仲隗以铁的事实揭露了汤恩伯的罪行。如，前线激战正酣，他却在鲁山温泉沐浴；存有100万袋面粉的仓库落入日军，够20万军队一年之用……郭仲隗的发言引起众多参政员极大愤懑，会场上，人声鼎沸，爆发出雷鸣般的"枪毙汤恩伯"的呼喊声，会议无法进行，只好宣布休会。《新华日报》《大公报》等媒体都做了报道，在全国影响很大。为平息群愤，蒋介石主动为汤恩伯承担责任，说汤恩伯的撤退是他亲自下的命令。郭仲隗又当场质问蒋是如何下达的命令？说汤不是撤退而是落荒而逃，并丢失电台。郭仲隗的质问令蒋介石无言以对。后来由郭仲隗领衔，103人提交了严惩汤恩伯的提案。"蒋不得已，乃把汤革职留任，戴罪立功，搪塞舆论"。

五

郭仲隗的长孙、郭海长的儿子郭安庆告诉笔者，郭仲隗在任豫鲁监察史

1950年民革河南分部筹备委员合影（前排左一为郭仲隗）

期间（住在开封西大街北侧一个小院中），除了利用自己的身份和社会地位掩护郭海长办《中国时报》外，他还打击贪污腐败。在开封，最有影响的就是把贪污犯樊作民下狱治罪之事。樊作民是当时河南省主席刘茂恩的亲信，他任财政厅秘书的时候就犯有重大贪污罪，刘茂恩不但没有惩罚他，而且提拔他出任河南省地政局长。郭仲隗经过周密调查，铁证如山，樊银铛入狱，刘茂恩无可奈何。

1948 年 6 月，开封第一次解放，郭海长同一批进步文化人士奔赴解放区。蒋介石在一次集会上大为恼火，指名斥责郭仲隗"纵子为匪"。郭仲隗在南京解放前已经不领薪金、路费，宣布与监察院脱离关系，1949 年，郭仲隗拒赴台湾，到开封后住省政府交际处。1950 年郭仲隗当选为河南省人民政府委员，兼任河南省政府参事室主任。在河南省第一届各界人民代表大会期间，他同净严法师几位代表共同向大会提交了《为保存宗教文化古迹的提案》，建议人民政府重视对历史文物的保护和研究。该提案得到高度重视，从而促进了对铁塔的维修和以后对其他文化古迹的保护。

名士风流铮铮骨

靳志：旷代才华海内名

　　宋致新老师的父亲李蕤先生，早年活跃于中原文坛。1942 年，河南大饥荒的时候，他骑一辆破自行车，只身到饥荒现场采访，在《前锋报》发表了多篇灾区通讯，后结集为《豫灾剪影》，保存下来了珍贵的历史文本。2012年夏，笔者得知宋致新老师正在重新编著一册关于上个世纪 40 年代河南大饥荒的书，就把近年来手头存放的一些文史资料给她发去。她收到后大为赞赏，说："其中一些材料十分珍贵，如靳志先生执笔写的《旅渝豫人上蒋主席书》就像一篇檄文，这次书中一定收入。他把 1944 年豫湘桂战争失败的原因讲得很透彻，真是一篇奇文！"

一

　　该文是 1944 年由在重庆的河南籍人士联名上书，靳志执笔写就的为河南人民请命的"陈情表"，靳志当时是国民党政府外交部专员和专门委员。文章开篇秉笔直书："呈为豫战败坏，请求确定责任，严惩失职……并迅速救济难民及流亡学生事……"此篇文章写于 1944 年国民政府豫湘桂会战失败后，从 1942 年开始，河南一直遭遇大饥荒，百姓草根挖尽，易子而食，而当时的河南省政府的苛捐杂税，丝毫未减，导致 300 万人饿死，更多的人逃难到省外。国民党军队把几十万河南农民赶到一起，让他们用马车和手推车把粮食运送到征粮中心，为军马找寻饲草，修筑公路、开挖巨型反坦克壕沟，将近

100 万人被征募到黄河堤坝加高堤沿。驻守河南的汤恩伯在叶县圈占民田4000 余亩，大征民力，摊派巨款、修筑官舍。河南民众，怨声四起。军队视民如草芥，则民视军队如寇仇。1944 年 4 月，日军渡过黄河，在豫中与中国军队交战。历时 38 天的战斗中，日军以 5 万左右的兵力打垮了拥有 40 万兵力的国民党军队，占领了豫中 30 多个县城。当国民党部队向豫西撤退时，豫西山地的民众到处截击他们，缴获他们的枪支、弹药、高射炮、无线电台，甚至枪杀部队官兵，造成部队重大损失。《剑桥中华民国史》记载："当中国士兵在日本的一号作战面前撤退时，农民们凶猛地攻击他们。他们用农具、匕首和土炮武装起来，解除了 5 万名本国士兵的武装，杀了一些——有时甚至把他们活埋了。"1944 年 7 月 8 日的《解放日报》在《豫湘桂战役为什么失败？》社论中说："因此，战争一起，老百姓便起来缴军队的枪。这种令人痛心疾首的事实，究竟是谁的责任，难道还不洞若观火吗？"

然而，汤恩伯对此不仅不深刻反省，反而恼羞成怒，把战败的罪责归于河南老百姓，诬蔑河南民众是汉奸，贴出标语，准备实行屠杀。靳志和旅渝河南籍人士慷慨陈词："河南之败，在于军民不合，中外皆知，不能隐讳。论者甚至谓豫民不顾大局，仇视国民，而欲诿过于民众，此真谬误之极、到死不悟者矣。"河南人民，忠厚朴实，自抗战以来，几十万中国抗日军队在河南驻防，而这几十万人吃的粮食、战马吃的草料以及兵源的补充，全靠从河南"就地取材"。发生饥荒之后，在军民交困的情况下，蒋介石采取舍民保军的残酷政策，到 1943 年元月底，国民政府从河南共征收 170 万大包小麦。"中央社"消息说"河南人民深明大义，罄其所有，贡献国家"。就是这样的人民，不惜牺牲、共赴国难，"又何至中途改节，判若两人哉！谁司牧民，竟使怨愤充塞，吁天无路，乃至溃散不可收拾？则数年来党政军当局措置失当之咎，不言而喻，非可强词曲辩也"。靳志他们上书蒋介石提出了四点要求：一是严惩第一战区副司令汤恩伯。二是对"不恤民间疾苦，祸国殃民"的河南地方政府官员应分别严惩，并选派有资历有才能的人员收拾残局。三是河南近年党务负责人变动频繁，要求彻底整顿。四是对河南境内灾民、公教职员、青年学生以及逃荒至外省的灾民，政府应及时救济，选派得力人员，分区设站、赈济灾民。

名士风流铮铮骨

二

靳志，字仲云，开封名士也。1877年，靳志出生于开封。祖上初为造酒工人，后改工为商，在开封新街口开西合盛酒馆，其父曾任孟津县教谕。靳志自幼读孔孟程朱书，以治国平天下，老安少怀为己任。后，家渐中落，房产荡尽。光绪二十九年（1903）他考取癸卯科三甲第三十三名进士。在科举考试中一

1919年靳志驻比利时留影

波三折，颇具雅趣。在1897年考得拔贡、及第五名举人参加会试后，靳志住在旅店等待发榜消息。发榜颇特别，不是一次将所有考中者姓名公布，却分成两个阶段，两轮张榜。第一轮是从最后一名逐个贴出，至第六名为止，即由后向前；第二轮，却由第一名逐个贴出至第五名止，即由前向后。他每看到公布一名，心里便紧张一次，接着是失望，第一轮无望了。第二轮排到第四名仍不是自己，意冷心灰，功名肯定泡汤了，但出其不意，最后一名亦即第五名，却落在他的头上，大喜过望，简直是绝处逢生。"戊戌春官联捷。癸卯补廷试，分工部"。1904年考取商部引见记名章京。

他曾以第一名考入北京大学堂仕学馆。1904年11月10日，受清政府派遣，靳志先生开始出国游学。后入法国北境工业专门学校及英国伦敦政治经济大学学习，留学期间加入中国同盟会。1912年回国后任大总统府秘书。1913年

任驻荷兰使署秘书。后曾任驻比利时代办使事。1921年至1928年间任外交部佥事科科长，并曾任大总统府、执政府及大元帅府副礼官。后任国民政府外交部总务厅科长、总务司交际科科长等职。靳志先生精诗文、工辞章、擅章草，曾获法国文学艺术佩绶奖章。

民国初年，靳志被北洋政府派往法国留学。后因通电反对袁世凯称帝，学费中断，险遭暗杀。后经陈世昌、袁乃宽从中斡旋，才幸免于难。

三

靳志为人谦和，平易近人，诗书双绝，享誉文坛、书坛。靳志在自撰《小传》中言自己"精词章，足迹所至，每稽志乘，发为咏歌，范水模山，凌今轹古。"所著有《居易斋诗存》十四卷，《居易斋文存》一卷，《居易斋诗余》一卷。游学海外的时候写下《太平洋》《瀛蠕》两集，另有《过江集》《入洛集》《梦华集》等存世。

金天羽在《靳仲云过江入洛二集序》称赞他说：仲云虽有九能之才，将独唱而谁与和乎？……虽然，中州河岳之气，蓄之二百年而得仲云。仲云虽无秋涧，西陂之宦达，而名动江海间，其亦高视而无所恨哉！"范镛《诗坛点将录》称其为"大刀靳仲云。"钱仲联《近百年诗坛点将录》云："地魔星云里金刚宋万——靳志仲云，近代中州诗人之杰出者，石遗，松岑二丈盛誉之。石遗谓其'才岂亚樊山'，大量录其诗人《石遗室诗话续编》；松岑谓'其诗勃牵奔驶，不可驭以绳尺'，大量采其诗人所编《国学论衡》。俱可谓倾倒之极矣。"

靳志一生恪守"诗言志""文以载道"的古训，致力于写作和书法研究。1950年，他重回开封，定居故土，在三元街租了一所老屋，家徒四壁，室内尽图书及法帖。据桑凡先生在《河南文史资料》（第34辑）《回忆靳志先生》文章记载：有人赠他名考古家、书法家罗振玉的对联一副，靳志却婉言谢绝，他说"我不玩古董"，他认为，"赠罗振玉篆书联，却虽不恭，受实滋愧。且志素昧小学，读书未曾识字，……于古篆尤所未谙，今罗联寥寥十四字，瞪目熟视，不知作何语言，而顾亦强作解人，悬诸座右，何所取义乎？……

兹将原件奉赵，希检收，勿罪唐突，是幸。"但是凡向他索诗文，索字者，有求必应。他对书写内容方面十分讲究，只要内容好，合体例，即欣然命笔。反之，即遭拒绝。如求书前人诗文，必须见到书中原文才肯写，他曾说："字写得再好，如果内容泛泛，或是糟粕，让人读了无益。"

四

20 世纪 20 年代末，拟建的天主教河南总修院在购买地皮遇到了困难，就是靳志解决的。最初，修建该院因系罗马教廷传信部拨款，故用传信部的名义，以谭维新为代理人，向当时的河南省契税经理局办理手续。契税局经理按当时律令，以外侨不得在内地购置永业地产为由驳回，不予办理正式手续。谭维新遇到此等难题，一筹莫展，于是便派意籍传教士前往汉口向意大利驻汉口领事馆求援，经意大利领事馆外交官出面向当时的国民政府外交部发出照会，声明系建立修院并不是私人财产，而是属于天主教会。国民政府外交部派参事靳志来开封进行调查。靳志先生回到家乡开封，了解修建总修院的详情之后，也很理解支持。靳志网开一面，督促河南省契税经理局最后以天主教河南开封总修院名义办理验契手续，才得以顺利营建。从此，开封多了一座中西合璧的精美建筑。

开封沦陷前，靳志一度住在开封，开封除小辛庄留有其祖茔外，别无片瓦。1938 年，靳志为河南省政府秘书，5 月，随省政府迁至南阳，靳志主持了重修南阳诸葛武侯祠的工作并存碑以记其经过。在武侯祠中，他还书写了《李宗阳塔铭》上石。1944 年，靳志在国民党政府外交部任专员和专门委员。

五

《开封文艺家辞典》在"靳志"条目中述其："书法宗晋人兼善章草。作书于不经意处颇具深厚功力。风格典雅古秀。"章草名家罗复戡、画家余绍宋与靳志常有诗文来往。于右任对靳志的诗文、书法的识见很是服膺。于右任编写《标准草书》完稿时，即向靳志征题。靳志即赋诗表示赞誉。于右任得到靳志的赞许，颇为兴奋，他在致靳志的信中称："标准草书四律，读之再四，真觉得此时代无第二人能为之者也。"

在书法理论方面，靳志见解独特，能言前人所未言。他以为包世臣、康有为等宣扬北碑之功虽不可没，但从"尊碑抑帖"发展到"尊魏抑唐"，却是以讹传讹，成了偏论。即以北碑中写刻俱佳的《张猛龙碑》《张黑女碑》两者而论，也是经过刻手的再加工，不但刀凿之迹难免，而且有的地方甚至还丧失了笔法原意。靳志认为，重要在于我们应当研究颜、柳、欧、褚等人是怎样从北碑的基础上发展变化出来的，而且只有抓住此点我们才能再从颜、柳、欧、褚的基础上向前推进一步。

靳志对弟子循循善诱，经常结合自己的经验讲授如何学习书法，他认为，书法的学习应当包括三个步骤，依次而进、周而复始、不应偏重。这就是读碑读帖，临摹和自由书写。为了提高自己的水平，书家就必须汲取前人的长处。他强调学的是前人的"精、气、神"。其次才是临摹，这样临摹才不会变成依样画葫芦但求形似。最后，随着自己的意兴，摆脱了前人的框框，才进入到自由书写的境界，把自己的风格表现出来。

新中国成立后，他曾任河南文史馆馆员、省政协委员。在建国十周年大庆时，他特选了《玉京秋》词牌填词并书写作为献礼，受到国务院的表彰。北京人民大会堂河南厅中悬有一幅河南省委送去的毛主席诗词绣幅上面的字就是他写的。1969年2月12日，靳志逝于开封寓所，享年92岁。

名士风流铮铮骨

张了且：秉笔直书担道义

在 20 世纪三四十年代，张了且是非常著名的爱国记者。他追求进步、向往光明。1948 年，张轸担任河南省主席，张了且担任河南民报社社长。1949 年 5 月，张了且受中共党组织委托，不顾个人安危，前往武汉策动国民党华中军政长官公署副长官张轸将军及其手下两万余官兵起义。袁宝华说："策动张轸起义，了且确实是立了大功。"张了且一生精心覃思，砚田耕耘，著作甚丰，除撰写了 2000 多篇新闻稿件外，还著有多本文学专著，而且是一位具有强烈爱国热忱的教育家。张了且在开封生活了 20 多年，曾居住在延寿寺街 29 号和游梁祠街 3 号。

一

张了且

张了且原名承祖，1903 年出生于河南省安阳县崔家桥乡东曹马村的一个普通农民家庭，在本村读了 8 年私塾，后又到安阳裴家巷读私塾。他天资聪颖，勤奋好学，少年时代便阅读了大量古籍，古典名著中的许多章节他都倒背如流。张了且 18 岁考入县立师范讲习所，接触到陈独秀、胡适等人提倡文学革命的文章。一年后，他以优异成绩考入了河南省立第十一中学。在中学，张了且接受了进步思想的启蒙教育，产生了要走"寓褒贬，别善恶"的路子，靠自己的一支笔起家的念头。中学二年级时，他向北京《国风日报》的副刊《狂飙》投稿，开始以"了且"为笔名发表文章。

五卅惨案后，徐向前来到省立第十一中学对学生宣传："反抗帝国主义的侵略，必须准备力量。有了革命的头脑，还要有革命的武装，所以，要把政治和军事结合起来，才能反抗帝国主义的侵略。"听了徐向前的这番话，张了且和同学们一致表示，暑假不回家，接受军事训练，誓做反帝爱国后盾。于是，50多名学生组成了学生军。经过暑期军训，张了且和同学们更加坚定了投身革命、救国救民的思想和决心。暑假后，张了且第一次告别亲人和故土，赴开封中州大学预科班就读。

1926年1月，在共产党的组织领导下，"河南青年社""青年学社""青年救国团"等反帝爱国组织代表云集开封，成立了"河南青年协社"，成立仪式在中州大学举行。"河南青年协社"发表宣言，号召有志青年勇敢地投身于大革命运动中，这使张了且深受教育和鼓舞。受此大环境影响，张了且和于锡乾、汪全真等人发起组织霞翳社，旨在向青年传播新文学和进步思想，切磋交流文学创作的理论和经验，霞翳社编辑有文学期刊《霞翳周刊》，附在《豫州时报》上发行，张了且任主编。《霞翳周刊》一共发行了8期，后因经费短缺停刊。

走马灯式的时局，官场中的风波，坚定了张了且要从事文学创作抨击社会现实的决心。在读大学预科时期，他一直热衷于文学创作，时常有新诗和散文在各类报刊上发表，这为他日后从事新闻事业奠定了基础。张了且文笔流畅思想性强，文章颇受欢迎，加上他为人谦和、诚恳、热情，许多青年学生都乐意同他交往，视他为兄长和挚友。

1926年冬，河南教育经费被军阀掠作军费，学校奉命停办。张了且投身到如火如荼的北伐革命运动之中。他业余时间埋头写作，在左翼作家胡也频主编的《红与黑》、顾仲彝主编的《秋野》等杂志上发表了《赎母》《补助费》等作品，颇得好评。张了且还参加了白寿彝、徐缵武、罗梦册、陈治策、于赓虞、任访秋等人组织的晨星社。先在开封，后搬至北京出版的《晨星》期刊，几乎每期都有他的作品。

二

1929 年秋，张了且考上了河南大学国文系。他一面埋头刻苦读书，一面积极从事新闻写作，他撰写的稿件抨击当时的社会弊端，在国内颇有影响，引起了新闻界人士的关注。后经友人推荐，张了且被天津《大公报》社聘为驻开封记者和河南特派员，自此他开始了职业记者生涯，上大学反倒成了他的"兼职"。1930 年，中原大战爆发，因为开封靠近前线，张了且利用他在军队的关系，获得不少有价值的军事消息并发给《大公报》，《大公报》为奖励他，给他增加了一倍的报酬。与此同时，他还兼任当时驻军第六路军三五通讯社编辑主任，太原《海陆空军日报》特约记者。

张了且对人民大众的疾苦深表同情，对国民党贪官污吏横征暴敛、中饱私囊的丑恶行径极为愤慨，他用手中的笔无情地抨击黑暗的现实。他因报道河南省公开征收种鸦片烟税，触怒了国民党当局，省政府主席刘峙令公安局局长李国盛将他逮捕。张了且认为想做名记者就要秉笔直书，就要与监狱为邻。在狱中，他坚持斗争，毫不畏惧，誓死不向国民党权贵低头，甚至在法庭上还大声疾呼，勇敢地为河南 3000 万父老同胞伸张正义。在社会舆论的压力下，当局只好将他释放。出狱后，张了且应河南《民国日报》邀请，兼任该报编辑。他一如既往地拿起手中的笔撰写新闻稿件，揭露社会的黑暗面。除此之外，他还深入到社会最底层，广泛搜集生活素材，致力于文学创作活动。他先后发表了杂文集《大人物的把戏》（由汪漫铎、邓文仪作序，1931 年南京拔提书店出版）、短篇小说集《疯了的大少奶奶》（于赓虞、罗堇南作序，1933 年北平西北书局出版），这些作品寓意深刻、文笔犀利、风靡一时，有力地揭露和抨击了黑暗的社会现实，在社会上引起了很大反响。

1933 年，张了且从河南大学文学院国文系毕业，担任《申报》和中央社驻汴记者。当时外埠在汴发新闻电的电照，除《新闻报》外，都在他手中，因此张了且被同行誉为"开封专电托拉斯"。

河南大学文学院 1933 毕业生合影（局部，前排左起第三人为张了且）

三

在河南大学读书期间，张了且兼任开封私立现代中学的国文课老师，并推荐中共地下党员到该校任教，一起从事学生运动。1933 年，他应开封私立建国中学的邀请，兼任该校新闻班教员，为青年学生讲授新闻采访学。1936年秋，他正式受聘于开封现代中学校长。此间，张了且致力于教育事业，严谨治学，教育有方，积极倡导学以致用、道德与文化教育并举的方针，潜心为国家培养有用人才。1938 年，重庆《新华日报》曾连续发表文章，热情赞扬张了且先生及其领导下的现代中学为抗战作出的贡献。

抗日战争爆发后，张了且除了积极带领学生投身于抗日救亡斗争之外，还热情支持进步刊物《风雨》周刊，积极撰稿，及时报道开封抗日运动，并同范文澜结下了深厚的友谊，被聘为《风雨》周刊编辑。与此同时，他还大力协助新四军八支队代表马致远（刘子厚的化名）在开封开展工作。

抗战胜利后，张了且曾任国立黄河流域水利工程专科学校国文教授。他能文善写，别具风格，常以卓越的文笔写教材，引导学生提高国文水平。学生普遍反映，其文采过人，学识渊博。

解放后，张了且一直在湖北工作，他只回了两次开封。一次在 1950 年，他作为特邀代表，回开封参加河南省第一届人民代表大会；一次在 1962 年，他到开封与驻军政委曾显奎研讨长篇小说《悬崖勒马》的写作大纲。1988 年1 月 23 日，张了且在武昌逝世。

祝鸿元：文人风骨真名士

今天，提起祝鸿元很多人都不知道，就连《开封市志》第七卷的人物卷中也是三言两语留下几行资料、线索。然而，在清末和民国初期，提起祝鸿元，"天下谁人不识君？"他曾巧改对联，讥讽袁世凯。他书画精湛，艺术造诣很深，书法取法二王，得董其昌、倪元璐等真谛，功力深厚、清舒润秀、飘逸多姿。绘画尤擅山水，他临摹过很多宋元名画，得以窥探古人意蕴，画风奇拙儒雅，笔墨苍润松秀。20 世纪二三十年代，祝鸿元在开封与著名花卉画家邹少和结为金兰，他们二人一山一花名垂汴京。祝鸿元的绘画多墨少色，在笔墨构图上细致入微。通过构图的疏密，用笔的轻重、疾徐、聚散，用墨的浓淡、枯润等笔墨形式的组合变化，使画面传达一种从容不迫，恬淡潇洒的意境。

一

祝鸿元，字竹言，《开封市志》说他大概生于 1865 年前后，今年笔者见到了一册民国时期《祝竹言先生像赞》，书后面附录有祝家子弟写的回忆文章，上面记载了祝鸿元的出生时间"生于清光绪二年六月十一日"，就是公元 1876 年。他是北京大兴人，因久居开封，而自称开封人。其师是清末民初著名诗人樊增祥。清末祝鸿元以捐官来到开封，历任州县官，民国初期曾任河南省财政厅厅长，北洋政府陕西省政务厅厅长、代理省长，后来任河南省

去年今日此掸烧今日今年
黛埔描哉就山川良不易浅先
丙庚見花猊
以幅作於乙丑一月亩玉丙寅
肖亩烧哉
子屏哉凡凡我花發
签平祝鸿元

祝鸿元绘画作品

政府秘书长、民政厅厅长。北伐后祝鸿元赋闲家居，书法学王文治，可以乱真，当时在开封很有名望。

在开封的时候，祝鸿元的公馆在山货街路东，当时黄继善的小笼包子馆也在山货店街，最初以三间旧房和三间席棚起家，原本并没有字号。因善于经营，选料精良，做出来的包子色白透亮，小巧柔筋，灌汤流油，撑开似灯笼，放下如菊花，颇受食客赞赏。祝鸿元品尝后赞不绝口地说："可与北宋东京万家馒头媲美，堪称第一，"因此，即兴题写了"第一点心馆"的匾额。从此，声誉大振，门庭若市，座无虚席。灌汤小笼包子遂成为开封最负盛名的风味小吃。

1906年的夏天，祝鸿元主办的《河南白话演说报》在开封创刊，每5日出一期，是隶属于河南官书局的半官方报纸，机器由河南官书局的同人集资购买，编辑发行则由报馆负责，报社地址设在河南官书局内。祝鸿元为了传播新知，报纸在栏目设置上，除了"圣谕广训直解""演说"之外，还设置了"法律学""数学""实业""各省新闻""国外新闻"，副刊有"小说""杂俎"等栏目。它是河南省最早的白话册报，油光纸铅印，封面使用彩色纸，32开本，十分受读者欢迎。该报出版到135期后停刊。1908年8月根据上级整改意见，改名为《河南白话科学报》，报馆声明说："本馆前奉抚宪札饬酌量变通，改为学报。遵即妥慎核议，详加厘定，现由官报局宪会同提学司宪评请改定本报为《河南白话科学报》。按照两等小学教科挨次分类编译，仍旧五日一期，订本发行，以期具有普遍知识，藉饷蒙小学界。"改版后的栏目除了保留有"圣谕广训直解、"各省新闻""国外新闻"外增加了"修身科""地理科""植物学""杂记"等栏目。为河南白话文的推广和科学新知的传播起到了重要的作用。

二

晚清时期，祝鸿元曾多次著书立说宣扬改革政治，为此曾受到清政府的缉拿。而袁世凯靠出卖维新派、出卖光绪帝换来了慈禧太后的宠信，最后爬上了军机大臣的宝座，这深为祝鸿元所痛恶。《道咸以来朝野杂记》记载：

当时身居要职的袁世凯在 1908 年举办 50 大寿，寿宴的地点定在了北京东安门外北洋公所，并要求名伶助兴。当时有一名士为了谄媚袁世凯，献一祝寿对联："戊戌八月，戊申八月；我佛万年，我公万年。"上联"戊戌八月"，是指的 1898 年（即戊戌年）8 月慈禧发动政变，扣押光绪的日子；"戊申八月"是指当时 1980 年（即戊申年）袁世凯的 50 寿生辰（袁是 8 月出生的）。下联，"我佛万年"，是指慈禧太后。她喜欢别人称她"老佛爷"，愿其长生万年；"我公万年"，是指袁世凯也同样长生。但事实却与对联的作者愿违，慈禧太后在袁世凯祝寿后的两个月就死了。对满清腐败的封建统治深恶痛绝的祝鸿元后来想起了那副寿联，稍加改动，就变成了："戊戌八月，戊申十月；我佛今年，我公明年。""虽嘲笑而实胜于原作，盖原作谄语太肉麻也。"这一改动，可谓至绝至妙。主子慈禧今年，你袁世凯也长不了的，大概明年吧！由此可见，袁世凯的倒行逆施是如此不得民心，祝鸿元作为一介文人可谓风骨峥嵘。

三

1933 年 11 月 4 日，河南省教育厅戏曲编委会正式宣告成立，祝鸿元是其中的一位委员，戏曲编审委员会成立后，《河南民国日报》于 1933 年 12 月 2 日曾发过这样的报道："戏曲编审委员会，改良戏曲步骤，首由审查入手，先集合本省各戏曲脚本，逐一检查修，第二步即着手编制脚本，并将设立伟大规模芝戏尉院，训练大批戏曲人才，实地演唱，以收宏效云。"戏曲编审会曾多次审查了当时的上演剧目。1934 年至 1935 年，樊粹庭才开始与梆剧爱好者祝鸿元、邹少和等人合编新的剧本。

祝鸿元是豫剧名旦陈素真的铁杆粉丝，为此他还给好友邹少和大力推荐陈素真。他们十分欣赏陈素真的演技，是当年"捧狗团"（因陈素真小名狗妞）的骨干。当时大加推广，成了名副其实的"捧陈派"。后来陈素真在《情系舞台——陈素真回忆录》一书中专门记述了与祝鸿元的交往。1935 年春，樊粹庭给陈素真介绍了祝鸿元，当时祝鸿元已经 60 多岁了，很有名气，却最爱看陈素真的戏。他不但给陈素真画了几幅山水画，而且还赠送她一架风琴。

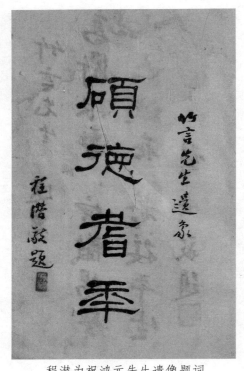

程潜为祝鸿元先生遗像题词

"我们认识后，他常派人接我去他家看他画画，请我吃饭，我不吃豆腐，他就专请我去福地春吃他们的拿手名菜……"福地春在相国寺内，餐馆不大，却风味独特，很有名气。祝鸿元在富春地专门请她吃过一次龙须菜。陈素真看着面前摆的龙须菜，每根约有五六寸长，一头如中指般粗，由粗的一头下去越来越细，白玉般细软。祝鸿元对陈素真说："你知道我为什么请你吃龙须菜吗？因为你的一双手，被人们称为龙须菜。因此我特地请你吃这龙须菜。"祝鸿元对陈素真的支持，由此可见一斑。祝鸿元在绘画和剧本编写上都给陈素真以莫大帮助。

开封沦陷之前，祝鸿元离开了开封。1939年12月31日，祝鸿元在卢氏县文华巷11号寓所去世。当时各界名流与社会贤达都送来了挽联，至今我们可以在《祝竹言先生像赞》一书中看到程潜、刘峙、蒋鼎文、卫立煌、庞炳勋等人的题词与追思。赞其"文章名世""风流倜傥""文林之英"等等。真名士，自风流，祝鸿元就像些许的沙粒渐渐掩埋于岁月深处，但是，他的文人风骨与旷世才华，至今令人景仰。

许钧：妙笔生花著华章

开封作为中国书法名城，如果提及许钧，知道者很多。不少人都知道他精于书法，民国时期开封多家店铺都有他题写的牌匾，禹王台公园内有几通他书写的石碑。其实，许钧不仅书法一流，而且文字功底十分了得，笔者曾在河南大学民国期刊阅览室看到，《河南博物馆馆刊》里面有不少许钧写的学术文章。早在上世纪二三十年代，许钧就享有"河南一支笔"之誉。

一

《开封文艺家辞典》载："许钧（1878—1959），字平石，号子猷。祖籍开封县杏花营乡邢村。"因道光年间黄河在张湾决口，他的家乡遭遇水灾，他的父亲带着家人到开封城谋生。先是做苦力，后来借钱做点小生意，聊以糊口。1878年12月19日，许钧在开封城内塘坊口街出生，虽然家庭贫困，但是他却不忘读书，在帮助家人干活儿的同时心怀鸿鹄之志。加上自幼聪慧好学，喜爱书画，7岁就开始入私塾读书，接受传统文化教育。16岁拜河南延津李星若为师，李星若是近代著名学者，李星若告诫许钧"非圣贤之书均不可读，以免误入歧途"，他十分看好许钧并对他寄予厚望，他认为许钧"天资甚高，熟读深思异日必有所得"，许钧也常以"悬梁刺股"之精神勉励自己，学习进步很大，很快就掌握很多知识。他19岁那年，许家生活异常艰辛，许钧再也上不起学了，只得辍学。在开封为了生计，许钧开始开办蒙学班，辅

名士风流铮铮骨

导学生，赚取"束脩数条"奉养双亲。"穷且益坚，不坠青云之志"。后来，他在23岁那年参加了最后一场科举考试，以开封府第一名的成绩"纳优贡生"。26岁的时候，补廪生。27岁的时候，邹申甫推荐，许钧到陈州府中学堂任教国文。随着许钧的名气越来越大，1906年至1907年，河南地方人士公开推举他为祥符县浚仪致用两等小学堂堂长兼教员。学校在理事厅街栗大王庙，1912年改为开封县立一小。1907年冬天开始，许钧任河南优级师范学堂学监兼文案委员，到1909年10月14日，河南咨议局成立，应河南咨议局议长杜友梅的邀请，许钧任河南咨议局书记，主要办理文牍事宜。到了1912年，河南咨议局告终，成立河南省临时省议会，当时的议长是杨勉斋，他聘请许钧任秘书。直到后来，许钧的名望越来越大，社会地位越来越高，1914年，他任河南省教育厅第一科书记。

二

许钧（左）与长子许敬参的合影照

许钧曾任河南省议会第二届、第三届议会议员。1921年12月19日，经河南省议会审议通过，要在开封成立河南通志馆，同时成立河南金石修纂处。许钧任河南金石修纂处主任兼纂修，专修《河南金石志》。后来，河南省政府将河南通志馆和河南金石修纂处合并，改组为由教育厅直辖，改名为河南省政府教育厅重修河南通志处，许钧任协修，主编《河南金石志》中石志部分。1932年，中州国学专修馆在刷绒街省图书馆创立，许钧同时被专修馆和河南私立北仓女子中学聘为书法教员。

1936年6月1日，开封县修志馆正式成立，县长李雅仙专门到许钧家中邀请他任开封县修志馆馆长兼纂修。于是许钧便投入到《开封县志稿》的编纂工作。至1938年6月开封沦陷，许钧未完成《开封县志稿》就离开开封避难去了。许钧所编修的志书包括采访资料、编写手稿、清稿以及重写二三次之稿共计数包，辗转再三，后来公安部门移交河南省文史馆。许钧拟订篇目草稿，拟分全志为六大类，目次为：前编一、图经二（疆域图、形式大要、城厢沿革、街道、古迹附、邮电、道路、河渠、堤工）；官礼三（国政、吏治、赋役、兵防、战绩附、法规、学校、选举、祠墓、宗教寺观与耶教、建筑附）；征献四（士族、先达、纯孝、朴忠、友爱、贤豪、寓贤、隐逸、列女、畸人、古今艺术家）；征文五（经史、诸子、义理、辞章、金石、龟甲、书画、音韵）；后编六，有各卷复出之稿，有修志章则、函件及编写过程。

许钧成稿虽然极其简陋，但却保存了大量资料，其中不少是第一手资料，均有一定的价值，可备研究开封近代史之用，更可供编修新的开封地方志参考采择。

三

开封博物馆藏有多件许钧书法精品，《梁园书坛》介绍许先生"晚年受王觉斯影响……"许钧书法深受颜真卿、苏东坡、王铎等历代书家的影响，许钧与康有为、李瑞清多有交往，在书学思想上受两位的影响较深。

蒋藩撰写的《许平石画润小启》中称其："钟、鼎、篆、隶，得三代秦汉之遗；正、楷、草、行，探六朝唐宋之奥。画则草虫花鸟、点缀成妍，竹菊梅兰、疏落入古，山水直追石谷，人物酷似老莲……固宜名高京国，誉满嵩河。"蒋藩，字恢吾，祖籍河南睢县，后迁杞县。光绪二十八年举人。积学嗜古，酷爱藏书，博极典籍，于诗词颇有造诣，对金石很有研究，但尤长于修志，是豫省著名学者，有"南有张嘉谋，北有李时灿，中有蒋恢吾"之誉。曾任杞县志总纂、河南通志纂修。他与许钧是同时代的人，其评价十分可信。

名士风流铮铮骨

许钧的书法其实"工夫在诗外",他的艺术成就得益于他的学问和修养,他一生博学多识,长于考据,古玩鉴赏、雕刻等领域十分精通。他曾总结了学碑四部曲:一是先学方笔造像以求骨劲,二是学方圆并用之碑以求变化,三是学圆笔以求内涵之丰富,四是学稚拙之变,以求自然天成。许钧认为要师古而不泥古,碑帖要兼容,所以他的书法更加丰富多彩,前来求字者"户限为穿"。

现在禹王台公园内还有许钧书丹的石碑3通。1917年5月书《登繁台歌有序》,1929年7月29日《河南农林总场纪念碑》,1932年12月书《徐烈士振全传略》。

许钧一生著作颇丰,除《河南金石志》《开封县志稿》之外,还著有《伊阙考》《祥符县金石记》《洛阳金石记》《凝一斋文稿》《凝一斋随笔》《醉竹堂自怡诗抄》等。民国时期,在《河南博物馆馆刊》发表很多文章,或者考证、或者题跋、或者诗文,教育部曾经评定他为教授。他曾被河南大学校长王广庆聘为文学院教授,开设考古学、近体诗、书法三门课程。

1948年10月,许钧迁居至北平史家胡同六儿住处,1959年2月10日在北京病逝。

曾次亮：文人傲骨君子风

曾次亮，著名作家曾克的父亲。先后在河南第一女子中学校、河南省立开封女子中学校（今25中）任教，德高望重。曾因看不惯国民党的统治而拒绝党员登记，遭到通令失业。

一

曾次亮名纪堂，次亮是他的字，1896年生于河南省太康县城关仓园街。祖父、叔祖父、父亲都以教私塾为业，人称"父子三秀才"。曾次亮的父亲是一个有头脑的人，在闭塞的小县城中报国无门，听到甲午战争中国失败的消息、看到人民的穷困，他感到国运日衰、前途渺茫。在苦思不得救世良方之时，英国传教士的宣传竟打动了他，于是就入了教，成了县城第一个基督教徒。他拖着多病之身，四处传道，十分狂热。不到30岁，因肺结核病不治身亡。曾次亮3岁丧父，孤儿寡母生活清贫，少年时得到叔祖父接济，在当地上过私塾、小学。后来曾次亮考上了教会办的圣安德烈学校。但是入学后曾次亮却颇觉失望，这个学校以英文为主，其他课程只是摆设。他认为自己一不愿为外国人做事，二不喜欢翻译工作，客观原因是学费太贵。一年后辍学，曾次亮又考取了免费的河南省立第四中学。1919年年初，他谋得太康县一个初小教员的职位，半年后，攒了些路费，毅然到北京，考取了北京高等师范学校（今北京师范大学）史地系。靠公费念完了大学，因无路费，在北京就

名士风流铮铮骨

青年时代的曾次亮

读 4 年他从没有回过家。

在北京高等师范学校学习期间，他常在藏书丰富的图书馆中尽兴涉猎。这种博学广识，为后来深入钻研人文历法奠定了坚实的基础。他与楚图南是同学，关系甚好，后来楚图南回忆起曾次亮说："我们常于月下漫步，时月朗星稀，晴空万里，我不由浮想联翩，既沉醉于牛郎织女的美妙神话故事，复感叹宇宙之浩，大自然造物之瑰丽。次亮在一旁则兴致勃勃地观察太空，指点着这是什么星座、那是什么星系。我爱遐想，倾向文艺。他重实际，喜欢天文地理。"

1923 年暑假，他毕业之后满怀普及地方国民教育的热情，回到河南，见到教育厅厅长，面陈志愿。适逢上级明令各县劝学所一律改称教育局，厅长就把他当成一个适当人选，委任为太康县教育局局长。他原以为可以大干一场，却因受守旧势力的排斥，一年未满，拂袖而去。从此。他开始了 20 多年的教书生涯。先后换过近 10 个学校，曾经数度失业。他谋职的门路很简单：到母校登记失业，或求老同学介绍，由于他有真才实学，教学认真，为人老实，大家都乐于聘用他。

二

1926 年的春天，曾次亮举家搬到了开封，在豆芽街租住 3 间房子。他在"河南第一女子中学校"（1930 年改名为"河南私立北仓女子中学校"）任教，靠着每月几十元的薪金，养活 6 口之家，除去购买报刊书籍，所剩无几，但是就是在那样窘迫的生活中，他还拿出一些钱接济进步学生。

当时他对学生上街游行、宣传都大力支持，还在课堂上宣讲自己对时局的看法。编写的讲义带有鲜明的民主革命倾向，甚至还编导宣传新思想的话剧，并参加演出。有的学生要到武汉参加革命军他悄悄资助他们。1926年9月，危拱之就是在他的资助下走上革命道路的。1927年年初，当时任中共开封市委书记的江梦霞，亲自到他当时任教的北仓女中访问他，并介绍他参加国民党。7月，汪精卫在武汉发动反革命政变、国民党开始清党，命令河南省党部与开封市党部停止活动，等候改组。1930年冬，河南省实行国民党党员重新登记，曾次亮断然不予理睬。放寒假前，接到国民党河南省省党部通知："这次举行党员重新登记，独曾次亮抗不履行，目无党纪，着即开除党籍，并另行通知省内各机关、公私学校，不得任用此等害群之马。"他看完通知，反而感到一阵快意。

1934年，国民党对曾次亮的禁令渐渐松弛，应开明校长鲁鸿谨的聘请，曾次亮回汴到河南省立开封女子中学校任教，同时还在河南私立北仓女子中学校兼课，在开封，曾次亮教授历史和地理。在河南省立开封女子中学校，学生们都喜欢曾次亮的课，地理课总是一面讲一面在黑板上画地图，讲完了，一幅精美的地图就展现在黑板上。曾次亮还善于把名山大川、名胜古迹、历史故事及诗词歌赋穿插于地理课中，大家听起来津津有味，枯燥的地名听过后就可以牢记。他讲什么课都不看讲义，边讲边写黑板，只要同学们稍微用心记一下，一篇系统的纲要就出来了。他自己认为，讲义只是供学生预习复习、加深理解、融会贯通之用。

抗日战争爆发后，曾次亮随河南省立开封女子中学校南迁，携一家老小随学校过着颠沛流离的生活。1936年经好友张邃青介绍，曾次亮回到开封任河南省通志编委、编审。

三

1947年从延安派回开封工作的中共党员王晓舟去看望曾次亮，曾次亮喜出望外，向王晓舟提出加入中国共产党。王晓舟因此动员曾次亮全家先到豫西解放区，于是曾次亮就先送出三女儿曾耘、儿子曾一平，自己却因国民党空袭时被弹片伤了腿，错过了开封第一次解放时出走的良机。解放军撤退，国民党又回到开封。至1948年仲夏，曾次亮再也无法忍受黑暗世界的禁锢，

名士风流铮铮骨

在王晓舟帮助下，携妻子和幼女曾恬奔赴解放区。1948 年 11 月 16 日的《人民日报》《新华日报》等媒体刊发了新华社中原十一日的电文《河南老教育家曾次亮抵豫西》："河南老教育家、河南省通志编审委员会主任曾次亮先生及其家属，已于十月十四日安抵豫西解放区某地，他夙愿得偿，分外高兴，热情地对人说：我二十多年来生活在失去精神自由的环境里，胸襟从来没有像现在这样的开放和愉快过。河南省教育过去受法西斯特务统治特别凶狠，青年受毒化，稍有良心的教育工作者备受排斥、监视。现在河南省文化教育界和青年们，正需要民主自由的新民主主义的文化来教育和培养。曾先生盛赞解放区各地的建设和中共的各种政策，并对教育工作提出许多建议。"

开封第二次解放之后，他先后在中南区和华北人民政府教科书编审委员会编辑中小学地理课本。后又调至北京中央人民政府出版总署、古籍出版社、中华书局等单位任编审，负责审定点校本"二十四史"中天文、律历部分。

曾次亮一生著述颇丰，学术研究以中国历史为主，旁及文字学、音韵学、词学、红学及围棋。1931 年在开封出版了《世界新历》，1936 年，他又自费刊印《汉语拼音新方案》《曾氏速记术》《十三月新历法》，被称为"三小发明"。另编有《词选》书稿。由于考史需要，他从 20 世纪 30 年代起就从事古天文历法之研究，首创治历捷算法，著有《史时另尺》。后半生不断完善此法，成了他的专门研究课题。其主要著作有：《四千年气朔交时速算法》《殷周秦汉历谱》《历代历法的数据及计算公式》和《七政法源》。

李白凤：诗剑平生任我行

李白凤是我国现代著名书法家、篆刻家、作家、诗人、教授。当年茅盾称赞他："足迹遍大江南北，生活经验丰富，故其治印、写诗、写小说。莫不卓特。"施蛰存说："国内写大篆的，今天恐怕还未见有人能超过他。"他是文化上的一座山峰，我辈只能高山仰止。

一

李白凤，原名象贤，又名李逢，曾用笔名李木子、鹑衣小吏等。1914 年3 月出生于成都，四岁丧母，父亲即辞去广汉知事，改为经商、行医，回北京定居。李白凤的父亲曾是京师大学堂首届毕业生，爱好诗词，熟读经史，擅长书法，对医道亦有研究。父亲除了养家糊口，又担起教育孩子读书、习字的任务。严父"望子成龙"心切，三更灯火五更鸡，正是白凤读书时。父亲交游甚广，"谈笑有鸿儒，往来无白丁"，耳濡目染使他从小受到很好的文化教育和艺术熏陶，为今后的文学与艺术之路打下了基础。

1925 年，李白凤到在天津盐运处工作的长兄那里，进入了扶轮中学读书。不久随着长兄工作的变动，他又到了青岛铁路中学学习。1931 年，"九一八"事变后，李白凤因参加进步学生的学潮运动，加上又在《大公报》发表文章非议时局，被学校当局勒令退学。当时青岛有个传播进步文化的"荒岛书店"，他成了那里的常客，开始阅读《资本论》《铁流》《毁灭》等进步书籍，还

李白凤

有鲁迅先生的作品。还认识了常来书店看书的臧克家、崔嵬、于黑丁等文化人士。1934年李白凤考入北平民国学院国文系学习，师从林庚。他们在新诗创作方面谈得很融洽。"《现代》派"的主要代表人物戴望舒在1936年10月创办了《新诗》杂志，李白凤在那里发表不少作品引起诗坛注目，诗集《凤之歌》1937年由上海新诗社出版。李白凤开始与施蛰存、戴望舒、吴奔星等现代派诗人成了很好的朋友。

抗日战争爆发后，他携妻流徙于西安、上海、香港、广东等地，一度靠写诗文为生。李白凤的夫人刘朱樱后来在《忆李白凤》一文中写道："1941年初秋，白凤离开南宁来到桂林这一大后方的文化名城。很多文艺界进步的知名人士都荟萃于此。他在这儿不但扩大了交游，而且使他的文艺创作更贴近火热的抗日救国的斗争。"在桂林李白凤结交了端木蕻良、田汉、安娥、尹瘦石、陈迩冬等文化界名流，又经端木蕻良的介绍认识了老前辈柳亚子先生和欧阳予倩先生。此时的李白凤满腔热情地搞文艺创作，积极宣传抗日救国。

二

诗人李白凤四处奔波，1946年6月，他来到上海，刚到上海没有安身之处，柳亚子就叫李白凤一家暂居他们家中。后来李白凤在朋友介绍下到财政局工作并找到了住处。当年他是中国诗歌协会理事，工作之余他全力以赴地搞文艺创作。这个时期所写的诗歌常发表在《诗创造》《新诗》《文艺复兴》以及《文汇报》《大公报》等报刊上。上海《良友画报》刊登了李白凤的书法、水墨画和篆刻；柳亚子写了《李白凤鬻印小启》，说："诗人李白凤君精研六艺，才技双绝，口读若习之传，胸罗建首之部；上稽苍史，旁证召陵，篆印大备于三十五举，诗格浸汲乎八十一家。南渡以来，诗名鹊噪，丹书自密，未尝示人。余等与白凤相交素稔，见其布白分朱，诚印室之规绳；左蟠右屈，实铁笔之盘鉴。……白凤既精咏叹，复解训诂，新诗见称于当代，旧学籍甚于艺林……"由于上海物价飞涨，李白凤在柳亚子的支持下，挂牌为人治印来补贴生活。1949 年的夏季，人民解放军的炮声逼近上海，他拒绝了本家侄子送来的去台湾的船票。李蓉裳记得他父亲当时说："好不容易盼到了时候，怎能走啊！"上海解放后，冯雪峰热情地鼓励李白凤努力工作。1950 年，他响应党的号召，第一批报名支援东北建设，应聘到哈尔滨工业大学任国文系副教授，在这里他开始学习俄语，1951 年，又到了北京师范大学附中。1952年夏，到了山西大学中文系，教授苏联文学，结合教学开始写作《苏联文学研究》。在全国高校调整的洪流中，他在 1954 年的秋天来到了开封，受教育部委派，到开封师范学院 (今河南大学) 中文系任教授，讲授苏联文学。"一身洁白西装革履走出火车站，面对悬河下的灰旧城廓良久，先生慨叹道，我将溺死于此"（赵中森《传说中的白凤》）。

三

佟培基教授在一篇文章中写道："1957 年春夏之交，在高校大鸣大放中，他贴出了《长歌当哭》一组 18 首七律，受到批判。"在佟培基教授的书房，他从一个文件盒中拿出了一份 1957 年 7 月《人民文学》刊发的一篇李白凤的文章《给诗人们的公开信》说，就是因为这篇文章，当年的 8 月份李先生被错划为"极右派"，隔离审查后于 1958 年被送往西华县农场劳教。临行前，他把妻子装好的满满一箱生活用品换成了一箱线装书。在农场，他学会了一些农活，还负责写板报。但最痛心的是他那箱线装书被没收后丢失。1963 年

4月8日，他劳动改造期满回到了开封，失职居家，只靠夫人刘朱樱在开封第六中学的43元工资维持生活。他从教授楼搬进了铁塔南街的三间低矮潮湿的旧房。白天他接受劳动改造，晚上回家必先净手后才开始读书、练书法。佟培基教授说"他走遍了开封的古旧书肆，寻搜南明野史笔记约97种，深夜挑灯相互校勘比对，渐渐草成《小腆纪年校补》《明史校补》《张苍水集笺注》等"。这个时候他和施蛰存又通信了，两人探讨学问，互通有无。

1966夏，"文革"的动乱冲击到了开封，"正上大三的我大哥以反革命罪入狱，嫂子离婚，未满周岁的侄子跟着我。"李蓉裳说。"后来'破四旧'的时候，我爸爸苦心收集的书籍、资料被红卫兵拉出来四车全部焚毁，他看着被化为灰烬的书，仿佛夺去了生命。"就是在这样的环境下，李白凤仍然不坠青云之志，他坚信光明会驱散乌云。书失去了他就还练书法、篆刻。他刻制了一方"十年不制衣"的石印用以自勉。

李白凤与刘朱樱订婚纪念照

1969年，青年佟培基在桑凡先生的介绍下认识了李白凤。那时李白凤正在写《东夷杂考》，因缺少文献资料而在稿子上留有空白，谈起这些书的内容，李白凤的"目光忽然变得灵敏而欢快，他大段大段地背诵原文，而这些书都是他以前读过的。"佟培基问他为什么不到图书馆借阅，李白凤沉默了，他是戴着右派帽子被管制的人。何况，那些文献古籍都贴上了封条禁止借阅了。作为"专政对象"，每有大的政治事件发生，他不但要书写标语，张贴大字报，还要接受监督改造，集中开会。李蓉裳说："爸爸胸前被挂有一牌子，写着右派分子李白凤。派出所、街道办事处的脏活儿、累活儿都叫他干，去北门外拉砖、砌个煤火，甚至给去世的五保户穿衣服都叫我爸爸干。他从来都是穿着体面，衣冠整齐，衣服再旧，打满补丁也是洗的干干净净，裤缝儿笔挺。"佟培基教授说，李先生平易近人，那种高雅的气质和文人风骨让人心存敬意。孙作云先生曾说："象白凤先生这样的人还如此醉心于学术事业，足使当今破坏中华民族文化传统者耻。"李白凤先生以锲而不舍的精神，刚毅不挠的志节，展示了一代文人的气节和正气。

李白凤演话剧剧照

1978年春天，李白凤被平反。《大河奔流》剧组来汴拍外景，李白凤应邀参加了欢迎著名演员陈强、张瑞芳的招待会，这是他20年来首次光彩地在大众面前亮相。正当他踌躇满志要大干一番的时候，5月突发脑溢血，8月18日，病逝于开封。他曾在诗歌《桥和灯》中写道："桥，用自己的脊梁联接起大路/灯，用自己的脂膏照亮别人的前程。"李白凤，何尝不是桥和灯呢？"

名士风流铮铮骨

赵祜：半生古画献国家

　　在双龙巷一个老四合院中采访完赵祜先生的事迹后，我的心里久久不能平静。忽然想起了那一年，在郭述文先生的追思会上，敦复书院的王英杰院长在发言中忽然不能自己，哽咽泪流，他从郭述文先生的高风亮节想到了自己的父亲，他说，他的父亲在历次运动中倍受打击和折磨，但是仍念念不忘对党和国家的忠诚，严格教育孩子要报效国家。他终于明白了那一代人的信

赵祜与英国汉学家合影

仰和执着。而赵祜的事迹这几天也一直在感动着我，是什么力量使他不计荣辱、心如明月，十年如一日地泡在石碑仓库，拂去岁月的尘埃，登记、整理、记录一块块古碑？是什么力量使他千金散尽、上善若水，捐献毕生珍藏的明清字画？为什么，这样的事常常在开封出现？因为这座城市的王气还在，天子脚下、皇城跟前的贵族基因还在。"修身齐家治国平天下"的传统儒家知识分子的道和义还在。即便是满城商业化，总有少数肩负使命、无愧良心的人在发声、在行走、在留存仅有的、连绵千年的文化，古代的"士"在昔日的帝都还没消失，开封文脉还在。

一

赵祜，字佑之，河南鲁山县人，1915年出生于一个书香门第，祖上都是晴耕雨读的小康之家。他从小受到良好的传统教育，颇有家学渊源。五四运动之后他上了新式学堂，在参与社会进步运动的同时，积极努力学习。20世纪30年代，他就考上了北京大学。七七事变之后，他来到了河南开封，从事教育工作。没想到，原本的漂泊竟然成了停留。开封厚重的文化积淀深深打动了他，在工作之余，他开始留恋古都的名胜古迹、风土传说，开始实地考察人文掌故，从文献到现场，从现场到书房，赵祜先生凭借深厚的文史功底，很快就在省城小有名气。

据赵祜的大儿子赵宗旸讲，赵祜先生生前生活十分俭朴，吃穿从来不讲究，在解放前虽说在河南省交通厅任秘书，但是从来都是平易近人。薪水除了部分家中开支之外，大部分都买成了书画。他不惜成本搜集了很多明清以及民国的名人字画。

二

2010年3月，开封市博物馆举办了一次扇面书画展，而这次展出的扇面作品有80余副，全部是从赵祜先生捐赠给博物馆的扇面书画作品中挑出来的精品。其中不乏王文治、李铁林、陆刚、石庚、邹少和、刘宗翰、顾璜等清代著名书画大家的作品。赵宗旸说："我父亲捐给市里一共有200多件明清

名士风流铮铮骨

赵祐书法作品

赵祐捐献明清字画证书

名人字画、古籍善本，他常教导我们姊妹们要心底无私，他说他收藏的这些字画最终还是捐给国家才是最好的归宿，这样的话，可以使后人在开封看到这批文化遗产。可以给开封人留下无价的物质财富和精神财富。"

赵宗旸说，他父亲作为从旧社会过来的知识分子，在"反右"和"文革"中都是最先遭到冲击的那批人。那些不公正的待遇从来没有影响他对党和政府的热爱。子女曾经因他受到牵连而影响前程，但是赵祜先生坚信总会拨云见日。十一届三中全会之后，他一被平反昭雪，就抑制不住自己的激动心情。他深知，随着河南省博物馆的迁郑，很多重要的文物、甲骨、青铜器、陶器等都离开了开封，当年开封市博物馆在三胜街成立的时候，只剩下了一批不好迁移的石碑，因为笨重，河南省博物馆就留给开封了。赵祜先生知道，开封原来馆藏的精品大部分都在省城。于是在他走出困境之后，毅然将自己大半生收藏的一大批古代字画、碑拓、古籍善本等藏品无偿捐给了国家。笔者见到了有关单位开具的捐赠证书，其中开封市文化局在1983年7月发给赵祜证书上写道："赵佑之同志将家藏明清字画、扇面册页等一七二件捐献给开封市博物馆，对我市文博事业做出积极贡献。"1994年1月赵祜先生又向河南省文史馆捐赠古代书画作品8件。

三

"枯木逢春"之后，赵祜先生应邀到开封市博物馆对馆藏墓志石刻进行系统的整理。赵祜先生不畏艰难，不顾炎热和寒冷，在长达十年的时间，默默做着这件工作。由于当时刚拨乱反正不久，碑刻仓库内还是一片狼藉，尘灰厚厚一层，石碑横七竖八凌乱摆放着，有的石碑竟然倒扣在地，十分沉重，不好翻动，很难看见碑文。有的时间年久，字迹漫漶，辨识不清，这些都给研究、录文造成了很大的困难。但是赵祜先生克服了种种困难，满怀对工作的极大热情，锲而不舍、一丝不苟，不顾年迈体衰，更不问报酬，十年如一日，在1000多通石碑中工作，最后整理、录文、建档了400余通。石碑不但具有书法、艺术价值，还有史料价值。石碑是恒久的文献，可以弥补正史不足。这是开封人丰厚的文化财富。

名士风流铮铮骨

　　赵祜先生不但知识渊博，而且平易近人，对前去找他问学、探讨问题的人十分热情，还不遗余力提携后学。例如，在 20 多年前，河南大学佟培基教授应文学史家、中华书局总编、国务院古籍整理出版规划小组秘书长傅璇琮先生的邀请，对清编《全唐诗》中的重出误收诗作进行全面梳理，并列入当代唐诗学研究课题之一。在工作中，佟培基教授遇到了一个难题，他在查找诗人朱琳的详细资料时，检索《中国文学家大词典》《唐诗大词典》等书籍皆没有发现。不少资料记载其"世次不详"。佟培基教授的工作一度陷入了停滞。他忽然想起了赵祜先生，想起了碑刻资料。于是他不顾盛夏酷暑，到开封博物馆找到赵祜先生，二人一张一张仔细查看碑拓的内容。这一查就是半天，数百张碑拓在翻动中始终保持灰黑的面孔，而查阅文字的他们已经热的汗流浃背。有心人，天不负。忽然，佟培基教授眼睛的余光瞥见赵祜老先生翻到一张拓片上似乎有一个"朱"字，遂抽出细看，上写："大唐故处士朱君墓铭曰，君讳琳，字孔璋，河南洛阳人也……"二人大喜，赵祜先生整理好的碑文破解了数例唐诗中众说纷纭的千年之"谜"。

　　在采访中笔者无意中得知，靳志是赵祜先生的姐夫。他们二人常常探讨书法艺术和金石碑刻。赵宗旸说，他父亲自幼博览群书，对历史、考古、古文字、金石、古籍版本等均有较深的造诣。作为河南省文史馆馆员，赵祜先生与省内、市内多名文史、文物专家学者多有来往，国外汉学家来开封考查古碑，都是赵祜先生负责接待。

风骨文章屹风雨

徐世昌：小巷走出大总统

　　小纸坊街路北有一处残破的四合院，门楼已经不见，三进院的布局依稀可见，大部分房屋已经旧貌换新颜，只有部分房屋还保留当年的面貌。一进院子的东侧房屋依然显现当年的华美，房屋是典型的清代小式建筑模样。一进院的主房依然残存，上面的砖雕刀工细致、图案精美。后面的院子被很多琐碎的小房子分割，但是依然掩饰不住大户人家的那种开阔和大气。院子里面散落很多消瘦的青砖和寂寞的瓦片。大院门前墙边斜卧巨型抱鼓石，上面曾经雕刻精美浮雕，现在已经模糊不清了，明显有人为琢去的痕迹。如此高大的抱鼓石只有官家或者大户才有。门前一满头银发的老太太说："过去听说，徐世昌小时候在这居住。"我心下一动，"寻常巷陌，人道寄奴曾住"，徐世昌与这儿会有关联吗？

徐世昌

　　徐世昌有两个女儿，家都安在了开封。王宴春先生在20

徐世昌就任总统仪式后合影（前排中为徐世昌）

世纪 80 年代曾经走访过徐世昌的二女婿许大纯老先生、徐世昌保镖大队长陈明善之媳金老太太等人。在民国初期，徐世昌任袁世凯政府的国务卿时，曾给开封 5 位表亲在小纸坊街修 5 座同样的高门大院。徐世昌于 1918 ～ 1922 年任大总统时，此院人称徐大总统院。这里，就是当年的遗址。

一

徐世昌与开封有扯不断的渊源，开封本土有这样一种说法，说他在双龙巷出生，但是没有史料佐证。张达骧在《文史资料选辑》第 48 辑中说：徐生于开封城内双龙巷；贺培新撰《徐世昌年谱》却说徐生于河南卫辉城内曹营街。李宗一在《民国人物传》中说：徐生于河南汲县……按照卫辉市徐氏祠堂《徐氏家祠记》碑文介绍，清道光年间，其高祖徐印川初居开封，后由其高祖母率孙辈移居豫北之汲县（清朝卫辉府）。因后裔繁衍，分别在开封、汲县两地落户，"卫之顿坊店""开封之大花园"各有坟茔。传至徐世昌时，徐家在

风骨文章屹风雨

汲县已居住六七十年。碑文由徐世昌撰文并书写,可以确信,徐世昌生于汲县。徐世昌的父亲徐嘉贤著有《治蔷书屋诗草》,敕授登仕郎。徐嘉贤的继配刘夫人,是安徽桐城派古文家刘大櫆之女。刘氏幼从家学,旌表节孝。

徐世昌是在 1857 年来开封居住的,这一住就是 30 年左右。那时 3 岁的徐世昌跟随祖父徐思穆移居开封双龙巷。4 岁的时候入私塾开蒙,师祥符王介卿先生,王介卿曾经以进士出身在四川做官,其贤能名噪一时。5 岁时搬家到理事厅,7 岁时"从祥符常鹤亭孝廉家驯读",8 岁时跟从祥符张荆璞拔贡学习。在开封小巷,徐世昌少壮努力,发愤图强,立志功名。

二

徐世昌的父亲徐嘉贤 25 岁就病亡了,徐家由此中落。那一年,徐世昌 11 岁,家况积困,一家移居到开封小南门内的小纸坊街(一说是这里是徐世昌的老表家)。其母刘氏仍然督子力学。刘氏勤俭持家,因家无余财,靠"针黹纺绩度日",甚至变卖了首饰,仍请贤师教两个孩子。现居乐观街田家大院的田禾先生说,徐世昌少年时代曾经在田家的私塾读过书,因与田家有旧交,《田氏家谱》就是徐世昌题名并钤印。

在小纸坊街的日子是徐世昌发愤图强的日子,在这个街巷他居住了 20 多年,直到出任朝廷命官。刘夫人督课益严,徐世昌每从私塾归家,刘夫人"必令温习史书,学有进,乃色喜;否则,以夏楚送塾,请师严责"。刘夫人经常告诫徐世昌说:"汝祖宅心厚,居家必先忍让,报国不避艰险。汝父至孝,要像其父那样尽忠尽孝。少有高志,英果严毅,不苟言笑,虽至亲无私语,郁郁以终。其所以振家声绍先业者,唯尔等是望。"(《徐世昌年谱》,卷上。)徐世昌听完这些谆谆教诲,"悚然志之,终身不敢忘"。

1866 年,徐世昌的叔曾祖徐士醇时任鄢陵知县,见他们孤儿寡母,实在难以度日,主动提出"全眷移往依之",以便就近接济。但是,刘夫人"力持不可,婉言谢绝,谓恐家世极衰之后,托人余荫,从小受人帮助,衣来伸手、饭来张口,罔知艰苦,无复有克己振兴之日可期"。刘夫人还特别留心在一些小事情上对孩子随时加以教育,注重培养他们的优良品德。在孩童之时,

徐世昌任总统时的阅兵照

若摆有三份食物，想得到其中的两份，母亲即严予斥责道："汝等今日即如此，以后当如何呢？"母亲宁可将食物扔掉也不让他吃，以免养成他贪小利而忘大义的恶习，败坏了祖训、家风，使其深知"居家必先忍让，报国不避艰险"之道理。

三

15岁的时候，他读书、作文渐进。17岁的时候，设馆课诸表弟读书，开始经营薪米，感知生活艰辛，18岁的时候，因"学富五车"和书法优美而受到其叔祖父的器重，推荐其到附近诸县给县令好友充当"幕府"文书。业余还作"枪手"，赚些银子养家糊口。25岁那年，在淮阳，徐世昌遇见袁世凯，袁见徐状貌伟然，腹藏锦绣，纵谈当世之务，惊以为奇，互相倾服，"秉烛夜谈，抵足而眠"，遂发誓"永不相负"，义结金兰。二人立志活在世上就要有大作为。

徐世昌携其弟世光游学，对他关怀备至。二人互相尊重，学业共进，功

开封小纸坊街徐世昌为老表们建造的四合院

夫不负有心人，1882年6月顺天乡试中，徐氏兄弟同科双双中举。而腊月初八，是徐母刘氏50岁大寿，亲友前来致贺者甚多。在当年开封，提起徐家，几乎无人不知，无人不晓，小纸坊街一片欢腾，群贤毕至、少长咸集，高朋满座，觥筹交错；徐家苦尽甘来，"承觞称祝，亲友致送屏障者颇众，慈心欢悦"，大书法家路渔宾先生幛书"双桂承欢"四个大字匾额。传说刘夫人昔年尝梦阶前有两棵桂树繁盛，花开正繁，三喜临门，应验了。

在开封，徐世昌经历了家道变故和生活的艰辛，母亲刘氏的严格家教加上徐世昌的勤奋努力，个人的命运与中国近代历史紧密连在了一起。他是民国历届总统中的仅有的"文人"。一不是革命党，二没有扛过枪，从底层文人到"宰相"，最后转变为民国总统。当年，古城幽深的小巷一度留下了徐世昌读书求学的身影，老门楼老宅院见证了他茁壮成长的过程。徐世昌以一介书生，从古城小巷扬帆起航，纵横清末民初乱世数十年，可以说是近代史上的一个奇迹。

王洛宾：青春小鸟曾徘徊

1997 年，我在开封市图书馆查阅地方文献的时候，一位须发银白的长者闲聊时说起名人与开封时，他神秘地悄声说："王洛宾的第一个妻子就是开封人。"当时心中一愣，因无证据，只作道听途说而已。王洛宾收集、整理、创作了上千首具有西部风格的民歌，被誉为中国的"西部歌王"。他与开封会有什么交集？多年后，随着关于王洛宾的书不断推出，他与开封的这段情缘便浮出了水面，包括王海成在《我的父亲王洛宾》一书中也披露了王洛宾的这段情缘，王海成还到开封寻找到了当事人。在开封的那些小巷，曾经留下王洛宾的青春影踪；在开封的那些日子，是王洛宾人生中幸福时光的开始……

一

20 世纪 30 年代初，那时的王洛宾名叫王荣庭，是北平师范大学艺术系的学生。那一年，北平大学生合唱团联欢，王洛宾通过同学介绍，认识了洛珊。洛珊是开封人，出身名门，九一八事变前是北平艺术专科学校学生，专攻西洋画。她性格活泼，思想开放，又会跳芭蕾舞，在当时的北平，是为数不多的新女性之一，令许多男生非常仰慕。王洛宾与她同台演出，一曲惊动四座。钢琴奏出一流溪水，潺潺涓涓。王洛宾的伴唱忽远忽近、若有若无。洛珊身着一袭白裙，轻盈飘逸，仿佛天外仙子，轻纱裹着她婀娜的体态，长袖善舞、衣袂飘飘；王洛宾的歌声随舞飘荡，如梦如幻。舞表形，乐表情，歌表意，互为烘托，声形交融，虚实相映，令人神往，遐想，痴迷，沉醉……王洛宾的表演令洛珊怦然心动，洛珊的舞蹈也在王洛宾心中留下了一个灵秀仙子的形象，他们一见钟情。当她换去舞服活生生地站在王洛宾面前，并向他莞然一笑投来妩媚的一瞥时，就在刹那间，王洛宾心头忽然闪电。那时他十分仰慕徐志摩，喜欢爱情诗，并自诩为"新月派"，视音乐为生命，视自由为艺术之灵魂，便将为徐志摩的诗《云游》谱成曲，旋律如行云流水，澎湃激荡，受到师生的一致称赞。后来，他又将此曲唱给女友洛珊。

　　1934年4月，王洛宾因母亲病故，家庭困难，未能读完大学，肆业后提前参加了工作。1934年5月受聘于五三中学及华北中学任音乐教员。1936年夏天，受聘于北平绥铁路扶轮中学担任音乐教员，为学生创作了《詹天佑之歌》。后来王洛宾在北平幼稚师范为北平市城区大、中学校进步学生辅导、教唱《国际歌》《民先队歌》等进步歌曲，为推动北平学生运动起到了促进作用。因战事逼近，洛珊离开了北平，回到故乡开封。

著名诗人王辛笛、著名音乐家王洛宾（右）朗读诗歌

风骨文章屹风雨

二

1937 年 7 月，"七七事变"后，北平沦陷，不愿意当亡国奴的王洛宾决定从北平逃出来，他要去找那个远在河南开封的女孩，他想和自己喜欢的人一起投奔延安。他假装为母亲扫墓溜出了城，冲破日本人层层的关卡，骑着自行车到达天津，从塘沽口坐轮船到青岛，10 月初转坐火车到了开封。1937年开封还没沦陷，但是四处漫延的战火使开封城里一片战乱景象，大街小巷布满了逃亡的难民和灾民。王洛宾按照洛珊信封上的地址按图索骥敲开洛珊家的大门。看到心上人从天而降，洛珊喜极而泣。洛珊的父亲表面上是开封一位开明绅士，实际上他是 1926 年入党的中共党员，同年受党的委派由北平到东北开展地下工作，公开身份是教师和《哈尔滨日报》社编辑，在东北各地开展秘密活动。他曾是牡丹江地区创建共产党组织的领导人，先是被东北

1938 年 6 月 6 日日军从宋门攻陷开封时的情景

军阀政府通缉，后又两次被日本军警逮捕，后来他逃出了日本人魔掌，返回开封。眼下他正在忙着变卖家产资助抗日。对于王洛宾的人品和性格，他早已经从女儿口中有所了解，很喜欢这个既有才华也有革命热情的年轻音乐教师，也为他的抗日热情深深感动，所以才毫不犹豫地支持女儿和他一起去参加抗日工作。

于是在那年的 10 月，洛珊的父亲在家里为他们匆匆举办了简单的结婚仪式，并给了他们五块大洋做路费，并介绍他们到西安，由八路军西安办事处介绍他们前往山西前线参加由丁玲领导的八路军西北战地服务团。

三

1997 年 10 月 7 日，王洛宾的儿子王海成一行来到了开封，在北土街的一座小院里找到了年已花甲的洛珊，她颇有气质，当时正在树下的躺椅上休息。据王海成在《我的父亲王洛宾》书中记载，他向她问好，自我介绍说是王洛宾的儿子。"洛珊点点头。眯起眼睛仔细瞧我，口齿不清但很高兴地说：'像，像王洛宾！说话声音也像。'"王海成拿出大型画册《永远的王洛宾》，翻到西北抗战剧团 1938 年在兰州的合影时，洛珊马上两眼一亮，指出了照片中的自己，照片上的人她都能叫出名字。"突然，她失声痛哭，哭得撕心裂肺。"

1941 年 3 月，一起生活了几年的王洛宾、洛珊感情破裂。他们在兰州报纸刊登了"联合启事"：即日起双方脱离关系，敬告亲友和各界周知。

"太阳下山明早依旧爬上来，花儿谢了明年还是一样的开，美丽小鸟飞去无影踪……我的青春小鸟一样不回来……"王洛宾搜集整理、改编的众多民歌中，《青春舞曲》是一首虽然节奏欢快，但却意味深长的歌曲。王洛宾当年在甘肃酒泉地区搜集到这首歌的原生态素材，回到青海西宁后，因与洛珊感情变故，才将它找出来，把自己痛苦情绪隐隐地编织进去。

1946 年，已经再次成家的王洛宾剪掉了贴在日记本上的洛珊的玉照，但随即又写上"缺难补"三个字（梁衡《追寻那遥远的美丽》）。可想他心中是怎样的剪不断，理还乱。直到 1946 年王洛宾已是妻儿满堂，还为洛珊写了一首诗歌《你是我黑夜的太阳》：

你是我黑夜的太阳
永远看不到你的光亮
偶尔有些微光
也是我自己的想象

你是我梦中的海棠
永远吻不到我的唇上
偶尔有些微香
也是我自己的想象

你是我自杀的刺刀
永远插不进我的胸膛
偶尔有些微疼
也是我自己的想象

你是我灵魂的翅膀
永远飘不到天上
偶尔有些微风
也是我自己的想象

　　1975年，王洛宾帮助新疆第一监狱排一段河南豫剧，因手上没有豫剧本子，他忽然想起第一任妻子洛珊。从1941年在兰州离异后，他从没联系过洛珊。34年了，时光把他们都变成老人，有什么恩怨不能释怀呢？王洛宾按照解放前的地址"开封市东大街12号"，试着写了一封信给洛珊，除了问好，还请她帮着找几个豫剧本子寄给他。开封那里很快就回信了，仍然健在的洛珊给王洛宾寄来了一个包裹，里面有河南豫剧的剧本，还有一点食物和一条绒裤。

（言行、王海成著《王洛宾》）。这让王洛宾感到很宽慰，两个人都为对方仍然活着而高兴和感叹不已。后来，王洛宾和洛珊曾有过几次书信来往，但至死两人也没有再见过面。1996年3月王洛宾病逝于乌鲁木齐，1999年12月，洛珊病逝于故乡开封。

李静之：为民前锋担道义

他是河南南阳一家民营小报的社长，在国民党的新闻封锁下，1942 ~ 1944 年他接连不断地发表过 10 多篇灾区系列通讯报道和 70 多篇呼吁救灾的社评和时论。因为这家报纸在河南，这些对河南大饥荒的报道更具体、更深入、涉及的范围更广、报道的时间更长，为今人了解这场大灾的真相以及为后世研究者提供了重要的历史依据。20 世纪 40 年代他一度在开封开展进步活动，中华人民共和国成立后，他在开封工作，曾担任河南

李静之（后排左一）与众友人合影

省教育厅秘书，省会迁郑州后一直在"民革"河南省委员会工作，任民革委员兼宣传处长。20世纪80年代以后，任河南省政协副秘书长、"民革"中央监察委员会委员，河南省文史资料研究会副主任等。他就是李静之。

一

李静之1901年出生于河南方城县一个书香门第，受"五四"思潮的影响，较早接受了爱国民主思想。1923年，他考入上海国立政治大学，1928年又考入北京大学国学门研究生。1932年他回河南，曾在河南省立第一高级中学校任教（1933年该校改为"河南省立开封高级中学校"）。1934年至1941年，一度步入官场，先后任河南省第六行政区督察专员公署秘书和河南省建设厅主任秘书。但他感到，"办一张报纸宣传抗日救国，作用要大得多。"不久，便辞去官职，于1942年元旦在南阳创办《前锋报》，自任社长。"前锋"二字取于孙中山先生的"咨尔多士，为民前锋"一语，报头题字是从南宋抗金英雄岳飞的《请停止班师表奏》草帖上集下来的，其办报宗旨是"仗义执言，为民前锋"。《前锋报》开始筹备的时候遇到地方反动势力的捣乱。用孙中山先生的遗言"为民前锋"，反动势力无可挑剔。李静之具有较为丰富的政治经验，为了在反动势力压迫下求生存，他与国民党上层人物也不乏交往。如当时南阳驻军的最高首脑、第二集团军总司令孙连仲，就公开表态赞赏支持《前锋报》，而孙连仲的态度，又与他的机要秘书、中共地下党员丁行等人的影响是分不开的。《前锋报》的编辑多为进步青年、大家团结一心，把报纸办得有声有色，经常发行万份左右，在豫、陕、鄂相毗邻地区的各阶层读者中，享有很高声誉。被誉为"小公报"和"河南的《大公报》"，新四军的《七七报》和重庆的《新华日报》都曾给它来函鼓励和帮助。

《前锋报》创办不久，就遇到了河南大灾荒的发生。这份地方民营小报表现出了惊人的胆识。1942年7月24日，《前锋报》就呼吁"在集镇，在村庄为灾民设过夜临时宿所"。发出"灾象已成，迅谋救济"的警报，呼吁政府未雨绸缪，拿出统筹的救灾办法。随着灾情的发展变化，不断提出各种建设性的救灾意见。社长李静之写了大量的社评，从当年的社评中，我们可以

风骨文章屹风雨

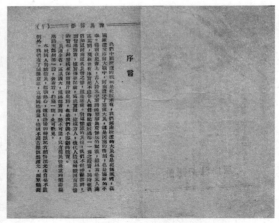

《豫灾剪影》封面　　　　　　　　　《豫灾剪影》李静之序言

看出，《前锋报》对国民政府的态度，是从希望到失望，从失望到愤怒。《前锋报》提出的许多好的建议没有被当局采纳，他们那种强烈的社会责任感，为民请命的勇气，今天读来，仍能令人肃然起敬。

《大公报》因报道河南大灾被蒋介石政府停刊3天，面对国民党的新闻封锁，李静之大胆在《前锋报》开辟"本报灾区通讯"专栏，1943年4月至5月，《前锋报》连续报道了该报"特派员"李蕤先生自1943年3月25日至4月20日骑自行车从洛阳沿陇海路东行，深入灾情严重的偃师、巩县、汜水、广武、郑州等处实地采写的系列通讯。后来这写成的10多篇灾区通讯，被李静之于1943年5月汇集成册，名为《豫灾剪影》，发行2000册。李静之在《豫灾剪影》序言中写道："河南遭受了空前大灾，这是河南的浩劫，也是国家的不幸。从前在史书上、古人诗文中看到的形容灾荒惨状的记载，总以为是文人过甚其词，现在竟有事实把不能令人相信的记载状述都一一为之证实。同时使我们知道河南这次灾情之惨，确是空前。对这惨重的灾情，我们不但呼吁救济，而实地看看，据实择要记载，写成实录，使远方人，后代人借以明了河南灾情的实相，并替国家保留几片段史料，也是我们义不容辞的职责。"《豫灾剪影》成为记述1942年河南大饥荒的最为充分的历史文献。

二

　　抗日战争胜利后，《前锋报》负责人李静之认为郑州交通便利，有发展前途，决定将《前锋报》迁郑州出版，仍保留南阳版，并派人到上海买印刷器材，到郑州筹建社址。由于郑州的国民党党部和三青团暗中捣乱，开封《中国时报》董事之一张轸便劝李静之与《中国时报》合作。《中国时报》社长郭海长在日本投降时同李静之在西安也商议过联合办报之事。《前锋报》总编辑孙良田、主笔李蕤和《中国时报》的郭海长、刘国明、梁建堂等都是十分熟悉的好朋友，彼此也曾谈到过联合办报的事。一切都是不谋而合，于是经过初步协商，李静之、郭海长提出了办《中国时报前锋报联合版》的建议。因为都是追求进步的革命人士，他们没有片纸合同，也没有任何条件，只有彼此思想一致、志同道合这一稳固基础。《前锋报》把从上海买来的印刷设备运到了开封，1947 年元旦《前锋报中国时报联合版》正式创刊。

《前锋报中国时报联合版》报社旧址

风骨文章屹风雨

联合版创刊之初，李静之在开封一度遇到阻挠。当时河南省三青团一个干事长是李的老乡，河南省三青团办有《正义报》，该干事长再三找到李静之，要求《前锋报》与《正义报》出联合版。或者取消《正义报》，只用《前锋报》的报名，由李静之全权经管，三青团决不干涉，李静之没有同意。李静之原来在北京大学的同学也几次来信劝他《前锋报》要出就单独出，不要与《中国时报》联合，说《中国时报》社长郭海长是共产党员，《前锋报》的编辑人员中也有人被怀疑为共产党，两报联合，更惹人注目。"郭海长有个监察使爸爸，你李静之靠的是什么人？"最后一次谈话不欢而散，李静之坚持自己的选择。

三

1947年底中共地下党员李铁林被捕，郭海长被迫离开开封躲避风头儿。郭海长面见李静之，请他回到开封主持联合版，李静之还未动身，豫鲁监察使郭仲隗也因此事急电李即去开封。郭海长春节前返回开封之前的时间，联合版一直由李静之主持工作。

1948年初，中共冀鲁豫中央局城工部派来了方敬之同郭海长联系，准备策反张轸，《中国时报》《前锋报》在开封出联合版，河南省参议会议长刘积学和张轸都是联合版的董事，他们私交很深。刘积学倾向中共，张轸那时是第5绥靖区的司令官，住在信阳，同时兼华中"剿总"副总司令。李静之提出要劝张轸起义，但是谁去最合适呢？刘积学年事已高，加上铁路中断、交通不畅，不便前去。大家最后考虑到李静之最合适，李静之思忖再三、不顾自身安危毅然决定接受这一任务。6月10日李静之由开封飞至上海先找到王友梅，然后与方敬之一起到信阳。李静之带着刘积学写给张轸的亲笔信，陪同方敬之在信阳同张轸密谈了两次，后来张轸派他的女婿张尹人作代表与方敬之一起到中共中原局去谈判。任务完成后，李静之处境十分危险，于是方敬之就陪同李静之在1949年1月初进入了开封解放区。

李蕤：以笔为旗化流萤

　　李蕤，原名赵国恩，字惠岑，后改名赵鸿恩、赵慧深、赵悔深，1911 年 9 月出生于荥阳县佛姑洞村。他是河南籍的一位著名作家，1942 年河南大饥荒中化名"流萤"为民请命、写出一系列灾区通讯。他与开封有很深的渊源。从青年时代到解放初期，李蕤前后在开封断断续续生活了 15 年左右。20 世纪 30 年代至 50 年代，他在开封读书、教书，"做过小职员，办过报纸，从事过文艺活动，失过业，挨过饿，坐过牢，受过各种各样的痛苦与折磨，也最早迎接这个城市的解放，亲尝过在这里劳动的幸福和喜悦"。他"像儿子怀念母亲一样，萦念着这个城市"，曾写下《怀念开封》的散文，寄托"归思难收"的情感。他一生中最宝贵的年华都是在开封度过的。

李 蕤

—

　　从 21 岁起，李蕤便在开封生活，大街小巷都留下了他的足迹，风晨雨夕都留下了难以忘却的回忆。

风骨文章屹风雨

李蕤 1932 年洛阳师范学校毕业后，秋季考入河南省立第一师范学校后期班（相当于高中的短期师范）。当时省立第一师范名师云集，李蕤班上的三个国文老师，一个是 20 年代以小说蜚声于文坛的叶鼎洛，一个是绿波社早期成员，后被称为"魔鬼诗人"的于赓虞，一个是新月社的骨干梁镇。三位国内一流的文学名家汇聚开封，对李蕤而言，是一生最难得的"文学"机遇。1932 年 10 月，李蕤同几个热爱文学的同学从每月的津贴中拿出部分费用租用《河南民国日报》的版面，创办了《晨曦》文艺副刊，叶鼎洛负责小说的指导。入学的第二年，学校组织了一次论文比赛，李蕤获得了第二名，于赓虞先生把获奖作品放在礼堂里展出。李蕤的作品引起了时任《河南民国日报》总编辑冯新宇的关注，冯是中共地下党员，他利用总编的身份引导爱国青年借助文艺的形式抒发忧民之心，注重学习新文艺理论，李蕤这帮文艺青年很快向左翼文学靠拢。借《河南民国日报》副刊版面，李蕤与同学合办了文艺刊物《河畔》。在开封，李蕤的文学才华得以施展，后来，他与进步文艺青年一起又创办了《瀚海》《山雨》等文艺期刊，为开封这片新文艺的沙漠，开垦出一片片绿洲。

在开封，李蕤在课余时间到"英语夜校"补习英语的时候，结识了开封女子师范学校的学生宋映雪，她是学生会主席。那年的夏天，开封大中专学生组建"青年抗日救亡委员会"，成立仪式在书店街的一家基督教青年会举办，李蕤的演讲和英俊的相貌赢得了宋映雪的芳心。有缘的是他们二人被分到一起编辑《青年之友》。于是，在以后的日子里，禹王台的秋色、潘杨湖的波光、龙亭前的龙墩都见证了他们的浪漫，两人后来还作为"争取参观旅费和行政人员资格代表团"的学校代表与教育厅交涉。1935 年，李蕤加入了北方左联。毕业后，他与宋映雪合编《河南民国日报的》的《妇女周刊》。一二·九运动爆发后，开封市的大中学校的学生，闻风而动，纷纷走上街头游行示威，在冰天雪地中卧轨请愿，呼吁抗日。李蕤以笔为旗，积极撰文支持学生爱国运动，揭露当局的残酷和凶残。

1936 年夏，李蕤考入河南大学文史系。10 月 19 日，鲁迅先生不幸逝世，第二天，李蕤得到消息后悲痛欲绝，连夜写了《悼念鲁迅先生》，这篇声泪俱下的纪念文章，是河南文艺界哀悼鲁迅先生的第一声。10月25日，李蕤积极策划"开封文艺界鲁迅先生追悼会"，顶着国民党当局的高压，嵇文甫、叶鼎洛、张长弓等知名人士和众多学子积极响应，追悼大会在开封水利工程学校成功举办。这次追悼大会，是河南省各界动员抗日的誓师大会，为抗战爆发后河南文化界抗日民族统一战线的建立打下了良好的基础。

二

在开封，李蕤参与了《风雨》周刊的采编工作。1938年春，李蕤作为战地记者参加徐州会战，经历8昼夜突围后，发现开封沦陷，就暂别了开封，这一别竟然7年。1942年冬天，他因事到西安，途经河南。目睹河南灾民惨状，奋笔疾书写下通讯《无尽长的死亡线》，后刊发于《前锋报》。1943年春，《前锋报》社长李静之给李蕤写信，提出想请他到灾情最严重的陇海线走一稿，为报社新辟的"灾区通讯"专栏写稿，他毅然应允。骑着一辆旧自行车，他从洛阳跑到郑州，又从郑州南下，去到汝南，把沿途所见听闻所感，如实作了记录。一篇又一篇署名"流萤"的灾区通讯接连发表，触目惊心的灾情，真切感人的描写，揭开了河南大饥荒的真相。

1946年，李蕤回到了开封，继续从事新闻工作和文艺工作。并着手筹备南阳《前锋报》与开封的《中国时报》联合版事宜。1947年元旦，《中国时报前锋报联合版》正式出版，李蕤任主笔并负责文艺副刊《春蛰》。李蕤在《发刊词》中写道："所以取名春蛰，不仅意在希望我们一群笔人，生命开始解冻，同时亦意在希望从今天起，万有的生物都有了活气，击退阴沉死寂的残冬，唤召来万卉齐放的春天。"5月30日，河南大学的进步学生举行了"反内战、反饥饿"的大游行，一批进步青年被开封警备司令部逮捕并实行新闻封锁。李蕤冒着生命危险到河南大学采访，写了揭露当局用美式手铐逮捕学生的通讯，以《大公报》特约记者的名义，向《大公报》发去专电，并在"联合版"上发表。6月1日，开封国民党当局为阻止学生罢课，实行全城大逮捕，抓捕了100多名进步学生和各界进步人士。发行人郭海长提前知道了消息后，与李蕤等人商量对策，决定不逃不躲，以守为攻，抢先在报上揭发河南省省府秘书、合作事业管理处处长田梦嘉贪污案一事。这样，即使被捕，可以认为当局"挟嫌报复"，以便抗争。李蕤熬了一夜写就社论《整肃贪污》。文章多处提到田梦嘉"威胁本报，态度强横"，"风闻正谋予本报以不利"。社论写完发排时，军警包围了报社，李蕤等人在印刷机旁被捕。开封市新闻界共有7人以"煽动学潮"罪名被捕，这就是震惊全国的"沙城七君子"事件。10天后，当局释放了他们，开封报界登报欢迎他们回来。李蕤原住在解元胡同的房子因漏雨，举家搬迁到南京巷子茅胡同的汜水会馆不久又遭遇军警的搜查。在郭海长的帮助下，买来到上海的飞机票，投奔萧乾去了。

三

他到上海投奔萧乾，住在章靳以家。后来，萧乾介绍李蕤到当时的北平《新路》杂志当助理编辑。离开开封后，李蕤甚为怀念开封的编辑同仁，他给同事刘国明写了一封信，诉说"荒落"之苦。他在每一个经过的地方都挂念开封的消息，都给同仁写信，但是却没有读到从开封寄来的"只言片语"。

1948年6月21日，开封第一次解放。6月26日，中国人民解放军撤出开封，一大批知识分子奔赴解放区。李蕤在《新路》杂志社里，一直关注着河南的局势。得知上面的消息后，他毅然辞去了工作，于8月带领全家奔赴豫西解放区。他在途中写下的《水终必到海》一文，刊发于《豫西日报》，后被新华社转发。李蕤号召知识分子打消投奔解放区的顾虑："人们的力量，新生的事物，正以排山倒海之势向陈腐的一切进军，而反人民的力量，也在尽一切可能作垂死挣扎。每一个人都置身分水岭头，不是服务人民、帮助新社会的诞生，便是做黑暗势力的垫背、进步社会的阻路石，二者必须选择其一，任何人不能例外。"

1948年10月，开封第二次解放，李蕤重返开封并加入了中国共产党。这次，他是随吴芝圃一行进入古城的。开封是他求学、工作过的地方，是他恋爱、战斗过的地方，是他办报、坐牢的地方。望着熟悉的街道，闻着流溢的菊香，想着走过的沧桑和流年，他感慨万千。他"1948年11月6日《开封日报》创刊后任副刊编辑主任，列席社委会"，《开封市新闻志》上这样记载。编辑副刊是他的老本行，组稿写稿更是轻车熟路。当时《开封日报》副刊名叫《大众园地》，稿子多为南下干部的感想文章。1949年3月28日，中原文艺工作者代表大会在中原大学召开，大会决定成立中原文艺协会筹备委员会，李蕤是15名筹备委员会委员之一，任常委。4月，他离开开封日报社，到中原大学研究班学习。6月，《河南日报》创刊后，李蕤主编《河南日报》文艺副刊。那是一段激情燃烧的岁月，每一天都有新感觉，每一周都有新收获，每一个月都有新变化。1949年7月，李蕤作为中原文学界的代表之一，到当时的北平出席第一次全国文代会。文代会一结束，他便立即投入到筹备河南省文联的工作中去。当时河南省文联筹备委员会的办公地点在三圣庙街省总工会院内，条件十分简陋。李蕤作为河南省文联筹备委员会的专职副主任，求贤若渴，四处邀请名家到河南。他四处奔波，为汇聚河南的新文艺骨干力量而不懈努力。他通过吴芝圃向中组部提出请求，把当时在华北大学创作组的苏金伞挖到了开封。之后，徐玉诺、青勃、栾星、姚雪垠等被调入河南省文联筹备委员会，连当时的青年作家何南丁、郑克西、庞嘉季等也被调来了。1950年1月和3月，《翻身文艺》《河南文艺》分别创刊后，李蕤任主编。

1952年春李蕤（左一）、逯斐、巴金、菡子、黄谷柳摄于朝鲜前线

1982 年宋映雪与丈夫李蕤摄于河南鸡公山

朝鲜战争爆发后，河南省文艺界成立了抗美援朝宣传委员会，李蕤任副主任委员。他积极投入到群众宣传运动中，和其他作家一起编写了一大批具有爱国主义和国际主义精神的作品，到 1951 年 6 月出版了"反美侵略小丛书" 19 种，1952 年出版了"抗美援朝文艺小丛书" 30 多种。李蕤坚持贴近民间，写了河南坠子《快打美国狼》、河洛大鼓《杜鲁门求神》、快板讽刺剧《杜鲁门求神遇鬼记》。李蕤创作的这些作品十分受欢迎，到处传唱。但是李蕤并不满足，他觉得这些文章缺少真实的生活，远远不如当年他在河南大饥荒中采写的"灾区通讯"真实有力。机会，终于来了。

四

1951 年 11 月，胡乔木在北京市文艺界整风学习动员大会上作了题为《文艺工作者为什么要改造思想》的演讲。他认为当时的文艺界资产阶级、小资产阶级思想严重，因此首要任务便是确立工人阶级的思想领导，进行文艺工作者的思想改造。时任中华全国文学工作者协会（中国作协的前身）副主席的丁玲在给巴金的信中说要贯彻胡乔木同志指示，组织作家到工厂、朝鲜战场。1952 年年初，全国文联计划组织文艺家访问朝鲜。李蕤到北京报名参加的时候，丁玲关心地问："李蕤同志，你上有老、下有小，就不去朝鲜了吧……"李蕤当时坚定地表示，全家人都支持他。

宋致新老师给笔者提供了尘封多年首次公开的李蕤在朝鲜写的家书。从这些信件里，我们可以感知到，他在那个大时代中将个人命运与祖国发展紧密联系在了一起。如 1952 年 2 月 20 日，在去朝鲜之前，李蕤给家中写了一封信。

他在信中写道："全国文联秘书长现在是舒群，见面后很亲热。坐了一会儿，我就搬到后海北官房口 20 号文学研究所来。在这里，见到丁玲、巴金、古元、葛洛、马加、菡子、白朗、黄谷柳、西虹等同志，他们已经听了陈伯达同志的重要报告，学习了一个星期。"除了曹禺准备去工厂、马加准备下乡之外，当时大部分同志热切希望到朝鲜前线去看看，因为觉得机会不可再得。李蕤也想到前线去，"到战地去一下，对于自己的思想感情，会是很大的锻炼。自然，最后是完全服从组织的意见"。

全国文联组织的"朝鲜战地访问团"，有 18 名艺术家，组长是巴金，副组长是葛洛和古元，其他成员有白朗、王希坚、黄谷柳、李蕤、罗工柳、辛莽、菡子、逯斐、宋之的、寒风、西虹、高虹、西野、王莘、伊明等人。1952 年 3 月 15 日下午 6 点前，李蕤、巴金一行到达当时的安东 (今丹东)。

李蕤在 1953 年《人民文学》第一期发表的《在朝鲜前线八个月》中写道："我们第一批入朝创作小组，3 月 7 日离京，3 月 16 日过鸭绿江。开始是团体行动，离开平壤后，即分为两组……"古元和巴金各带一组。李蕤跟着巴金一组进入朝鲜战场西线。

李蕤跟着巴金初入朝鲜时，行程安排得很紧：3 月 22 日，中国人民志愿军司令员彭德怀会见了他们，给他们谈抗美援朝的意义，分析了国际形势，并且给作家们介绍了当前敌我斗争的态势。彭德怀给李蕤他们留下了诚恳、朴实、谦逊的印象，李蕤在《难忘的会见》这篇通讯中描写了彭德怀的形象。3 月 26 日，他们参加志愿军司令部欢迎"反对美帝细菌战调查团"大会。当时正是美国进行细菌战的时候，为了配合这一工作，巴金、李蕤等作家目击了美军细菌战的种种罪行，发出了在朝中国文艺工作者联名的抗议和声明；3 月 31 日，全体成员到平壤，在平壤参观，并于 4 月 4 日受到金日成的接见。后来，他们到开城中立区，又到前线各部队去……前两个月里，他们每天只睡四五个小时，后来到部队后情况好了一点，但敌机轰炸、暗炮打击等也随之而来。

李蕤在 1952 年 7 月 7 日写给妻子宋映雪的家书中，记载了当时的情景："(6 月) 28 日，我们（巴金、魏巍）一路，由军到师，在某师部住了一夜，便向

风骨文章屹风雨

阵地出发，当日便越过团、营，住到一个连指挥部的隧道工事里。当天下着雨，我们爬到山上时，衣服尽湿。第二天，我们又冒着大雨，穿过敌人炮火的封锁道路，到我们与敌对峙的某高地。一路上，我们趟过深没半身的河流，巴金同志还常常滑倒。但因为雨，炮弹还很稀少。7月3日，我们亲眼看到一次激烈的战斗，敌人就在我们山前一两里的小山包上发动进攻，打了两三千发炮弹，打了无数个烟幕弹，真是打得天昏地暗。炮火过后，敌人便发动冲锋，连续冲锋16次，但终于没有攻下我们一个班（12个人）坚守的阵地。敌人反伤亡四五十人，丢下很多武器。接着敌人来报复，12架飞机轮番来炸我们那天冒雨去看的那座山，结果被我们打落了两架。在这天的战斗中，对于近代化的战争，才算有了实感，也才更从各个角度看到我们战士高度的乐观主义，树立了牢不可破的必胜信念。"

巴金在1952年7月17日写给萧珊的家书中记载了他和李蕤在朝鲜的状况："这里离开城有两百多里路，白天热，晚上凉。但是我和李蕤同住一屋，是朝鲜老太太家，满屋都是小虫，我说是与小虫和平共处。"而李蕤和巴金、魏巍同在一个师部里，常常一同到前线采访，入夜敌机不断地来骚扰，写作环境十分艰苦。李蕤采写了很多素材，写出了一系列精彩的通讯。这些带着硝烟的作品大都刊发在《人民日报》上，深受读者的欢迎。1953年9月，李蕤报告文学作品集《在朝鲜前线》由中南人民文学艺术出版社出版，此书由古元设计封面。

李蕤常常抽空写很长的家信描述前线生活。每次魏巍一看到李蕤写家书，便开玩笑问："又写小说了，是长篇还是中篇？"李蕤则忙笑着说："短篇，短篇。"1952年中秋节，是罗盛教烈士纪念碑立碑的日子，场面十分隆重，附近的居民也赶来公祭。公祭的时候，各方面献的花，把罗盛教的墓变为花山。朝鲜政府已把埋罗盛教的山改名为罗盛教山，把他救朝鲜小孩崔滢的河改为罗盛教河。罗盛教的事迹在祖国也引起了轰动，许多青年写信给罗盛教的父亲，愿做他的儿子。崔滢也写信给罗老先生，表示要继承罗盛教的遗志，罗盛教的父亲也写信鼓励崔滢，愿意把这个朝鲜孩子当做自己的孩子。1952年10月6日，李蕤在家书中写道："中秋节夜，也曾想到你们，想着你们一定

1953年李蕤全家在开封合影

会念着我。但一想到罗盛教，想家的念头就淡多了。"

在朝鲜前线，巴金创作的《团圆》后来改编为著名电影《英雄儿女》，魏巍创作的《谁是最可爱的人》一时洛阳纸贵，李蕤创作的《青年狙击手》《张渭良》等作品也成了脍炙人口的佳作。

1952年年底，李蕤从朝鲜归国，开封人民群众像欢迎志愿军一样欢迎他回来。他只在家休息了一天，便开始到各个机关单位作报告，一天两场，嗓子几乎要讲哑了。

陈嘉庚：赤子丹心映海红

　　陈嘉庚是一位多方面的杰出人物，他既是 20 世纪 20 年代东南亚杰出的华人企业家，又是倾资兴学创办国内外各级教育机构的公益事业家；既是反对帝国主义侵略的爱国者，又是反独裁的民主斗士；既是坚持团结合作、维护世界和平的典范，又是华侨切身利益的捍卫者和代言人。他"毁家兴学，千古一人"的事迹感动中国，被毛泽东同志称赞为"华侨旗帜，民族光辉"。

陈嘉庚

陈嘉庚目光远大、刚正无私、忠贞不渝、意志坚定。周恩来、王若飞曾写祝词赞扬他"为民族解放尽最大努力，为团结抗日受无限苦辛，诽言不能伤，威武不能屈，庆安全健在，再为民请命"。1949 年 11 月初，他曾来到百废待兴的古城开封，视察教育界并发表演讲，留下了一段佳话。

一

　　陈嘉庚 1874 年 10 月 21 日出生于福建泉州同安县仁德里集美社，幼读私塾，"十六岁略有一知半解"。只知"天下"，不知有世界各国。17 岁时，他随父前往新加坡在顺安号米店学商。陈嘉庚目睹近代中国遭受的内忧外患，在海外亲历被人欺侮的痛苦，从此就立下了兴学救国的宏愿。20 岁的时候，奉母命回乡完婚，他在家乡就出资 2000 块银元，在集美创办了惕斋学塾。1895 年夏第二次到新加坡，继续从商。后来开拓橡胶种植业，发展橡胶工业和海运业，终于成为一位有成就的实业家。

身在南洋，心系祖国。他在 1910 年就加入同盟会并积极支持孙中山的革命活动。抗日战争爆发后，陈嘉庚四处奔走，团结南洋广大华侨，筹赈救亡，到处募捐，并组织大批华侨回国抗战。陈嘉庚在担任新加坡筹赈会、"南侨总会"的主要领导期间，常以"愿诸君勿忘中国"的格言要求自己，教育大家。他常说："我们如果终日只知发财，不知救国，纵然发了财，但做了亡国奴，有什么用？"他在新加坡领导抗日救国运动时，极少时间回家和家人团聚。许多爱国华侨赞扬他是一位"只吃素、不念经的爱国老人"，是一位爱国忘家、公而忘私的典范。据当时新加坡英国殖民当局的估计，陈嘉庚在新加坡和马来西亚期间曾先后领导和发动 30 多万华人华侨直接或间接参加赈救祖国难民活动，可见他的影响力和凝聚力。

1937 年 12 月南京失守之后，身为国民党副总裁的汪精卫，发表与日本和平妥协的卖国言论。陈嘉庚闻讯之后，发表一系列的函电及讲话，揭露汪精卫卖国求荣的可耻野心。东南亚各地华侨热烈响应陈嘉庚和南侨总会的号召，纷纷举行讨逆活动。1938 年 10 月国民参政会在重庆召开的时候，陈嘉庚在新加坡发回"电报提案"，称"敌未出国土前言和即汉奸"，获得会议通过。此提案的提出和通过，给投降派当头一棒。这个提案后来被著名作家邹韬奋称为"古今中外最伟大的一个提案"。

二

1949 年 9 月 30 日，陈嘉庚被举任中国人民政治协商会议第一届全国委员会常务委员。10 月 1 日，他参加中华人民共和国中央人民政府成立典礼，被选为中央人民政府委员、华侨事务委员会委员。10 月 30 日，陈嘉庚一行离开北京，沿津浦路南下，参观华北、华中和华南各省。11 月 4 日晨到达了

1949年陈嘉庚在新政协筹备会上演讲

开封。河南省主席吴芝圃向陈嘉庚汇报说"河南匪犯已肃清，小偷强盗近于消失，不虑抢劫。"陈嘉庚对这种现象表示赞赏。

来不及欣赏七朝古都的名胜古迹，陈嘉庚稍作休息后就开始视察开封教育界。据1949年11月6日《河南日报》载："中央人民政府委员、南洋华侨领袖陈嘉庚，及庄明理、张殊明三位先生昨日（5日）由刘副市长鸿文等陪同参观本市学校，自晨九时起，先后参观了开封女中、开封市干训班、开封师范等学校。"

陈嘉庚先生来开封参观的喜讯传来，古城人民热情四溢、热烈欢迎陈嘉庚先生一行的到来。11月5日上午，陈嘉庚先生在吴芝圃等领导同志的陪同下，跨进了开封师范学校的大门，罗绳武校长和其他校领导出来迎接。操场上，师生列队整齐，大家以雷鸣般的掌声欢迎陈嘉庚的光临指导。

陈嘉庚身材魁梧，身高在一米八五以上，面目白净，稀疏的浅黄色头发梳得整整齐齐。西装笔挺，皮鞋锃亮，虽说已经76岁了，但是精神矍铄，慈祥和蔼。省领导和开封师范学校的领导分别作了简短的讲话之后，陈嘉庚和翻译就一前一后跨上了简陋的讲台，他操着一口流利英语，为师生作了一场热情洋溢的演讲。每讲一段话之后，就退向一侧，由翻译人员用汉语重述。讲话中，他赞扬此次人民政协的民主团结，并着重说明在毛主席共产党的领导下，中国的进步是伟大的。最后他并勉励各位同学好好为下一代服务。他慷慨激昂的演讲了一个多小时，风趣幽默的话语，时时被热烈的掌声、笑声打断。

在开封师范学校期间陈嘉庚一行参观了教室、宿舍，询问了教学情况，期间还发生了两件趣事：一是陈嘉庚先生演讲完，休息的时候如厕，后脸有愠色，对陪同人员说："你们的厕所太简陋了，大便池既不盖土，又不加盖儿，连个隔墙也没有，彼此暴露，实不雅观。"陪同人员点头含笑忙作了一番解释。二是中午到学生食堂，发现学生蹲在地上正津津有味地就餐时，陈嘉庚先生询问伙食怎么样，一位学生拿起一个高粱面、小麦面做成的花卷馍说吃的很好。陈嘉庚接过馍看了看，又在鼻子上闻了闻，风趣地说："确实挺好，夹红糖的大馒头，吃着一定很香甜。"大家面面相觑，出于礼貌都强忍着笑，一位学生忍俊不禁，差点说出"这不是红糖，是咸菜！"后来有好事者编了一首歌，歌词最后几句是："开封师范好地方，老师学生一个样。伴着咸菜喝汤汤，吃的白馍夹红糖。"

当天下午，陈嘉庚一行还参观了河南大学。陈嘉庚在河南大学的演讲，阐述了三层意思：一是旧中国历届政府腐败无能，"弱国无外交"，广大华侨在国外"惨淡经营"的苦状。二是对于解放战争的伟大胜利，中华人民共和国的建立，感到由衷地高兴和振奋，坚决拥护中国共产党和毛主席的领导。三是继续大力支持中国人民的革命和建设事业。欢迎大会历时约一个小时，讲话不断被掌声和口号声所打断，整个会场气氛热烈、激昂。

时经训：长夜飞舞划夜空

时经训，一个遥远的名字，却一直沉睡在史书中。他以个人的博学和胆识开创了近代河南教育的新风，对地方教育的发展贡献很大，毕生事教，诲人不倦。他是河南学术界之重要人物，他阻止了外国人对开封文物的掠夺，惜天不假年，他似长夜飞舞的流萤，在黑暗中划破夜幕，书写了闪亮的诗行。

一

时经训，字志畬，同治十三年 (1874) 出生于开封市通许县时庄村。自幼敏而好学，稍长，举家搬入县城东大街居住。清光绪二十三年 (1897) 时经训参加科举考试，与开封人李国韶同为丁酉科拔贡。1901 年京师大学堂复办后，时经训考入该校师范馆，专习史地，于光绪三十二年 (1906) 毕业后，返河南省城，任开封中学堂监督，1907 年任邮传部主事，继任河南第二师范学堂监督（地址在贡院）。中华民国成立后，时经训任河南高等学堂监督。因在社会上颇有声望，他被推选为河南省教育联合会会长。在业务上，他教学认真，管理严格，河南才俊，多出其门。1912 年 10 月时经训被选为河南省临时参议会议长。1913 年 10 月，河南高等学堂奉命停办，时经训提议筹办河南公立农业专门学校，1913 年暑期开办，选开封繁塔寺二程夫子祠旧址为校址。购置实验仪器，欧美科技书籍，聘请国内外专家担任教授。时经训并在河南高等学堂内设立中学，加上原附设的中学班，又招 4 班学生入学，称河南省立第一中学（俗称老一中），时经训为校长。

后来，时任河南督军兼省长赵倜为培养政治、军事人才筹办育才馆，学制二年。学校开设课程较多，除法律民政之类外，还开设有史地课，特聘时经训为史、地教员。于是，时经训利用暑假，在鸡公山月余编成该馆教材《河南地志》一书。书前面是育才馆负责人韩运章写的序言，该书按照疆域人口、沿革、三山系、水系、行政区划第、古物、教育、财政、物产等章编写。采取章、节、目三级体裁，层次清、条理明，

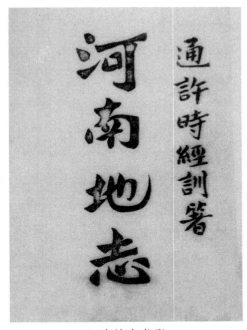

河南地志书影

井然有序，各章以纲带目，重点突出，简明扼要。时经训在此书凡例云："地理学为中国固有学术，以年来扰攘无人提倡学术之故致此学未能发达。各学校所用地理学本，陈陈相因，无甚精彩，著各省详细地志者，渺无其人。余不揣简陋，编辑此册，为各省倡"。

时经训以为古物、金石乃河南之精华，故叙述甚详，商代甲骨文片、邙山明器及墓志、洛阳伊阙、开封铁塔、繁塔、唐佛及铜佛、辉县苏门山几个重点，另附河南古物表，既突出重点，又不忽视一般，详略得当，注重实用。"此册为教授育才馆学员用本，以实用为主，凡关于社会风化一切事业，多明揭利害，指示论断，不稍避忌，未可以寻常教科书体律之。"

《河南地志》出版后，体例新奇，文笔简约，论证我国为世界之文明古国之说，为中外学者所叹服，一时洛阳纸贵。当时由挪威、美国传教士译成外文，传播欧美，深受欢迎。据孔宪易先生在一篇文章中介绍，该书外文译本中无"古物"一门。因自鸦片战争后，我国国势凌弱，古代文物、典籍不断外流，清廷及民国政府虽屡有禁令，实际上是一纸空文。"时氏的《河南

风骨文章屹风雨

地志》一书中，外文本无《古物》章，汉文本中有《古物》章，主要是怕给他们提供线索，给他们以掠夺古物的机会。"时经训在该书《例言》中也谈到这一点："初脱稿，适有挪威牧师，美葛博士译其国，渠非有重余著也。因其急欲调查吾国各省情形耳。渠等后，余点窜原稿过半，又增《古物》《交通》《物产》三章，故此册与译本不合。"

在育才馆讲课的时候，时经训讲述《河南地志》第七章《古物》时说："骨董商人，名曰龟版。罗叔蕴先生著《殷墟书契考释》，定为兽骨。"时经训化验后误将甲骨认为是竹简的化石，现在看来显然不妥。但在当时他却是较早介绍甲骨文的学者。董作宾奉母命游学开封，考入河南育才馆，师从时经训，从他讲授的课程中，首次知晓安阳殷墟出土有甲骨文字。可以说时经训是第一个向董作宾传递甲骨文信息的老师，无疑对后来毕生从事甲骨学的研究的董作宾起到了重要启蒙作用。

二

1913年3月20日，宋教仁在上海火车站遇刺后不治身亡。7月，河南为了支援李烈钧等发动的讨袁一役，在开封发动了炸火药局事件。事后袁世凯的嫡系河南都督张镇芳大肆搜捕国民党人。当时，时经训任教的河南省立高等师范学校（1912年由在原贡院的河南第二师范学堂，并入河南优级师范学堂改组而成）中有一些教员是国民党人，得到时经训的信息后事先逃走，为此，时经训当时受到了处分。

时经训慎交善谈，博览群书，专攻史地，喜游名山大川，尤嗜金石之学，常以金石所得与史地之载文相印证。教学之余，屡游龙门石窟，收集文物，潜心研究。他认为伊阙为拓跋氏文化之萃，数次亲往探求。民国六年（1917），河南博物馆馆长关百益与时经训一起评选，将龙门百品首次选评拓出，并将拓本择其精者装订成《伊阙魏刻百品》一书。该书宣纸线装，封面手书书名。时、关二人作序，序云："近人三百品、五百品之选玉砾杂陈，益无足取。则伊阙宗又刻其奇光，若隐若现，垂百十余年而无大著。"该书拓本自确定目录至监制，历时六年之久，时经训曾六次到洛阳现场考察。

时经训十分重视文物保护，他认为："河南为全国文明发源地，历代帝王之都，质言之，中国足以代表亚洲之文明，而河南尤足为全国文明之代表。其古物之遗留，即全洲、全国之精神所附依，豫人所当负保护之责者也。"1912年，加拿大传教士怀履光购买两通开封犹太人古碑后企图偷运出境，时经训知道消息后，四处奔走，多方发动开封各界群众，并发函电告知在北京的河南知名人士，迅速行动，阻止古碑外运。当时开封各家报纸多有所报道，如1912年12月20日《河声日报》、1913年3月6日、3月17日《时事豫报》等，当时开封民众群情激愤，满城又张贴了许多揭露此事的布告。迫于种种压力，"……典重名贵，如周鼎商彝之古碑"才得以保存下来。正是时经训挺身而出，大声疾呼，辞严义正，唤醒河南省当局及开封各界人士，力拒外运，使这两通开封犹太人古碑至今仍保存在开封，这是近代一位教育家为中国文化史上做出的卓越贡献。

这位富有进取心的爱国教育家，他一生还大力提倡社会教育，并主张"易其夙昔之帝国主义教育，为平民社会主义"。他还认为应当"普及如图书馆、公园、电影、小说、戏曲、演讲社……"

1919年，时经训因暴病而英年早逝。《嵩岳日报》对时经训去世进行报道的新闻标题为《时经训一病不起，胡石青长歌当哭》。1917年1月创刊的《新中州报》的创办人胡石青曾被赵倜关押在狱，时经训猝死后，胡石青狱中所作挽歌，中有一段言："曾忆数日前，君邀我作生前的铭，我请君作死后的结。孰料想，戏语口时谶，竟成了生死诀别"。

王冠五：誓与守城共存亡

我无意中得知抗日名将王冠五的故居就在开封，通过查找，三访花井街
40 号王冠五故居，终于找到了他的女儿王荫凤，她已过花甲之年，现在居住
的这个地方就是父亲在抗战胜利后购置的一座两进院的四合院旧址。1991 年，
后院的主房被改建成一座现代化小楼，院中再也找不到当年四合院的青砖灰
瓦了。而记忆并没有随着王荫凤的年龄而模糊，相反，几十年来，她越发怀
念父亲了。王荫凤说，听她的母亲讲，台儿庄战役胜利后，父亲不论走到哪里，
只要一提到他的名字或是有人认出他，都崇敬的不得了。战后，王冠五和妻
子一起回老家汝南，当地居民自发地打出横幅夹道欢迎他。"父亲是抗日的
英雄，他给我们树立了榜样，我们做子女的也没给父亲丢脸。"《开封市文
艺家辞典》收录有她的名录介绍，她曾是市政协委员。王荫凤出生于 1936 年，
与父亲王冠五一起生活过 13 年，在老人的回忆中，仿佛时光倒流，穿越时空，
回到了历史现场……

一

王荫凤说："我父亲身材较高，体魄健壮，浓眉大眼，两只眼睛炯炯有神，
看上去很威严。他写得一手好书法，喜欢京剧，喜欢下象棋。他的生活习惯
很好，从不睡懒觉，天明即起来练剑。不喜欢舞会、宴席、打麻将，而喜好
看书，有很深的古典文化素养，烟瘾大，喜欢吸雪茄，记忆中常见他思考问

题时叼着雪茄来回地踱步。"

王冠五 1899 年出生于汝南县三桥乡。王荫凤说祖父家比较殷实，祖父祖母一生操持家业，从严教子。王冠五天资聪颖，勤奋好学，初入汝南简易师范附小启蒙，后入私塾，读四书五经。在名师的训导下，深悟爱国爱民之道，熟知处事做人之方。他具有怜贫惜苦，同情人民的胸怀；也有刚正不阿，英勇顽强的性格，寡言而有雄心，稳重而有才略。青年时期，国难当头，军阀混战，排行老大的冠五，在父亲病亡后，不愿继承余荫，作纨绔子弟，毅然弃家从戎，入北洋直系吴佩孚军中当兵。王冠五胸有抱负、训练刻苦、成绩突出，加之有扎实的文化素质，很快得到了长官的赏识。不久转入西北军吉鸿昌部，历任班，排，连，营长。1922 年他随冯部参加了北京地区第一次直奉战争。1924 年 10 月又率部参加了"北京政变"。接着又参加了 1926 年 9 月的五原誓师及西安解围战。1926 年 10 月，入黄埔陆军军官学校高级班学习。其间，结识黄公略、贺国中等共产党人，接受了进步思想。1927 年 4 月，他率部出潼关参加了中原地区的北伐战争。1929 年，他随冯玉祥西北军参加了联合桂系李宗仁的讨蒋战争。1930 年 6 月，他率部参加蒋、阎、冯中原大战。中原大战冯玉祥失败后，他部被蒋介石中央军收编。1933 年 4 月，他被部队送到南京中央陆军军官学校高等教育班学习军事理论和指挥专业课程。抗战爆发后，任第三十一师九十二旅副旅长兼一八四团团长，三十一师上校师副。抗战期间，他率部转战于涿州、娘子关等地。在多次与小股日军交锋中，初露锋芒。因指挥有方，屡屡获胜，声誉鹊起。在打击侵略者的同时，也使自己所学得的军事知识在战争中得到了验证和运用，为后来指挥更大的战役奠定了良好的基础。

二

1937 年 12 月日军占领南京后，即决定完成对长江以北各战略要地的占领。其后，日军集结 24 万人兵力，于津浦铁路两段，南北夹击，呼应作战，会攻徐州。为了阻止日军进攻，国民党军事当局决定调集大军，在徐州外围进行会战。台儿庄是山东峄县南部运河边上一个不大的集镇，但却是徐州的门户，鲁南军事重地。它位于津浦线台枣（庄）支线及台潍（坊）公路的交叉点，扼着运河的咽喉，是日军进攻徐州的必经之路。1938年3月下旬，日本华北方面军第2集团军分两路向台儿庄进发。23日，日军矶谷师团派2000多人、20门大炮、10辆坦克向台儿庄发起进攻。中国军队奋起反击，屡退进逼之敌。诗人臧克家所写的《津浦北线血战记》是这样描述1938年3月23日台儿庄战役打响第一天的情景的："这时，守寨的兵力只有一个团，几次死拼，伤亡早已半数，王震团长也挂了光荣的彩。王冠五旅长代替了他的职务，他的镇静和勇敢，使得士气更旺盛起来。"

王冠五时任第三十一师九十二旅旅长兼一八六团团长，在台儿庄战役中任守城总指挥。坂垣征四郎和矶谷廉介两个精锐师团认为台儿庄背后为大运河，守军背水作战，一定不敢死守，先是万弹齐发，再以轻、重机枪作纵深射击。守城总指挥王冠五将军沉着指挥，待日军爬城及半时，机、步枪齐射，手榴弹齐扔。如此反复攻防，连日厮杀，双方伤亡惨重。巷战最激烈的时候，王冠五曾一日两三次被从炸塌的房屋中扒出来。

3月27日日军在9辆战车掩护下再次向台儿庄猛攻。北城墙被轰垮，200余名敌人冲入，被王冠五团全歼。日军又突破城东北角，守军第8连分

英雄王冠五（右）在台儿庄指挥了15天的对日军的攻势

台儿庄巷战，中国军队进攻日军一个据点

三路与敌死拼，将敌赶出，全连壮烈牺牲。日军不断增加兵力，加强火力，飞机、大炮昼夜轰炸，台儿庄成为一片火海。双方展开拉锯战，战况异常激烈。敌军突入北门，守卫北门的一个营官兵全体为国捐躯。28日晚，日军300余人从西北角攻入台儿庄，战斗进入白热化程度。敌人扔过来的手榴弹，守城战士捡起来再向敌人扔去。一时间血肉横飞、砖石腾空、尸山血海、惨烈空前。日军武器好、火力强且野蛮凶悍，中国守军则凭着强烈的爱国情怀和对侵略者的仇恨，用简陋的武器，以血肉之躯与敌拼杀。

3月29日，为坚定战士们守城信心从而与敌人决一死战，王冠五将军一边命令炸断运河桥，破釜沉舟，一边向下传令："宁同孤城共存亡，不与倭寇戴天地。"4月5日午夜，守军敢死队官兵扔掉了"重赏勇夫"的现大洋，57名敢死队员人人肩背长枪，手提大刀，身上挂满手榴弹，充满慷慨悲歌的英雄气概。入夜，台儿庄的西北角杀声震天，不善夜战的日军被中国的敢死队员砍得人仰马翻，鬼哭狼嚎。敌军血战数天，已精疲力竭，一面仓皇应战一面后退。经过几番厮杀，日军大部被歼。中国军队竟在短短一夜之中，一举夺回四分之三城池。

4月7日，台儿庄战役胜利结束，王冠五因功被提升为少将副师长。知

风骨文章屹风雨

开封王冠五旧宅现貌

名记者范长江、陆诒亲赴军中采访王冠五，范长江撰写了长篇专题报告《台儿庄血战记》，刊登在当时的《大公报》头版。4 月 12 日《新华日报》刊登了记者陆诒的专访，他写道："三十一师的王冠五旅长陪同我们参观战场。他边走边谈，告诉我们，当台儿庄巷战最激烈时，就是墙上一个枪眼，敌我双方都奋力争夺。一次，日军的枪刺已插进我军守卫的墙内，我们一个士兵毫不迟疑地把它捏住，刺刀刺破手掌，流血不止，他仍紧握不放，另一个士兵冲进邻室，用手榴弹把那个日军炸得粉碎。"战地记者赵家欣发在《星光日报》的文章还刊载了王冠五身着戎装的照片。

王荫凤给我拿出一封台儿庄大战纪念馆的来信，这封信是台儿庄大战纪念馆副馆长侯修谦在 2002 年写给王彤（王荫凤的侄子）的。信中有这样的一段话记录了王冠五的事迹，"您的祖父王冠五将军在台儿庄战役中任第五战区第二集团军第三十军第三十一师 186 团团长，其团指挥所安在台儿庄城内的清真寺内，清真寺距台儿庄的北城门不足二百米，日军主要进攻北大门，清真寺争夺得非常激烈。清真寺是目前台儿庄大战保存最为完整的战斗遗址，供游人参观的教育场所。展室内，有王冠五将军的戎装照及守卫清真寺的简况。"

1939 年，王冠五率部在豫东一带驻防待命，结识了豫东抗日游击队的主要领导人鲁雨亭。鲁雨亭当时为新四军彭雪枫部的游击支队第一总队队长，率有三个团的兵力。他们紧密配合，协同作战，不断出击日寇，建立了亲密无间的友情。在此期间，王冠五曾多次给这支抗日队伍资助粮草物资和武器装备。为此，彭雪枫将军也曾多次会见他，赞颂他的爱国之举和戮力同心、共同抗敌御侮之功。1941 年，鲁雨亭不幸遇难，他悲痛欲绝，亲往烈士家乡进行慰问，并把他们全家接到开封家中，主动承担赡养烈士全家老少七口人的重担。后来鲁的长女如贞，长大成人，和王冠五的儿子王荫槐喜结连理。

关百益：中原文博奠基人

如果不是开封市文物局在部分老房子门前钉上"不可移动文物"保护的铭牌，在无数次经过柴火市街 22 号那座老门楼前我仅仅只是欣赏建筑的美，一度忽视其中蕴含的人文价值。也许是开封有太多的老门楼的缘故吧。再次经过柴火市街 22 号，发现铭牌上标记为关百益先生故居，不由得肃然起敬。仔细观察，至今大门门楣上的砖雕"艮园"二字，尚能够看清。后来在开封大学东侧开封大学家属院里采访到了关百益的长子关立言教授。据关立言先生介绍，"艮园"有东西两个院落，东院即 22 号院，是一座二进四合院建筑，现除垂花二门拆除外，其余尚保持原貌，只是明三暗五的西屋上房南间屋顶塌陷无法居住。西院房屋保存比较完好，北边临街的二层楼房如今空闲，楼下开有大门，东、西两院不通。这种建筑格局在开封民居中还是不多见的。

关百益先生是河南省上世纪三十年代的著名学者，近代考古学的先驱，河南博物馆事业的奠基人之一。他学识渊博，著述很多。在河南期间从事文物收集和整理。他于史学、金石学、考古学、甲骨学、方志学等方面皆有深邃的造诣和卓绝的创见。他对河南博物馆的创建与开拓作出了重要的贡献。

一

关百益，名葆谦，字百益，原籍吉林省长白县，满族人。1882 年关百益出生在开封。关百益先祖于清康熙时期，随八旗军入关，初居北京，后派往开封。关百益的先辈是享受特权的旗人，随着清王朝的灭亡开始过着平民生活。1907 年，关百益毕业于京师大学堂，毕业后在北京工作，曾任北京第三中学堂校长，北京第一中学堂校长，兼任八旗高等学堂校长。1913 年，任北京内务部古物陈列所参事，1917 年回河南开封，受聘于河南省教育厅，历任河南省教育厅公署科员、河南优级师范学校校长、河南省立师范学校校长、河南省立第一中学校长、河南省省长秘书、河南博物馆馆长和河南省通志馆编纂等职。

　　1929 年，关百益受聘为河南博物馆编辑。1930 年 12 月 23 日河南省教育厅委任关百益为河南博物馆馆长。当时河南古物保存委员会与民族博物馆并入河南博物馆。河南博物馆创建于 1927 年 7 月，是我国成立较早的博物馆之一。馆址初设在开封市原河南法政学校旧址 (今三圣庙街)。他到职后，采取一系列建馆措施，协助教育厅制定出《河南博物馆组织条例》。此为河南博物馆建馆后的第一个条例，也是中国博物馆系统较早的法规之一。明确博物馆的宗旨为："一、发扬固有文化；二、提倡学术研究；三、增长民众知识；四、促进社会文明"。

1931 年河南博物馆职员合影（前排居中者为关百益）

关百益十分关注专业人员的培养，当时馆中有古物研究员、植物搜集研究员、动物搜集研究员、植物和动物练习生及一些技术员。关百益重视文物的征集和收藏工作。设立了保管部、搜集研究部两个大部。当时河南博物馆馆藏文物，有青铜器、甲骨、金石、陶、瓷、玉、牙角等物。1931年至1935年间，各方赠送博物馆的物品，还有动物、植物、矿物标本等。馆藏文物琳琅满目，荟集于一堂，成为中州古代文化之大观，当时馆藏文物之丰富，有"统中国博物馆所藏物品，自价值论，除故宫博物院外，河南博物馆，堪居第二之位置"的赞誉。

关百益任期5年间，收集保藏的历史文物达数千件。特别是1935年至1936年，馆藏之新郑古铜器中，有八件展品，送英国参加伦敦"中国艺术国际展览会"展出3个月，这是河南博物馆第一次出国展览，也是西方国家第一次接待中国文物展览，对宣扬中华民族的悠久历史，提高中华民族的自尊心，都取得了良好的效果。这批文物出国前，曾在上海展览6个星期，自英国伦敦返回后又在南京展出4个星期，深受国内外观众的赞赏。

关立言说，他的父亲曾经教诲他说，有两件事最好不要涉及，一是募捐，二是放赈。这两件事最后都是说不清楚的事情。"我父亲到伦敦参加文物展览，当时华侨热心支持中国文化事业，曾募捐一些钱财给河南博物馆，我父亲无法拒绝，没想到回来却因募捐账目不清而遭到弹劾。当时募捐有的华侨只是给了捐赠数目，并不一定都如数捐款。"

二

20年代关百益便致力于金石研究。1930年9月编著出版《南阳汉画像集》。鲁迅致台静农信中曾说："南阳石刻，关百益有选印（中华书局出版）……"关百益对河南省的重要石刻及博物馆藏石刻进行了系统考证。1922年3月，在调查开封繁塔宋石刻后，关百益又编著有《繁塔石墨撷英》一书。其序云："繁塔虽残废，尚有宋刻多种，散置于洞壁盘登间，然墨本流传甚少，艺林引为憾事。壬戌三月，余同祖徕宗怀璞，耤灯甸甸而进。上下内外凡是足迹能到之处，无不备至。共寻得一百六十品，略加考证编成《繁塔石刻志》二卷，置诸书笥（sì），因人事纷繁未及付梓。"

1932 年，关百益自洛阳张钫那里得汉残石百余块，经筛选，择其精华，选一至九字者 60 余块，以行字寡多为次序，编成《汉熹平石经残字谱》一书。这些石经残片，可补七经之阙，备史家之考。为研究汉熹平石经提供了实物资料。关立言说，《汉熹平石经残字谱》就是他们自己家的"文化传薪社"印制的。"当时我父亲在西院挂牌成立了文化传薪社，有两台石印机和铅印机，并有摄影图片制版室，传播新文化，大量印制了不少开封地方文化小册子，如《繁塔》《龙亭》等，现在房屋还存在。"关立言说，他父亲还对魏三体石经进行研究，著有《魏正始石经残石影本附跋》《魏石经考》《魏三体石经残石释证》《魏正始石经春秋尚书残石跋》《魏三体石经尚书春秋残石序例》等。为后世研究经学史、版本学、汉魏书法艺术提供了宝贵的资料。

1923 年 8 月，在新郑县城关镇李家楼一座古墓中，出土各种古器物七百余件，其中完整的青铜器亦有百余件。据一方盘铭文鉴定，古物皆为郑国宗庙祭祀遗物。这一重要发现，震动世界，为中外学者所关注。为此还成立了河南省第一个文物保存、管理机构——"河南古物保存所"和"河南古物保存委员会"，有力地推动了河南乃至全国金石学和考古学研究。当时驻新郑陆军十四师师长靳云鹗等人，曾用四个月时间，草著《新郑出土古器图志》公布于世。因书系速成，器物定名不准，且原器物未及修整，残破不堪，图版极欠清晰。经关百益认真审视这批古物，反复进行研究，又补充一些续收器物，编著成《郑家古器图考》和《新郑古器图录》两书。《郑家古器图考》是 1925 年编著的，书中以三礼名物制度与新郑出土古器物相对比，对新郑出土的 60 件古铜器的尺度、造型、纹饰及用途，进行了详细的考证。王国维、马吉樟持不同观点的文章皆收入书中，以供读者博览是正，为研究新郑古器物和春秋郑国历史提供方便。1929 年关百益编著的《新郑古器图录》共收录完整器物 93 器，分摄成 57 图编辑而成。内容选材准确，考证精密，所选器物均有名技师修理，图版特请北京摄影师拍照，并得康有为、马叔平、罗振玉、王国维等著名考古学家鉴定，为研究周代郑国史提供了清晰、准确的文物资料。此书比《新郑出土古器图志》更加完美。关百益的这两部书出版发行后，在学术界广为流传，影响深远。郭沫若在《殷周青铜器铭文研究》中云："新郑器物余均未见，近有关百益氏编著《新郑古器图录》一书，采收其青铜器93事，并别录考释诸事为一卷以附之，始得识其大略。"

抗日战争爆发前夕，中央研究院历史语言研究所对安阳殷墟曾进行 15次考古发掘。1929 年，在进行第三次发掘的时候，河南当局亦派何日章等人前往发掘。翌年春，又做第二次发掘。两次共得甲骨 3656 片，其中带字甲骨983 片。此后，关百益从中精选 800 片，编辑为《殷墟文字存真》1~8 集（六、七两集因故未出版）。此书拓印精细，图版清晰，是研究甲骨文字的宝贵资料。这批甲骨片，抗日战争时期，国民党将其运往重庆，1949 年重庆解放前夕，这批国宝又被劫往台湾。在大陆要研究这批甲骨文，关百益的《殷墟文字存真》，就成为唯一的可靠资料依据。他还将殷墟两次发掘所得的古器物金、石、玉、陶、甲、骨、牙、角、贝壳等，进行了整理、研究，编成《殷墟器物存真》（1~3 集），此书前有关百益序，中间为图版，后有各种器物之文字考释。

三

关百益曾师从著名学者罗振玉，与当时众多著名学者、国学大师等都有深交，如王国维、傅斯年、董作宾、于右任、康有为、郭沫若等，上世纪四十年代被作为中国文化名人列入《中国文化界人物总鉴》。关百益对龙门石窟的考察研究也较为全面。1935 年出版的《伊阙石刻图表》，其中造像图版，"采用清光绪三十年法儒沙碗所摄百十余，乃伊阙摄影最早而最完备者，又文字之记录，有二千二百余品之多，"是研究伊阙原貌的较早图书。1936年，他又到龙门考察月余，发现一批佛像、唐碑，拍摄照片 300 余幅，编成《伊阙古迹图》。他还著有《伊阙魏刻百品释证》《石华》《老君洞石墨撷英》《老君洞知名造像图谱》《初拓伊阙像文字百品》《龙门二十品释证》等。他多次参加《河南通志》的编纂工作，主编有 40 卷《河南金石志》。

1936 年关百益曾应晨光读书社邀请，主讲《考古学大意》，对考古学的定义、范围、方法等作了较全面、系统的论述。他把中国考古学的历史分为汉代、宋代及现代三期。将考古学理论与考古实践相结合写出《考古学大意》，发表在《河南博物馆馆刊》1936年第一、二、三期，考古学历史分期，丰富了中国近代考古学理论。

关百益书法多摹魏碑，擅长行书、楷书、隶书，风格雄厚质朴，净洁雅正，是民国间河南的大家。关立言至今还记得家中上房父亲所书楹联："祀祖宗毕恭毕敬，教子孙兴国兴家。"关百益一生收集、整理数千件金石、文稿、书籍、拓印，编著百余部著作。绘画颇有宋元之风，人物、山水、花鸟无不精湛，画风清新劲健，超尘拔俗。代表作品有《樊楼灯火图》《渑池石窟之图》等，影响极大，1935年《樊楼灯火图》获河南书画大展最高奖，曾刊载于影印的《河南书画展览会书画谱》。

1945年日军投降前，关百益执教于西北大学历史系主讲考古学、先秦文学、民俗学等课程。1950年前后患病瘫痪，1956年1月逝世于西北大学。

冯汝骙：满清殉葬第一人

省府后街的冯汝骙故宅，相传门楼高大雄伟、黑漆大门上镶有铜饰和铜钉。在上世纪 50 年代还可以呈现全貌，甚至四合院还比较完整。如今的冯汝骙故宅已经变成了大杂院，漫步其中，倍感苍凉，满目废墟，间或有人家居住，但已经不是冯家后人，唯一保留完整的是东北角后院的东偏院 3 间北屋，院中居民说冯氏孙女后人曾在此居住，现在也是铁将军把门了。《清史稿》有冯汝骙的记载："……武昌变起，下游皆震。南昌军相应和，胁汝骙为都督，号独立，峻拒之。赣人故感其贤，导之出。至九江，乃仰药以殉。"冯汝骙，留给民国一个决绝的背影，留给时代一曲最后的挽歌……

一

冯汝骙，字星岩，河南祥符人。光绪九年 (1883) 进士，授工部主事，旋充军机章京，累迁郎中。历任顺庆府、青州府知府，甘肃按察使、陕西布政使等。1905 年（光绪三十一年）任湖北盐法道，次年起历任安徽宁池太道、陕西布政使、浙江巡抚等。1908 年任江西巡抚。冯汝骙同袁世凯是故交，一生多得袁的提携。光绪初年，袁保恒在河南赈灾期间，作为举人的冯汝骙已同袁世凯叔侄有所交往。袁世凯抚鲁督直以后，冯汝骙一直是袁的属官，由山东青州知府调直隶大名知府。光绪二十九年 (1903)，由袁世凯保荐升道员，此后三四年间，冯氏官运亨通。冯汝骙在家中大排行（叔伯弟兄按年龄大小排列秩序）第九，开封人都称其为"冯九爷"。光绪三十四年（1908）任江西巡抚。此年江西铁路公司成立，他率先入股，以解筑路资金不足之困。在其倡导下，各县闻风认股近80万元，南浔铁路顺利动工。在任江西巡抚的时候，他整顿税务，"朝议方厉行新政，乃复察民情，量财力，从容施设，士民安之。"据说冯汝骙在江西担任巡抚一职时，年轻的冯玉祥将军曾登门认亲，祭拜冯氏家祖。但冯汝骙一心为官，拒绝了冯玉祥。

宣统三年(1911)，武昌起义爆发，各地纷纷响应。10月23日，九江宣告光复，并成立九江军政分府，拥马毓宝为九江都督。驻南昌混成协新军立即酝酿响应。他目睹形势巨变，急与兵备处总办张季煜以及藩司、臬司诸大员筹措镇压之策。决定遣臬台张检督师急扑九江"剿办"起义军；速调上饶防营统领刘懋政率部限期赶到南昌，以监视城外新军和城内学生动向；同时将混成协协统吴介璋软禁于巡抚衙内，并企图趁调陆军小学学生出城野操之际，亲率卫队收缴其全部子弹；并宣布从农历九月起，在省官兵

冯汝骙画像

一律发双饷。软硬兼施伎俩，为民众所察觉。10月30日，《自治日报》发表社论《满城风雨近重阳》，开头即言"满清政府从此长辞矣"。冯汝骏既难忘清朝厚恩，不肯反正，又鉴于革命力量空前强大，不希望违悖潮流，以糜烂地方。当夜，皇殿和抚院两侧的鼓楼、旗杆等被人焚烧，一时烈焰冲天。冯汝骙闻讯异常惊恐，急率亲信卫队打通洋务局墙垣，躲入厚强路附近的章姓店铺栈内。驻守在城外的新军五十四标马队营，在督队官蔡森率领下，越

风骨文章屹风雨

墙而入。城内陆军小学学生、测绘学堂学生和测绘司学员随即响应，驱逐守城兵士，打开城门，蜂拥而入。新军占领巡抚衙门和藩署、臬署，全城文武官员各自逃散。10月31日凌晨，总商会总理邹安孟、协理龚士才等获悉冯汝骙躲藏处，请他返回巡抚衙门，以维持治安。他说："要出去维持局面，当尽心而为；但要我彰明较著则不能。"又说："现在安庆、南京未动，江西兵不足恃，饷不足恃，万不能遽而现形。吾愿牺牲生命，不能牺牲名誉。到时兵饷不足恃，既已牺牲名誉，又要牺牲性命，我决不能。"后因革命党群龙无首，谘议局与各界革命代表会面，集议立冯汝骙为江西都督遭到拒绝。冯汝骙说："皇殿被焚，抚院被焚，秩序紊乱，岌岌可危。地方治安关系极大，我已无法维持，应由你们公推贤能负责撑持，我可避让。"声明完毕，乘即小火轮径往九江。

二

由于冯汝骙在任上颇有声望，士兵和百姓多存感激，便不再强人所难，护送冯汝骙离开江西。当时安徽还在清廷控制下，他想投靠安徽巡抚朱家宝。船过九江的时候，他的老部下、已是革命军九江都督马毓宝闻讯，率部下在江边迎接，请冯汝骙暂住。经再三恳请无效后，革命军将他抬到岸上，冯不得已答应下船看看，随马毓宝登岸，后仍戴红顶花翎，以表示效忠清王朝。九江革命军司令部安排他住在最好的花园别墅中，并派专人照料，但仍避免不了他的自尽。

《异辞录》卷四记载了冯汝骙之死的经过，在九江小住一周离别的时候，马毓宝亲自送冯汝骙到江岸，冯汝骙说"后会有期"。马毓宝误会，以为他要日后报复，剿灭革命党，怕有放虎归山之患。"忽忆中丞（指冯汝骙）与项城（袁世凯），儿女姻亲而兼乡谊"。于是马毓宝便令冯汝骙给袁世凯修书一封劝其招降，遭到了冯汝骙的拒绝。马毓宝便软禁了冯汝骙，不允许亲友探望。马毓宝知道冯汝骙素吸鸦片，为防意外，便令看守每日供给适量鸦片。一日，冯汝骙说，你们这么小气，每次只给一点，不嫌麻烦吗？"我给你银子，去给我买够3天的大烟。"看守没有介意，高高兴兴拿着银子到街上就买来

冯汝骙故宅仅存的东北偏房院子

了够他吸食 3 天的鸦片，冯汝骙趁人不备，吞食鸦片而死。清廷闻讯后"诏旨轸惜，谥忠愍"。家属收敛了他的尸体，又辗转北上，把他安葬在开封南郊小苏村的冯家祖茔。他是清朝最后一任江西巡抚，也是汉人官吏中为清朝殉葬的第一人。

三

据开封市文史研究专家王宴春老先生说，徐世昌的长女徐绪明嫁给冯汝骙第三子冯迪，此子鸦片烟瘾很大，1929 年冯迪病死。冯家大院大门原来有两块大匾，一匾系光绪帝所赐。所书何字，已经记不清；一匾，书"进士第"四字，黑底金字。据今年 60 多岁住在该院几十年的姚先生介绍，"进士第"的匾额在 1958 年街道成立大食堂的时候被拿去当案板了，下落不明。

冯家大院是三进院的四合院，院内房屋壮观，前廊后厦，推窗两隔，檐头脊顶还嵌有各式砖雕木饰，十分讲究和气派；东西厢房各分隔出两间，作为厨房及储藏室。冯家宅院的每个院落中原来还都配植有各自相宜的花草树

风骨文章屹风雨

木，环境优雅宜人，富有生活气息。"在大宅门上镶铜钉则很少见，开封它是独一份。"王宴春说。

王宴春说，冯家人才辈出，1918 年冯汝骙的二子冯遵移居北京，住东城东堂子胡同。冯遵毕业于河南法政学堂，曾任职烟酒公办局，后任民国徐世昌大总统府秘书厅行走。他文笔极优秀，中文功底深厚。冯汝骙的孙子冯纪忠是中国著名的建筑师和建筑教育家。他于 1936 年远赴奥地利维也纳留学，并获奥地利维也纳工科大学建筑师及工程师学位。1946 年，冯纪忠先生回国后，将城市规划设计首次带到中国，并且在同济大学创建了建筑与城市规划学院。他曾经担任中国科学院院士和美国建筑师协会会员，是中国现代建筑的奠基人和中国城市规划专业的创始人。

邹少和：豫剧史论开拓者

一直想写写邹少和，鉴于史料打捞的艰难和见证人的稀缺，两年来，这件事横在了我的心上。有人该问了，邹少和是谁啊？邹少和是谁，他是著名画家，工花卉，画风古拙清艳，名垂一时，他主张作画"以造境为上"。著名京剧艺术大师姜妙香、沈曼华、程砚秋、尚小云和著名豫剧大师陈素真均从其学画。他还嗜戏曲、精通音律，第一个写出豫剧史论专著。曾为陈素真修订剧本，斟酌唱腔。陈素真说"邹老为人耿直，绝不攀高结贵。"邹少和名垂梨园。

一

邹少和（1872—1945）本名邹廷銮，一字君辂，以字"少和"扬名于世。他祖籍是现在江苏省无锡。自幼跟随父亲游幕河南，定居开封。邹少和出身丹青世家，为清初著名画家邹一桂后裔，邹一桂能诗善画，尤擅工笔花卉，间作山水。邹少和的祖辈、父辈皆以擅绘花卉闻名。他自幼受家庭熏陶，加上天资聪颖，常写诗作画。清光绪二十八年（1902）秋，他在开封的河南贡院参加乡试，中第 389 名举人。邹少和常说："我这个举人是送上门的。"意思是说不出开封就中了举人。第二年他在开封参加礼部会试，没有考中进士。于是就进京报捐，得巡警部"警正"职。邹少和素喜清歌，酷爱戏曲，在京数年，"及游京华，观光上国，歌楼舞榭，履迹尤频"，他结识了许多

风骨文章屹风雨

剧界名流，如京剧界的杨月楼、汪桂芬、孙菊仙、俞菊生、王楞仙；梆剧界的侯俊山、田际云等。当时京剧如阳春白雪，而梆戏如下里巴人，他认为不该这样，艺术没有雅俗高下之分。应该兼容并包而不该有任何的歧视。

辛亥革命后，邹少和返回开封，任职河南省警务处，为省会警察厅"警正"。邹少和居住在开封教经胡同，写字绘画，与文人雅集，自得其乐。他书法流畅，不失沉稳，秀美却有刚健，既有钟王之意，更有唐碑之气。绘画研静灵秀、清新醇雅。在开封他与著名书画家祝鸿元惺惺相惜，二人结为义兄弟。邹少和的回归促进了开封本土的京剧、豫剧的发展，许多青年演员拜于他门下，除了得到其庇护援助之外，更多的是从艺术上得到指点。国民党北伐讨袁前后，邹少和脱离警界，受聘于开封面粉公司任秘书。工作之余，门庭若市，谈笑有鸿儒，往来无白丁。至民国二十二年 (1933) 开封剧坛兴盛，京剧名角纷至沓来，邹少和在北京很多年，京戏的名角有不少是跟他学画的学生。所以新朋故友不断来开封拜访他。1935 年程砚秋先生到开封演戏，首先看望的就是邹老先生。1936 年春，尚小云先生到开封演戏，也是先去拜望邹少和。梅兰芳来汴期间专程登门拜访，到邹少和家作画谈艺。与这些名角相见，邹少和一高兴就会画画相赠，每画毕，他常常会乘兴唱段京剧《卖马》《战太平》等自娱自乐。

二

当时开封，河南梆子名家荟萃，竞显技艺，邹少和虽喜欢京剧、梆子，却从不看坤伶演出。陈素真的《三上轿》在豫声剧院唱的满城叫好，他照样不看。他很怪，讨厌坤角。后来，这个多年养成的习惯被好友祝鸿元给改变了。一次祝鸿元向邹少和推荐陈素真说："陈素真这个坤角和别的不同，是谁看谁迷，越看越迷，你不看，当然不知道她怎么个好法了，你一看就相信我不是替她吹嘘了。咱哥俩打赌。"于是二人打赌，邹少和尝试去看陈素真的戏。不用说看三场，只看一次《凌云志》，他就迷上了。邹少和与祝鸿元十分欣赏陈素真的演技，当时大加推广，成了名副其实的"捧陈派"。在陈素真的嗓子出现问题的时候，邹少和收她为学生，传授绘画技艺，以培养陈素真的文化素养。陈素真在回忆中说：“我的嗓子坏了之后，我是天天都在邹老家，简直都成了邹老家的一分子，他二老无儿无女，真把我当成女儿看待了。邹老的画，在当时是首屈一指的。他和祝老是结义兄弟，祝老专善画山水，邹老的山水画虽是很出色，他在开封却是不画，只画花卉，那时的文士是多么的仁义啊！邹老为人耿直，绝不攀高结贵。”（《情系舞台——陈素真回忆录》）当时河南省主席刘峙请他画画，他婉言谢绝，有权有势者无论怎样邀请他，他都不画。如果是艺人求他画，却有求必应。陈素真在邹家天天看他老人家画画，她学会了磨墨，洗配色盘子。邹少和教她画牡丹、芍药、荷花、菊花、兰花、梅花、桃花等。

　　为了打造陈素真，邹少和与樊粹庭共研剧作，联合一批戏曲爱好者与樊粹庭合编新剧本，内容多针对国难当头的局势，激励人民保卫国土，保持民族气节。有时宣传禁毒及提倡女权等。邹少和还促进了京剧豫剧的交流，他把陈素真的拿手戏《涤耻血》剧本给了尚小云，后来改编为《绿衣女侠》，成了尚派的保留剧目。程砚秋拿自己私房戏《荒山泪》换走了陈素真的《齿痕记》。邹少和高度评价陈素真，说：“豫剧向无坤伶，近十年来始有之。就中陈素真者，为坤伶之翘楚。珠喉玉貌，举止娴雅，能造新音，尤工表演，一时以豫剧中之梅兰芳视之。”

早年陈素真演出剧照

三

　　1937年冬，邹少和“综平生之见闻，忆念所及，笔之于楮”，写成《豫剧考略》一文并石印发行。《豫剧考略》对豫剧的区域、派别、角色、词句、字眼、音调、板眼、乐器、剧目、名伶、班主、沿革等方面作了比较全面的介绍，概括了清末到抗日战争前豫剧发展的基本情况。在当时豫剧还不能登大雅之堂，那些所谓的文人学士不屑顾及的时候，邹少和就认识到了豫剧的艺术、文化价值并进行研究。他把豫剧名伶与京剧名伶一一作比较，"余所见及者，择优录之，拟以京班名伶，非溢美也。大净简客，嗓声洪亮，举止大方，如刘永春；段才、颜平，苍劲雄浑，如金秀山；红净张才，嗓音高亮，如孙菊仙；王海宴，苍老浑厚，身段稳重，如汪桂芬；老生秦大成，唱念做打，均臻绝诣，如谭鑫培；正旦郎高清圆委婉，如陈德林；秦金音如王瑶卿；李金城如朱幼芬；小生张小春嗓音清脆，扮相文雅，如朱素云；三花面李德魁，口齿清利，滑稽善谑，无俚俗气，如刘赶三；又如须生之李光苍，贯台王、张震中、庆贵、张同庆、张小乾、彭海豹、许树云；文武小生赵义庭；正旦石柳湘、王绪亭、李门搭、金钰美；小旦筱次、丙辰、三林、时倩云、阎彩云、刘荣鑫、聂良卿、玫瑰花，亦各有专长，皆名重一时。"他指出，"小旦李剑云，阳武人，天赋佳喉，清脆圆润，高下疾徐，婉转曲折，玑珠走盘，无不如意，又复善制新腔。自李氏出，剧风为之一变，优伶界中感叹为空前绝后之才"。他为豫剧存史立传，从此"豫剧"一词正式登上了历史舞台。

1938年6月，开封被日本侵略军攻陷，面粉公司停业，以前的好友王某多次拉他参加敌伪组织，他断然回绝。他赋闲在家，以绘画为生，甘于清贫，保持晚节，时作小诗以抒胸臆。桑凡先生曾受教于邹少和先生。沦陷期间，他见先生画一巨石，石前一人向石作揖拜态，章法颇奇。桑凡以为此画为米颠拜石图。邹少和先生说："你读读题的诗便知吾意。"诗的前两句是"破碎河山正费才，使君（指巨石）埋没卧荒苔。"因年代久远，桑凡先生记不清第三句了，第四句为："无数苍生望汝来。"流露了先生痛河山的破碎，盼有补此山河之巨石。

陈慰儒：曾经谏言花园口

双井街陈慰儒故宅，青砖灰瓦的老建筑依然华美，屋顶上的烟囱增加了建筑的层次美，后院在解放开封的时候毁于战火。前院保存十分完好，典型的中西合璧，主房明三暗五，正门为欧式风格，室内为木质地板，墙上有壁炉。庭中石榴树落英缤纷，东西厢房和倒座依然完好，房子当年是陈慰儒设计营建的，小院静谧温馨。在主房客厅，正对房门挂着陈慰儒的遗像，面容俊秀，神采奕奕。

一

陈慰儒 1895 年出生于河南信阳，曾用名陈汝珍，自幼聪颖好学，熟读四书五经。1912 年中华民国临时政府成立不久，河南教育界进步人士纷纷建议省政府设立留学欧美预备学校，向欧美派遣留学生。当年春，河南有识之士上书当局，力陈办学之必要，倡议效法欧美，引进西学，谋求强国富民之道。河南遂选择"河南贡院"东半部旧址为校址，8 月 25 日在开封《自由报》首次刊布了《河南提学司招考留学欧美预科学生广

陈慰儒

风骨文章屹风雨

告》。陈慰儒是首批考入河南留学欧美预备学校的学生，读的是 5 年制。从清朝过渡到民国，陈慰儒在良好的传统教育的基础上又系统接受了现代教育。在开封，在那个邻近铁塔的校园，他勤奋好学，孜孜不倦。1917 年，陈慰儒在河南留学欧美预备学校毕业后，与其他学生作为河南省第一批公派生到美国留学。1922 年毕业于美国伊利诺伊大学土木系。1922 ~ 1923 年在美国纽约州公路局工作。1924 年回国后，曾任中国华洋义赈总会河南分会工程师。

二

冯玉祥二次督豫时，他提出要破除迷信，砸庙毁寺。1929 年春，陈慰儒时任河南省政府建设厅四科科长，据河南省图书馆馆长井俊起回忆，一日井俊起正在办公，忽闻省政府废除寺庙，驱逐僧众。想起大相国寺乃千年古刹，古物甚多，藏经楼下有天然树根两株，东边的高约五六丈，西面的超过藏经楼，形似鸟兽、花木，十分奇特。八角亭中五百罗汉体态各异，为宋初曹彬自江南运来，中间千手千眼佛为一大银杏树雕成，壮丽精严、鬼斧神工，均富有历史艺术价值，不宜毁弃。他想去找薛子良进言，当时薛是河南代主席，又怕够不上话。正在发愁的时候，陈慰儒恰好过来，于是便与陈慰儒谈及保护古物的事情，想叫陈慰儒"将欧美保重古物非同迷信意旨与薛说明"，陈慰儒当时就慷慨答应，并立即乘脚踏车到省政府面见薛子良代主席。不久陈慰儒返回，无限沉痛地说："完了，完了。昨天已经动手，五百罗汉大部分已经融化铸造铜元了，两株形状奇异的根也毁了。"当时大相国寺计划改为中山市场，很多佛像都被毁。仅仅剩千手千眼佛，因为其外饰黄金，他们正在想办法怎样熔取，还未来得及毁掉。经陈慰儒向薛子良告知欧美各国重视古物的做法，建议应该予以保护保存。"薛采纳，令勿毁。"后来，薛子良又转请冯玉祥将军允许，千手千眼佛才得以保留下来。

三

1929 年 6 月，河南省政府将原设置的汽车路局、开郑路局和省建办事处一律裁撤，另组河南省公路局，隶属建设厅，负责道路修筑养护、汽车营运管理，陈慰儒是河南省首任公路局长。陈慰儒的一生还与水利事业有关。后来任河南河务局局长时，陈慰儒与他人编纂《豫河三志》于1931年冬完稿，1932年在开封出版。该书共12卷，12万字，分图、职官、工程、财政、附录、表等六部分。1931年11月，陈慰儒著《整理豫河方案》出版，书中拟定治理豫省黄河方案。主要为视察、测量、设计沿黄之堤坝，河道、灌溉工程及用款、利益概算等。1935年1月，国际联盟派荷、英、意、法四国水利专家来华，到开封视察黄河水性及埽垛工程。陈慰儒先生以黄委会河南省修防处主任身份参与接待并陪同他们现场视察。1935年1月19日，河南省河务局局长陈慰儒出席了全国水利会议。1935年2月受黄委会秘书长张含英之命参与编制《黄土河流预备试验和黄土沉淀试验计划大纲》，以备在中国第一个水工试验所正式成立之后率先进行试验工作。后来陈慰儒还任南京全国经济委员会专门委员、重庆经济部水利建设测量队总队长、河南黄河工程总局顾问、西安河防处处长等职。

　　1938年5月底，日军攻占商丘后继续西进，中国军事当局准备把郑州花园口黄河大堤掘开，想借此阻止日军。陈慰儒当时是黄河水利委员会河南修防处主任，受黄委会和河南省府双重领导，负责河南省境内的黄河修防工作。当兰封、考城相继失守之后，开封告急。5月31日，日军逼近开封近郊。6月1日，陈慰儒和黄委会总务处长朱铺到第一战区长官部见程潜。程潜说："蒋委员长命令掘开黄河大堤，放出河水阻挡日军。"陈慰儒是水利专家，当时就说："按照河工经验，农历五月晒河底，说明现在正是河南枯

20世纪30年代陈慰儒与母亲、妻子、孩子合影

风骨文章屹风雨

双井街陈慰儒故宅的四合院

水季节，流量很小。就是掘开黄河大堤，流量小，水流分散，也阻挡不了敌人。但是大堤掘开以后，口门逐渐扩大，难以即堵。汛期洪水到来，将给豫、苏，皖三省民众带来无穷灾难。"1933 年至 1935 年，冀、鲁两省黄河大堤曾经溃决多处，汛区民众田地、房屋、牲畜全被冲没，民众苦痛万状，惨不忍睹。陈慰儒说："现在掘堤，既不能阻挡敌人，又肯定会给千百万人民带来不可避免的巨大灾难，这是很不合算的。"程潜沉思良久说，等转报蒋委员长以后再作决定。2 日，程潜又传见陈慰儒和朱铺，说蒋介石想要日军知道黄河大堤开了口，这样以水代兵，就可以阻止日军西进。"水小也要掘。"程潜转达上峰命令要求立即派河兵动手。陈慰儒说："河兵都是沿岸农民，深知黄河掘堤的严重性，他们世代守堤，是不会动手掘堤的。"程潜随即说："那么我派军队去掘，请你们去指导。"陈慰儒知道自己的行为是螳臂挡车，胳膊最终拧不过大腿，于是就说："既然一定要掘，请先发迁移费，让堤下居民搬家。"程潜当时就批拨款项，交郑州专员罗震给沿岸居民发放。6 月 5 日夜，花园口大堤被掘开口，千里黄河水滔滔，泛滥 23000 平方公里，豫、皖、苏三省受灾区达 44 县市，淹死 89 万余人，使 1200 万人流离失所。

开封解放后，陈慰儒于 1949～1951 年在河南大学土木系任教，1952 年在全国高校院系调整中，他接受组织安排调到黄河水利学校任教，担任水利工程施工、施工组织与计划等课程。1965 年退休，1968 年 12 月病逝。

胡石青：淡泊名利启民智

　　胡石青住在柴火市街，就在关百益故居向南路西，过去曾有一座门楼，青砖灰瓦，门楣上端可以模糊看到上面所刻的"漪园"二字，据说当年庭院深深，茂林修竹、水榭亭台、曲径回廊，随着岁月的变迁，如今再也看不到了。好在"漪园"二字还可以给我们提供丰富的联想。据说，后来抗战爆发，胡石青搬到了南刘府胡同居住。胡石青是河南省通许县人，是清末民初开封著名人士。民国年间他曾任东北大学、天津法商学院等校教授、北洋政府教育部次长、焦作中原煤矿公司总理、河南通志总纂、国民参政会参政员等职，著作有《三十八国游记》《人类主义初草》等，是有影响的教育家、实业家和社会活动家。

一

　　1880年9月28日胡石青出生于通许县耳冈村。初读书，性贪玩。11岁那年，用了一年时间仅读了《诗经》中的《小雅》部分。十二岁逐渐开窍，得到先生赞赏，那一年就读了《大雅》《书

开封老四合院旧照

经》《易经》，13 岁的时候又读《礼记》《古唐诗合解》之七言绝句。15 岁那一年，家中请赵阳生家教，学做八股文，结果一塌糊涂。后来阅读《三国演义》《聊斋志异》等书，自己开始能独立完成叙事文。他勤奋好学，到了17 岁那年，《西厢》几乎可以全文背诵。1898 年，清廷实施戊戌变法，颁布新政，废除八股，改试经义、史论、时务策。胡石青家中可读之书匮乏，于是便把一车小麦拉到省城开封出售后购得新书，开始接触时务书籍和算学。

1899 年，胡石青参加府考，初试第一、复试第二、终试第二。院试三试皆第一。21 岁的时候在开封参加甄别试，住在大梁书院，其文颇受考官欣赏。复试对策的时候，"有诋僧尼制语，被抑，后各课皆不取。"1902 年河南在开封设立大学堂，胡石青考入。因成绩优异，当年秋他以第一名的成绩考上京师大学堂。1906 年京师大学堂毕业之后，他回到了开封，当了河南第一所现代化学校——河南高等学堂的学监，以后又兼任了河南省咨议局书记长。在清末民初的中原教育界，颇有名望。1909 年任省教务公所专门科副长兼教育官、练习所教员。1912 年年底，他被河南省临时参议会选为国会众议院议员。1915 年他和王抟沙在开封创办福中矿业学校，后迁焦作。

二

1909 年河南发生矿案时，胡石青在开封挺身而出，大声疾呼，力争矿权。胡石青以矿务会副会长身份兼民绅代表，直接参与对英国人的谈判，据理力争，以致最后产生较为积极的结果。王锡彤的《燕豫萍纵》中，记述 1909 年2 月清廷河南交涉局和英商福公司进行交涉的情况，说："交涉局与福公司交涉，屡屡会议，予与李敏修、葛德三、杜友梅、胡石青与局中道司辩，又与英人辩。……议卒不成"。

1913 年，中州、豫泰、明德三公司，为与福公司对抗，通过胡石青等联系活动，联合扩组为中原公司。1914 年，胡石青任该公司总理，王抟沙为协理。河南矿案交涉在 1913 年 12 月举行了一次有决定性的会议，这次会议，称为中英四方会议。当时河南都督张镇芳派河南省交涉员许源、行政公署祝鸿元为河南官方代表，胡石青、王抟沙为河南绅民代表，前往北京。外交部派代表严鹤龄、签事张肇芬，与英使馆汉务代表和福公司总董在外交部举行谈判。会议自12月19日断断续续开到次年3月，谈判中胡石青义正词严、据理力争，经40余次唇枪舌剑，最后签订了具有积极意义的《中原公司福公司经营煤矿业合同》（草案），为民建煤矿窑争回了一定权益。1915年6月，中原公司与福公司合组为福中总公司，实行"分采合销"制，胡石青任中方总经理。"从此，中原公司增强了竞争能力，很快发展为河南最大的一家实业。"（《通许县志》）

胡石青虽博学多才，却淡泊名利。段祺瑞对他极为赏识，称他为"河南人才第一"，并欲委任为河南省长，但他却坚辞不就。1917年1月30日，胡石青创办《新中州报》，报社地址在行宫前街14号。该报设有督军署抄、首长批示、商情等十多个栏目。（《开封市志》综合卷）每天出版对开报纸2张。办报宗旨是："拥护国宪，启钥民智，不设党派，促进文明"，而实际目的还是为了维护中原公司的利益。

1919年，赵倜任河南督军时，对胡石青心存疑忌，藉口中原公司股票分配不公，有人控告，乘胡石青来开封时，将胡逮捕下狱16月之久。胡石青虽身陷囹圄，却淡然处之，并发愤读书，还将读书心得写成《汴中日记》17册。

出狱不久，胡石青即在爱国思想的驱使下，谢绝任何赞助，自费出国旅游，以期考察别国的政治经济情况，拯救贫穷落后的祖国。用他自己的话说是为"致力于中国之改造"，他远涉重洋，历尽艰辛，足迹几遍全球，为时33个月，详细考察各国的风俗人情，访问古迹遗闻，采集历史传说，尤其对欧、美、苏等先进国家和地区的经济状况及施政方针考察得更为详尽。在旅途中，他不顾劳累，边考察、边工作；归国后即杜门谢客，埋头著书，后出版《三十八国游记》，洋洋洒洒百余万言，照片千余帧，可谓鸿篇巨著。

梁启超任北洋政府财政总长时，胡石青曾任全国烟酒专卖局总办，1926年任教育部次长。

三

1931年后，他深感外患日剧，便投身于抗战救国的斗争。他大声疾呼："凡有志之士，必须划除私见，全民团结一致，始足以言有为。"1939年任全国精神总动员委员会委员时，经常为各党派的抗战奔走呼号，亲自拟订抗战计划。

胡石青还特别关心人民疾苦。1938 年 6 月，由于国民党军队扒开花园口，致使黄河泛滥成灾，造成空前浩劫。豫、皖、苏广大地区顿成泽国，河南省受灾尤为严重。黄泛区房倒屋塌、人畜伤亡；人民流离失所，哀鸿遍野；啼饥号寒，惨不忍睹。在 7 月召开的国民参政会第一次会议上，胡石青和王幼侨联系参政会其他参政员共同提案请求赈济河南灾民，同时，河南人士电请国民党中央特施救济的电稿多由胡石青手拟。1939 年 2 月，胡石青与张钫等人组织河南旅渝同乡会，胡任常务理事。特致电中枢，呼吁对黄河水灾进行救济，并拟定了四项办法，大部分被采纳。当年夏天，河南阴雨连绵，局部地区旱情严重，沁河决口，加上黄河泛滥，造成空前浩劫。当时胡石青任华北水灾急赈委员会副委员长，主办赈灾事宜。他除了采取赈济措施之外，在 9 月份，他又在参政会第四届大会上提出了《请拨巨款彻底救济案》，其中有"河南为抗战所处之兵，全国最多，所罹之灾，在全国为最惨"之语。10 月他在致中央赈务委员会函中，论述了河南成灾的原因以及周边各省灾情的相互影响。在那一年的冬天，中央赈务委员会拨给华北水灾急赈款 300 万元，河南共分得 89 万余元。胡石青忧心忡忡，除了多次上书，要求政府拨款救济灾民外，还提出修筑黄河大堤，移民垦荒，生产自救。由于他的大声疾呼，河南灾民不但得到适当救济，而且当局还修筑一些大堤，并将部分灾民移至邓县等地，垦荒自救，才使河南省灾情有所缓解。

1941 年 2 月 3 日胡石青病逝于重庆北碚镇。当时，前往吊唁者不绝于途。国民党中央政府为其举行隆重的追悼大会，连国民党的行政院也不得不决议表扬。其文曰："胡参政员石青，毕生从事教育事业，对抗战大计，致力亦宏，令德硕学，士林所称。兹因积劳逝世，拟予转呈国府，明令褒扬，用彰忠荩案，决议通过。"此文后经国民党《中央日报》转载，引起强烈反响。中共中央也派代表参加了追悼大会，送了花圈，并发了唁电。

刘岘：心系民族共命运

他是我国 20 世纪版画艺术的先驱，现代著名木刻艺术家之一。他始终坚持现实主义的创作道路，以其数千幅版画作品记录了中国社会时代的生活，为中国人民的解放事业和版画艺术都做出了不可磨灭的功绩。他的作品深刻反映现实生活，题材广泛。他曾经组织"未名木刻社"，得到鲁迅先生的指导与帮助，投入新兴木刻运动。他只身赴日本东京帝国美术学院学习，吸收了外国木刻艺术之长，他的木刻结构严谨，线条细腻柔美，极富表现力，形成了自己独特的艺术风格，蜚声世界画坛。1942 年，他收到毛泽东和凯丰联名签发的请柬，参加了延安文艺座谈会。1988 年他荣获"日本国日中艺术交流中心"颁发的"中国新兴版画 (第一代) 贡献金奖"。他就是刘岘，一位在两位伟人直接关怀下成长起来，从开封走出的艺术家。

一

刘岘，原名王之兑，字慎思，曾用笔名泽长、柳涯等。1915 年生于兰封县 (现兰考)。他的哥哥是王

刘岘

风骨文章屹风雨

阑西（《风雨》周刊编辑，原文化部副部长），刘岘 5 岁丧母，为了纪念自己的母亲刘芬，他改名刘岘。孩提时代，兰封县城城西门的城隍庙戏曲舞台，曾多次留下刘岘的足迹，河南梆子的优美唱腔和舞台美术一度装饰他年少的梦。城隍庙的建筑和泥塑的神像，常常令他流连忘返。那鲜艳、浓烈的色彩和泥塑给予他最初的艺术启蒙并萦绕他一生。

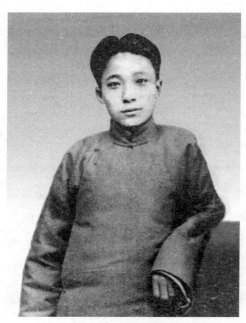

1931 年刘岘在开封留影

6 岁的时候他随家人迁居开封，就读于开封第二小学。当时小学里教图画的郭老师对他格外喜爱，带他去书店街买绘画材料。他临摹《东方杂志》上面刊载的外国名画或中国的山水花卉总是博得郭老师的称赞。正是郭老师的激励，增强了他学画的信心和勇气。年终岁首，出现在开封街头的木版年画，引发了他浓厚的兴趣。从这些年画中，他获得了不少历史知识。贩卖门神年画的店铺多在北土街，开封木版年画刻线粗犷，色彩简单朴实，乡土气息很重，有 100 多个品种。刘岘常在店中观赏、学习。刘岘后来在回忆文章中感慨道："当我成为一个画家的时候，才真正意识到家乡的文化在我幼小的心灵里，产生了怎样的影响。"

那时开封是河南的省会，不但有鳞次栉比的古老建筑，还有进步的民主思潮。新兴文学、革命思潮不断涌进学校。他如饥似渴地阅读了不少国内外名著以及《新青年》《现代评论》等进步期刊。刘岘后来在河南省立一中读书时，就和几个志趣相投的同学办起了八开小报《虹》，尽管这张小报很幼稚、很浅近，但也终因触及了社会问题，而出了三期就被迫停刊了。刘岘也因此被勒令退学。他后来转入教会办的济汴中学。他在济汴中学读书时收集了不少精印的宗教画片。由于读外文教科书，看到不少精美纤细的木刻插图，由此对木刻产生了很大的兴趣，开始自学木刻。

二

1932年，刘岘考入北平艺术专科学校，偶然买到了鲁迅和柔石编印的外国木刻画集《艺苑朝华》，他反复比照、实践、领悟到一些技法。后来又找到了一本《木版画雕法》，他如获至宝，水平日益提高，不足半年时间，就刻了50多幅，内容多为车夫、报童、乞丐、饥民等，再加上几十幅木炭速写，1932年夏，在河南开封双龙巷"兰封同乡会"的三间北屋里面举办了《王泽长木刻木炭画展》。这是他的第一次展览，当时《大梁日报》上刊出专页，作家叶鼎洛还为他写了热情洋溢的介绍文章。参观者众，很受青年学生和小职员们的欢迎。刘岘的作品因多以下层劳动者生活为主题，从而引起了统治者的注意，被认为有"扰乱治安""越轨行为"之嫌。画展被迫停展，他也只得只身逃到上海，有幸认识了鲁迅先生并与鲁迅先生建立了深厚的友谊。

年仅18岁的刘岘，从1933年10月在上海第一次见到鲁迅，到1936年的三年间，鲁、刘来往通信51封被记录于《鲁迅日记》。这个数字还不包括没有写进《鲁迅日记》里的信件往来，以及鲁、刘直接会晤的次数。这从一个侧面反映出他们之间的密切关系和刘岘受教于鲁迅的情况。鲁迅在与刘岘的接触和通信中，对刘岘的构思、构图和技法一一点评，指导和批评，并耐心启发指出改进意见。使刘岘受益终身。文学家萧军说："在30年代，鲁迅的两只手，一只手培育了若干青年文艺作家，我本人就是其中之一；另一只手培育了若干青年木刻家，刘岘同志就是其中之一。"1934年春，刘岘所送鲁迅的年画，成为开封木版年画在国内最早的孤本和存世物。

1934年7月，刘岘到日本东京帝国美术学院留学，师从著名木刻家平塚运一，掌握了木口木刻的刀法，成为我国最早、最成熟地掌握这种刀法的版画家。1937年，他回到上海参加留日归国同学会救亡团，部分河南籍留日学生成立了抗日救亡分团，回河南做救亡宣传工作。几经周折，他们到了开封，在火车站受到开封学生的热烈欢迎。河南抗敌后援会的同志把他们安置在国民党开封县党部，刘岘他们在开封举办了《抗战宣传美术展览》，激发起开封学生的爱国热情。刘岘自编自刻了连续木刻《没有字的故事》和《抗战版画》揭露日军暴行，激发国人斗志。在抗日烽火中，刘岘和相恋多年的恋人王卓君在开封举办了简单的婚礼后，第二年到了竹沟，参加了新四军，创办拂晓剧团和拂晓木刻研究会。1939 年，调到鲁迅艺术文学院的刘岘认为自己参加革命工作，除了教学之外，用自己的创作来表现现实生活是不可推卸的责任。他亲手拓印几十幅在延安创作的版画《伏击敌火车》《晓夜行军》《挖窑洞》等作品结集为《木刻续编》。毛泽东看了他的作品，挥毫题词："我不懂木刻的道理，但我喜欢看木刻，刘岘同志来边区时间不久，已有了许多作品，希望继续努力，为创造中华民族的新艺术而奋斗。"抗战胜利后，刘岘在《中国时报》的支持下来开封再次举办个人作品展览。

三

刘岘晚年十分眷恋家乡。1986 年初夏，刘岘决定将他各个时期的木刻代表作 100 件，捐献给家乡兰考。1990 年 10 月，彭真为兰考"刘岘纪念馆"题写了馆名。如今整修一新的刘岘纪念馆以大量珍贵的图片和刘岘的版画，生动地展现了中国革命波澜壮阔的历史进程和刘岘光辉的一生。

刘岘对开封朱仙镇年画出版社工作更是关爱有加。他多次专程回到开封，对据鲁迅藏品所复刻的木版年画进行鉴定。十分赞赏开封木版年画社老艺人苏健成、郭太运精湛的雕版、印制技艺。并当场选定 40 余幅作为中国美术馆的收藏品。他欣然题字："朱仙镇年画是极其佳美的民间美术品，年画的复兴正是建设精神文明的新贡献。"

在开封，每每谈及开封的铁塔、繁塔、龙亭、八角琉璃殿、午朝门石狮子以及街头那些"气吹的糖人""手捏的江米面人"和逢年过节时到处可见的"耍龙灯""踩高跷""跑旱船"等民间艺术和风土人情，刘岘都如数家珍。

士志于道明月心

徐玉诺：特立独行寻路人

他是思想激进、勇气可嘉的爱国者；他是我国新文学运动的一员猛将、中原新文化运动的奠基者之一；他是中原诗坛的开拓者、著名的小说家、戏剧改革家、社会活动家以及教育家。他在各种类型的文学创作中都取得很大成绩，为中国现代文学的发展留下了引人关注的篇章，并得到叶圣陶、郑振铎、茅盾、闻一多、梁实秋等文学名家的高度评价。他以赤子之心，回报中原大地。他，就是徐玉诺。徐玉诺是新文学创作的河南作家第一人，他在 20 世纪 20 年代犹如一匹黑马登上文坛并产生很大影响。他就像一颗璀璨夺目的星星，闪烁在 20 世纪 20 年代河南文学的夜空，并在中国现代文学史上留下了自己的光彩。他是一个不该被忘记的人。20 世纪 20 年代前后，他一度活跃在开封，开封的大街留下了他前行的足迹，开封的小巷拉长过他徘徊的身影。

一

徐玉诺原名徐言信，笔名红蠖、红蠖女士，1894 年 11 月出生于河南鲁山县徐营村一个贫民家庭，世代务农，经济拮据。为了糊口，其父只好靠租种邻村的土地并在别家的作坊帮工来维持生活。幼年的徐玉诺自懂事起就开始割草放牛，直到 10 岁还没有去读书，所接触的启蒙文化不过是当地的民谣、歌曲和民间故事而已。在他 11 岁那年，开明的父亲向油坊老板徐名贤恳求少算工钱，求得徐玉诺在老板开办的私塾里读书。徐名贤是位饱学秀才，经营油坊的同时兼营私塾。徐名贤收留了徐玉诺，徐玉诺勤奋好学，很得徐名贤的器重，不到几年便学完了私塾教授的四书五经等书籍，同时他还涉猎《庄子》《文选》《唐诗别裁》以及野史演义、小说、唱本等书籍。1912年，徐玉诺考入鲁山县立高等小学，仁德能干的母亲靠自己纺花织布赚钱供徐玉诺读书。1916年徐玉诺以优异的成绩考入河南省立第一师范学校。

徐玉诺

徐玉诺来到省会开封。第一次走出山沟沟，他感觉天地真大，他学了两年教育学之后，开始对"教育救国论"产生怀疑，幻想"研究数理、天文、兵法挽救自己的祖国"。徐玉诺原本喜欢桐城古文，曾被国文教员郭任夫誉为古文高手，他的文言策论也常被张贴到教室的墙壁上作为范文展览。1918年，嵇文甫等一批新教员从新文化运动中心北京大学毕业来到开封第一师范任教。徐玉诺在他们的影响下，开始白话文的习作，在校内发表了一些作品。嵇文甫讲课的时候有时会评价徐玉诺的新诗，徐玉诺以出众的才华很快赢得师生们的赏识。

二

徐玉诺因为年龄较大，经常关心帮助同学、热心公益事业，在学生中威信很高，成为学生领袖。在开封，徐玉诺如饥似渴地阅读了《新青年》等新文化刊物，接受新思潮影响逐渐成为"德先生""赛先生"的信仰者和追随者。

1919年，北京爆发的五四运动波及河南，当时他热血澎湃，积极地参加学生罢课运动，和同学们一道上街游行，散发传单，到街头进行演讲。5月18日，开封学界联络各界共4000人，在第一师范操场召开大会。演说者皆激昂慷

五四运动时期徐玉诺（右二）在开封第一师范学校留影

慨，声泪俱下。大会议定："电请北京政府，勿签字于巴黎和约"。大会之后，经短时间酝酿，开封15所中等以上学校的学生联合会宣告成立。徐玉诺被选为学生代表，又被推举为学联理事，成为河南学生运动的领导者之一。

开封学生运动，遭到河南反动当局的严酷镇压。在学联的领导下，学生们终于冲破反动当局的阻挠，于5月31日举行了总罢课。6月中旬，河南督军赵倜强令各校提前放暑假，妄图以此解散学生团体、平息风潮。学联将计就计，决定暑假里同学们回各地后，把爱国运动推向全省城乡。徐玉诺当时负责联络官印所的罢工工人连夜赶印传单，如《青岛失败》《英雄泪，国事悲》《日本亡韩史》等。大批宣传材料印成后，发给回乡同学，每人300多份。又在开封设立民校11处，除上文化课外，还向群众宣讲外争国权、内惩国贼，以鼓吹民气、激励爱国思想。

1920年春，全国人民掀起反对山东问题与日本直接交涉的浪潮，开封学生于4月19日再次实行总罢课。赵倜密令属下收买学联中的不坚定分子，致使学联分化，徐玉诺的理想又一次破灭了，他悲愤异常，痛不欲生，甚至跑到开封南关火车站，要以卧轨自杀的行为表示抗议，唤醒同胞。幸经嵇文甫先生耐心劝导，才使他打消了自杀的念头。

三

开封学生运动失败后，满腔悲愤激起了他内心的创作欲望，这时的徐玉诺创作了新诗《夜》，他写到："守狗不敢叫的时候，/更声也骤然沉浊了；/只有微微的哭声伴着拂鼻的烧臭，/一阵阵的送过来。/这大概是自然的末路了！"他的小说《良心》经过郭绍虞的修改和推荐，刊登于1921年1月7日的《晨报》副刊上。不久，在郭绍虞、郑振铎的介绍下，徐玉诺加入了文学研究会。从此，他对新文学发生了浓厚的兴趣，致力于白话小说和新诗的创作。1921年7月，徐玉诺从省立第一师范毕业时，已经27岁了。五年的师范教育奠定了他深厚的文学功底，迎来了他20年代前期的创作高峰期。他的作品集中刊发在《晨报》副刊《时事新报·学灯》《小说月报》《文学周报》《诗》等报刊上。

徐玉诺以诗人著称，在那时，却先以小说立足文坛。他的作品很快引起文坛大家们的注意。茅盾先生论徐玉诺是"满身泥土气的从乡村来的人写着匪祸兵灾的剪影"，他在《中国新文学大系·小说二集·导言》中曾专门评论徐玉诺的小说创作风格。朱自清先生在《新文学大系·诗集》中收入徐玉诺的诗多篇。1923年，鲁迅先生注意到了徐玉诺的小说，曾几次嘱咐《晨报》副刊主编孙伏园给徐玉诺写信，要徐玉诺将其作品结集出版，并愿为他作序。叶圣陶为其写了万言长篇评论《玉诺的诗》，称他的诗有"奇妙的表现力、微妙的思想、绘画般的技术和吸引人的格调"，此外瞿秋白、郑振铎、闻一多等人都对他的诗表示过赞赏。

徐玉诺抱着文学"为人生"的态度写作说自己有一颗"遇见悲哀便美化了的心"。有了这颗心，他一生追求进步和正义，执著于真情而疾恶如仇。他浪漫地想像自己走进"将来之花园"，但现实中却找不到走进花园的路径。正因为这样，当五四运动退潮时，他便惘然了。他一度在文坛消失，但无论他怎样穷困潦倒，却始终不向反动统治阶级妥协投降。

士志于道明月心

沈三：一代跤王誉神州

　　沈三是北京天桥的名角，至今北京天桥流传的"八大怪"中就有他摔跤的雕像。他原名沈玉升，因在家中排行老三，江湖上遂以沈三称呼，加上他为人豪爽，仗义疏财，又在他排行前加以"友"字，称沈友三。他身材高大、虎背熊腰，擅长气功和摔跤，他最拿手的节目是"双风贯耳"——头枕砖、卧于地，上边头上太阳穴两边再放上砖，一名壮汉持大锤猛击，沈三头上砖头粉身碎骨，而他却一个鲤鱼打挺毫发未损。此双风贯耳，上海明星公司来京拍制电影时，曾拍入《啼笑因缘》片中。他表演的"胸前开石"一度享誉京华，他头枕在一板凳，两脚后跟搭在另一板凳上，身躯悬空，将一石磨盘压在胸上，用重磅铁锤狠击磨盘，石碎而沈三却安然无恙。沈三在天桥卖艺的表演节目时他手持直径一公分的铁条用力向自己的肋部猛击，铁条弯而肋部无伤痕。这些硬气功表演深受观众喜爱。后来他定居开封，据《开封市志》第4册记载："1943年北京人沈友三（回族，人称沈三）来开封，在相国寺卖中成药'大力丸'，以摔跤招徕顾客。开封拳师单进忠擅摔跤，留沈友三住东大寺传艺……"

一

　　1893年农历5月12日，沈三生于北京一个掼跤（老北京把摔跤称作掼跤）世家。沈三在掼跤方面从小就接受了父亲的严格训练。少年时拜满族头等扑

北京天桥摔跤的"沈三"塑像

护德世庭门下，潜心学习掼跤，又向北京国术研究会会首白锦兼学炮拳。后来又从马德禄、闪德宝、夏五把、宛永顺等名家习武。1923 年与杨双恩合作开辟了天桥第一处掼跤场，京城百姓都乐于观看。后来在天桥市场以西、城南商场路东，开设"清真堂药室"，专卖"舒筋活血丹"，但每日必进行一次武技表演，以招徕客人。1928 年，沈三已经 30 多岁了。他的摔跤技艺精湛，比赛时能够出奇制胜。他的跤艺达到了顶点，经验丰富，技术全面，加上人品厚道，备受江湖各路人士的尊重。沈三扬名是在 1933 年第五届全运会之后，当年 10 月，在南京举办第五届全国运动会上，沈三一路过关斩将，以全胜的战绩与中央国术馆教习常东升、马文魁三人并列第一名，一时声名鹊起。

　　沈三从全国运动会上载誉而归不久，一个号称打遍天下无敌手的俄国佬在北京第一大舞台摆下擂台挑战武林，上书"俄国大力士麦加洛夫在北京表演最精彩的功夫，力士斗牛、力分双牛、木板拍钉……"麦加洛夫浑身肌肉，耀武扬威，扬言中国功夫不行，愿同中国武林高手比试比试。"此言一出，第二天北京各界人士都愤愤不平。沈三义愤填膺前去打擂，双方签订了应战书，上写："中国人比武被打死打伤，死而无怨；俄国人麦加洛夫输了，3

天内自动离开中国"。比武开始，沈三以不变应万变，任凭俄国佬儿挥拳攻击，他以四两拨千斤之技，巧妙化解攻势，瞅准机会，连摔麦加洛夫三跤，重创对手，麦加洛夫心服口服，沈三为中华民族长了志气，壮了国威。

二

《开封市东大清真寺摔跤源流碑记》记载了沈三两次来开封传授摔跤技艺的过程。1933 年 10 月在南京举行的民国第五届全国体育运动会上，沈三获摔跤第一名，开封拳师赵汝庆、单进中、丁全福等面见沈三郑重邀请。沈三盛情难却，1933 年秋天，沈三从南京返回北京家中稍作收拾就来到了开封。东大寺人对沈三十分敬重，赵汝庆、单进中等人热情接待，后安排其住在鼓楼街的文和栈。沈三白天在相国寺卖大力丸，并打弹弓以招徕顾客，下午收摊后来到东大寺社区的烧鸡胡同传跤授艺，从学者甚多。开封市很多清真寺都派出了武学中的代表前来学习跤艺，场面甚是隆重。沈三于过年之际返回北京，此次开封授跤前后历时约有三个多月，时间虽然不长，但却培养了不

1942 年北京国术特种组全体会员合影（第三排左起第九人为沈三）

少摔跤名手。

上世纪40年代初的北京还处于日伪统治时期，时局动荡不安，灾荒一片，北京缺吃的，又闹霍乱，天桥一带在饥寒交迫中日渐萧条了。沈三的跤场开始走向衰落，天桥没人，跤场挣不到钱，一家人生计困顿。

在沈三生活濒临崩溃边缘之际，在北京的天桥上巧遇了单进禄，单进禄是沈三1933年在开封传跤时结交的换帖兄弟单进中的六弟，二人早就相识。单进禄、丁志和、杜士燕、许守仙等人到北京做生意，办完事情之后到天桥游玩，巧遇困境中的沈三。当时开封已经度过灾荒期，见沈三如此境况，单进禄便劝说沈三到开封避难。沈三犹豫之时，门口有一算卦的老先生说："人挪活，树挪死。这里境况不好，带孩子们出去闯闯也许是件好事。"没想到算命先生的一句话打动了沈三，1943年的秋天，沈三携家眷前往开封，住在东大清真寺内二道门西屋。仍在相国寺的大雄宝殿旁设跤场，卖小儿灵丹和大力丸。当时相国寺不亚于北京天桥，说书的、卖唱的、还有其他各种卖艺的十分热闹。沈三经常演练摔跤、打弹弓、石锁以招徕顾客，众徒弟中前来帮忙的也很多，所以生意还算红火。在赵汝庆、刘振兴、单进中等拳师的协助下，沈三在开封开始授艺，学者如云。

已经50多岁的沈友三感激开封回族人民对自己的照顾，一心想把自己的绝技留给开封，他对这批学员要求相当严格。沈三的儿子沈少三在《河南省体育史料》第二辑发表了回忆了他父亲两次来开封传跤艺的文章，当时沈三常对大家讲："摔跤这行犹如山上滚石头，是硬碰硬拿人当夯往地上摔，一辈子没被别人摔死，那是幸运，至于摔断胳膊腿是常事。所以怕疼、怕伤、怕死就练不出来"他常比喻说："摔跤宽者如桥，一走一过，说起来谁都会摔跤，两个小孩也会抱在一起摔；但细者如毛，真讲究起来，不同对手用什么样的方法！手法！步法！真假劲的配合，绊子用上，哪块骨头管哪块骨头错一点都摔不倒人。"

沈三长年坚持练功，50多岁了还可以任意劈叉。他演练用的弓属于硬弓，弓身由黑牛角制成，弓弦是牛板筋，形状和古代射箭用的弓相似，只是中间有一皮囊用来放弹丸。沈三这张弓能够拉开者都不多，如此硬弓还要有精准

士志于道明月心

的技术实非易事，但是他却百发百中，足见功力之深。沈三最具特点的就是他的大拇指、食指和中指三个手指。由于长期的抓握练习，沈三的大拇指较常人要长，虎口中间没有肉，三个手指呈鹰爪状，一旦叼住人就很难逃脱。另外，沈三腿法灵活，出腿迅速。他曾在开封的华北体育场表演"飞脚切砖"，只见沈三将三块砖立于地上，用脚踢去，砖的上半部飞出，下半部留在原地不动，足见他出脚之快。

一次沈三在相国寺卖艺，表演弹弓结束之时，遇一日本军人前来要和沈三比试摔跤。沈三左右为难，如果将其摔倒怕得罪日本人，惹来杀身之祸。但是作为中国人更不能故意输给日本人有辱国体，不摔还不行。开始，沈三只是与该日本人周旋，没有真摔。日本人心中不悦，要求来真的，沈三艺高人胆大，急中生智想办法别住了对手，使其无法用力，然后将日本人轻放自己脚上。那日本军人明白其中意思，起身向沈三表示敬佩，沈三也因此免了一场灾祸。

日本投降后，沈三仍留在开封，1946年身患重感冒，腊月初九客死开封。

尤海仙：喝彩全凭手艺强

电影《大魔术师》，讲述了一个用魔术改变命运的传奇故事。梁朝伟扮演的张贤，用西洋魔术包装中国古戏法，在天桥一鸣惊人，后自立门户，一时间红遍北平。这忽然使我想起开封的大魔术师——尤海仙，他在民国时期，名扬全国。

一

尤海仙原名德水，生于 1884 年，原籍河北昌黎，生于开封。其父是光绪年间的庠生，曾在河南归德府任职，好玩古董兼营碱生意。尤海仙 6 岁开蒙，家庭富裕，生活无忧，颇为顽皮。7 岁时母亲因女仆窃去金银细软，精神崩溃，于是家事无人料理；尤海仙读了 4 年私塾后，因不满老师的冷嘲热讽就愤然退学。后来家中生意被人坑骗，倾家荡产，其父不久抑郁染病。尤海仙一夜之间从"公子哥儿"沦落为"丧家犬"。

那一年，尤海仙 13 岁，稚嫩的肩膀开始承担生活的重压。他，家徒四壁，生活无着；他，举目无亲，还要照顾双亲；他，想学技艺，却求助无门；偌大的汴梁城，似乎一切都与他无关。为了糊口，他浪迹街头，遇有红白喜事便帮忙打杂，混碗饭吃。没事的时候便在相国寺里面闲逛。清末的相国寺，既是千年名刹，又是一个巨型"游乐场"。寺僧在东西走廊一带，改筑一些小瓦房、板搭门，赁人开店，白昼营业，夜晚歇业外出。相国寺里面有鼓书、

冯玉祥主豫时改相国寺为"中山市场"

坠子、土梆子、说书、相声等，热闹非凡。生活无着的尤海仙在里面打发无聊的时光，作为繁华的商业和文化娱乐场地的相国寺包容了他。他以仅有的16枚铜钱，买根绳，又买了"抖牛"（空竹），便在相国寺卖抖牛戏法，开始试马江湖。在相国寺，尤海仙先吹几曲口琴，招徕观众后便拉开阵势表演"抖牛"，但见尤海仙把"牛"抖的一会儿快如闪电，一会儿慢如蜗牛，时而"单头捞月"、时而"火龙起舞"、时而顶起竹竿……观众一会儿掌声如潮，没想到这少年能抖出这么多花样儿。尤海仙见受到好评，就趁热打铁，拿起帽子试探性地向观众收钱，没想到，居然竟然收了100多文。于是，以后每逢相国寺开放之日，他就在里面靠"抖牛"谋生。日演两场，可得银币1元左右。为了满足观众的胃口，尤海仙不断创新花样，创造出有"左旋，右旋""三起三落""燕子还巢""地老鼠""猛虎下山岗""凤凰单展翔""出手流星"等等，不下20余种，深受观众喜爱。

当时在相国寺有石傻子、快手张和张三表演幻术，他们见尤海仙这少年机灵聪慧，颇为喜欢，便有意想把他找来，出堂会时人手不够请他帮忙。间或请他展示一下"抖牛"，填补空隙。尤海仙觉得单玩抖牛不行，便跟从这三位学玩幻术。这三人待他很刻薄，他非常气愤，便想自立门户，但苦于没有资本，便忍耐着同石傻子等合伙卖艺。这一时期，他在苦闷中发愤图强，在卖艺中潜心于幻术的学习与研究。他善于把从石傻子等人那里学来的幻术花样翻新，所以他每次出场，颇得观众好评。于是，他便一面暗中招收徒弟，一面节约开支，置办幻术道具。辛亥革命时，尤海仙终于在相国寺自立门户，创建"万法堂幻术团",自任团长。他许诺以一个月不重样的新幻术节目，赢得开封观众的高度赞许，一时观者如堵，街头巷尾皆对他津津乐道。从此，尤海仙的名声渐渐在石傻子之上，许多富豪人家都叫他出堂会。在他声名鹊起之时遭遇父母亲相继去世，当时他囊空如洗，连殡殓丧葬的费用，都是由相国寺的艺人捐助。为了减少愁苦，他选择了悄然离开开封。

二

尤海仙领着一帮徒弟到南方闯江湖。他先是率领着筱来福、陶正楷等徒弟们到上海新世界去玩幻术，在上海演了3个月，又到无锡，苏州、常熟、昆山、丹阳、镇江、扬州、南京、蚌埠，徐州等处去变戏法。在无锡时，遇南方幻术大家柳逢春，二人便将南北方的幻术互为交换，于是尤先生又学得南方各种幻术技艺。

巡演一圈之后，回到开封的尤海仙名声大振，生活遂有转机。后来他在开封宋门关外买了一亩多地，把父母合葬一起，又将双亲给他包办订婚的未婚妻接到开封。此时的尤海仙已成为誉满江湖的一位幻术高手了，凡到汴梁卖戏法的，无不去拜见他。行人见了忙招呼请他坐坐或喝茶。根据1936年开封教育实验区出版的《相国寺民众娱乐调查》记载，20世纪30年代，当时在相国寺玩魔术的艺人主要有4人，其中最有声望的要数尤海仙了。

清末相国寺山门

士志于道明月心

1927年，冯玉祥主豫，改相国寺为"中山市场"，将这里的主要佛殿，分别改为民众会场、自然科学馆，河南美术馆等。民国十七年，河南教育厅创办游艺训练班，将相国寺和开封的艺员们集中训练，尤海仙首先去报名。在2000多学员中，他是六个获奖者之一。

三

20世纪30年代初他住惠家胡同29号，有一妻，二女，一子，子名尤富贵，也在卖戏法，伴着他出场献艺。那时的尤海仙"满脸的胡须，身材魁伟，仍然一富家翁的风态。只是身上穿的堆着油垢，涂满灰沙的衣衫等，都表现了他十足的卖艺的风味"。1933年后，豫东豫北兵匪为虐、水旱频繁，灾民纷纷流入省会开封。当时的工商各界，慈善团体经常举行义演，筹募账款，尤海仙经常主动参加各种赈灾义演，捐衣施米常不留姓名。1934年他主编了一册《幻术易知》，由河南教育厅推广部出版。他还为1936年8月出版的《相国寺民众娱乐调查》一书提供了200多种幻术的名称、道具及戏法的简要介绍，是开封幻术界不可多得的宝贵资料。

他酷爱幻术事业，为人和蔼、热情，生活俭朴，没有任何不良嗜好，给徒弟们和广大观众留下了良好的印象。民间流传，尤海仙年轻之时，尚未结婚，一朋友诱他入某"书寓"，从外面锁住门，令他与一妓女呆在房间。尤海仙如柳下惠，秉烛端坐，闻者叹为奇人。

尤海仙不但魔术技艺高深，而且还具有强烈的爱国心。日

20世纪30年代的马道街

军占领我国东北、华北领土后，他十分憎恨侵略者，以后每次演出都会在最后演出《变小兔》节目，在表演过程中他多次提着两只小兔，用鄙视的神气说："看，这就是日本帝国主义！"并从身上掏出几十只鸽子，飞翔落场，高呼"世界和平万岁！"使观众受到一次深刻的爱国教育。1938年6月，开封沦陷前夕，他领着几个徒弟和全家流亡到西安演出。在西安期间不忘利用魔术激起广大观众的爱国热情。1939年，被日本侵略军的飞机炸伤，在医院抢救无效而离开人间，终年55岁。

士志于道明月心

张杰尧：才思敏捷受欢迎

在 20 世纪 30 年代初期，张杰尧与高德明、绪德贵、汤金澄、戴少甫在北平相声界被时人誉为"笑林五杰"。他们各个基本功扎实、捧逗俱佳，颇有影响。5 个人当中，排在首位的张傻子最惹人注目，因为他是当时唯一模仿喜剧大师卓别林装束的相声演员，留仁丹胡、穿西装演出。同时，他还在场子里发售自己编辑的铅印小册子，题名《笑海》，登相声段子也发理论文章。张杰尧和天津的张寿臣，当时被称为"京津相声两巨头"。相声在河南兴盛，始自民国，发迹于开封相国寺。在相国寺表演相声最为著名者则为张杰尧。

一

张杰尧艺名张傻子，生于 1893 年，汉军旗人，祖籍浙江嘉兴，家中曾世代为官，后家业衰落，从他父亲那辈儿起，开始玩起戏法、说起评书。张杰尧 10 岁时入一个河北梆子戏班学习，因常被老师打得浑身青紫，两年后逃跑。戏虽没学成，却为学唱表演打下了基础。13 岁时学说相声，拜满族人恩坷拉图为师。后来在北平天桥游逛，张最喜欢听"万人迷"李德锡的相声，边听边模仿，倒也学会了一些相声段子。迫于生计，他决定"身怀相声艺，闯到外埠去"。

1919 年，他开始到上海、苏州等地表演相声。1920 年，转到南京夫子庙，一路走来，他在相声表演上逐渐成熟起来。由于他在表演中善于装傻充愣又恰如其分，即所谓的"发托卖相"，观众便送他一外号"张傻子"，此后便以此为艺名行走各地，大受欢迎。凭着走南闯北的丰富阅历和各地名师的点拨，再加上有戏曲功底，张杰尧的相声技艺很快出类拔萃。1921 年冬，28 岁的张杰尧转到开封相国寺。

清末民初，相国寺内游人终年不断，鼓书、坠子、土梆子、说书、相声、双簧、戏法、皮影戏等民间娱乐活动展开。这里是曲艺杂技艺人群星荟萃之地，很多身怀绝技的艺人都在这里"撂地"演出，最吸引游客的是相声场子。张杰尧一到开封就给开封人民带来了耳目一新的段子。

在相国寺行艺的时候，他身着长袍，眉清目秀，留背头，满口京腔，一副文人模样。左手打两片竹板，右手白沙撒字，边撒边唱太平歌词。他从一唱到十，又从十唱到一，十分有趣，引来不少的围观者。张杰尧最擅长模仿大姑娘、老太太、上海商人、河南艺人。相声名家张寿臣称赞他："傻大爷一身都是嘴。"张杰尧不仅自编自演相声，还极力主张相声应该追求健康的，不俗不土、恰到好处的笑，而力避那些低级趣味的东西。张杰尧是第一位把文明相声带进开封的艺人。

二

1922 年的大年三十，张杰尧独自一人住在青云客栈，面对孤灯，听着除夕的声声爆竹，他思绪万千，不禁放声大哭。客栈掌柜忙来劝道："傻子，傻子，大年三十哭啥哩？要是没钱花，我这柜上先借给你。这几天人少，你这店钱我也不要了。"张杰尧从怀里掏出 20 块银元说："掌柜的，我不是缺钱花才哭呀！你想想人人都有家，都能回家过年，可我孤身一人，流落江湖，哪里是我的家呀？我能不哭吗？说罢，他提笔写了一副对联："处处无家处处家，天天没笑天天笑"，极为深刻地表现了江湖艺人的凄苦心境。

在开封，最初张杰尧与陶湘九搭档演出。陶湘九每天说 3 个小时评书，接着又演相声，感到很累，正巧刘宝瑞到了开封。张杰尧就又和刘宝瑞搭档演出并向刘宝瑞传授了《皮匠招亲》《百业之祖》等单口相声。后多在藏经楼前沈三摔跤场设场，因节目多、常演常新，听众有增无减，人们称他的相声为"文明相声"。他常演的曲目有《哭瞎眼睛》《丢驴吃药》《日断三案》《孔子骗食》《山东斗法》《近视看匾》等，在他的演出场子里，时常充满欢声笑语。

张杰尧经常来开封行艺，少则三五月，多则一两年，慢慢地把开封作为了第二故乡。

同在青云客栈常住的河南坠子老艺人郭文斌（艺名"郭大辫子"），见张杰尧能干有为，就把女儿郭隶华许配给了他。张于1927年在开封结婚，并先后生了3个女儿。长女掌珠，乳名阿慧；次女上珠，乳名阿聪；三女明珠，乳名阿敏。他给女儿起乳名，都带有不要忘记祖籍江南的意思。

三

在开封，张杰尧的演说形式也由单口发展到对口。他在开封先后演出过200多个段子和太平歌词，而且创作了大量构思巧妙、匠心独具的相声段子。如《罗成戏貂蝉》《张飞打严嵩》《文盲家信》《五行诗》等，尤其是具有河南地方特色的相声段子《下陈州》《河南梆子戏迷》《各地方言》《学坠子》等深受欢迎。他才思敏捷，常常即兴编演，效果火爆。

一次在开封撂地演出，正赶上开封刮风，旧时开封曾有"沙城"之称，一刮风就是黄沙弥漫，昏天黑地。旧社会的艺人最烦天气不好，没人捧场就没收入，当时的艺人们常说："刮风一半，下雨全无"。观众见起风了纷纷想闪人，张见事不妙，当时就即兴说道："咱这开封城风沙真大呀！真是来到开封府，多吃二两土，白天吃不够，夜里还得补。为什么开封风大？倒霉就倒霉在这名字上，开封开封，风都是打这儿开出来的。"由于"封""风"谐音，观众大笑。张接着又说："再说也刮不出去呀！往北一刮，封丘给挡住了；往东一刮，兰封（今兰考县）给拦住了；往西一刮，更惨，登封，又给蹬回来了。"妙语生辉，形象逗人，听众合掌大笑，连声称绝，又站住听下去。

张杰尧一生表演过400多段相声。其中许多段子是由他自己编写或改编的。上个世纪六十年代初，中央广播说唱团为了挖掘整理他的作品，曾由相声大师侯宝林出面邀请他进京，并由侯宝林、刘宝瑞为他捧哏，在中央人民广播电台录制了《关公战秦琼》《罗成戏貂蝉》《张飞打严嵩》《河南戏》等传统相声节目。

士志于道明月心

冯友兰：智山慧海传真火

一

冯友兰，1895 年出生于河南唐河一个书香之家，其父曾是清朝戊戌科的进士。冯友兰幼读私塾，15 岁考入唐河县立高等小学，1911 年考取中州公学中学班。中州公学成立于 1907 年，校址设在开封南关外繁塔寺，由明道书院改建而成。1910 年年假后招新生。高小毕业或有同等学力的人，都可以报考。冯友兰初试考了第二名，复试第一名。中州公学师生大都倾向革命。中国同盟会在日本成立后，为发展革命力量，1908 年在开封成立了中国同盟会河南分部，地址就设在中州公学，会员很快发展到 200 多人。中州公学的教师们不断对学生进行思想教育，那时的冯友兰就是在这样的环境下，思想开始觉悟的。武昌起义后，学校停课，冯友兰与堂兄们雇马车沿

冯友兰

京汉铁路回唐河。1912 年春节后冯友兰回开封中州公学继续上学。后转学至武昌中华学校。

<h1 style="text-align:center">二</h1>

辛亥革命后，上海中国公学又恢复招生，黄兴为校长。河南省决定选拔20 名学生到上海中国公学上学，每人每年发官费二百两银子。冯友兰和几个同学回到开封应试，被录取了，于 1912 年的冬天同其余 19 人一起到上海，进中国公学。1915 年他在上海考入北京大学。

1918 年 6 月，冯友兰从北京大学毕业，未婚妻任载坤同时毕业于北京女子师范学校。6 月 30 日，二人同返开封。暑期他们在开封举行了婚礼。任载坤字叔明，是光绪举人、同盟会会员任芝铭先生的第三个女儿。冯友兰后来在《自序》中说："在我和叔明结婚以后，也从他们家里接触到一些革命气息，得到一些革命的消息。"那一年 9 月，冯友兰走上了工作岗位，任河南第一工业学校语文、修身教员。同时兼任河南留学欧美预备学校中国哲学课讲师。

任载坤全力支持丈夫的事业，闲暇时她常陪冯友兰去散步，龙亭的湖光、铁塔的巍峨、相国寺的神圣、禹王台的幽静、马道街的热闹、书店街的书香以及市井的繁华都给他们留下了很深的印象。在开封居住期间，"一城宋韵半城水"的人文古都催生了冯友兰对人生哲学的深入思考。1919 年 5 月他参加了河南省教育厅选派留美学生考试。6 月赴北京参加教育部组织的选派留美学生考试，通过复试，考上了公费留学。在京期间，曾为选择留美学校一事访胡适。按胡适的建议选择了美国的哥伦比亚大学。第二年初到美国哥伦比亚大学研究院哲学系当研究生。

1923 年，28 岁的冯友兰写成博士论文《天人损益论》并通过答辩，回国后在开封安家。当时傅佩青来找冯友兰，说他在北京担任了好几个大学的哲学课，每月可以收入四五百元，他有别的事要离开北京，叫冯友兰去接他的课。因先前已经答应中州大学的邀请，冯就谢绝了。当时的中州大学由河南留学欧美预备学校改办而成，师资缺乏，冯被内定为文科主任。回到开封以后，他就走马上任，一人兼几门主课，"讲课深刻、自然，广征博引，贯通古今

中州大学文艺研究会会刊《文艺》，冯友兰为之撰发刊词

中外，受到同学们的欢迎"，"还亲自指导学生进行英译汉的练习，以培养学生学习外语的兴趣"，又受聘为学生社团文艺研究会名誉会长。1923年秋，冯在《现代评论》上撰文，阐述如何办好中国大学的看法。主张中国要充分输入新学术，并力求学术上的独立，不主张中国的教育照搬西方。

1924年2月28日是中州大学成立纪念日。《冯友兰年谱简编》记载了那天的一件趣事：上午冯友兰与全校师生员工一起将开封铁塔前金代万斤大钟拽入校园内，"小者悬校中央，代替振铃，大者置讲楼前，供考古用"。

1925年3月19日，冯友兰到开封文庙出席追悼孙中山大会。后来，中州大学文艺研究会会刊《文艺》创刊，冯友兰为之撰发刊词，又为该刊发表翻译文章。暑期前原校务主任李敬斋离开了，冯向中州大学校长要求担任该校校务主任。他通过一位朋友向校长张鸿烈开诚布公地说，中州大学是他们在一起办起来的，他很愿意把办好中州大学作为自己的事业。"如果你不同意，我就要走学术研究那一条路，我需要到一个学术文化的中心去，我就要离开开封了。"（《冯友兰全集》一卷《自序》）

在离开开封以前，他碰见于右任。于是问于右任广州的情况怎么样，是不是可以去。于右任说："革命的人可以去，不革命的人不可以去。"当时他想当一个革命的人，就决定去了。

三

五四运动前夕，新文化运动的滚滚洪流波及中州大地，冲击着河南知识界、思想界古老的闸门。《新青年》杂志从创刊之日起，就受到河南广大青年知识分子的欢迎。冯友兰积极响应新文化运动，1918 年暑假，他和韩席卿、嵇文甫等人一起创办了《心声》杂志社。每人每月捐资 5 元，作为创办刊物的经费。9 月，《心声》杂志在开封创刊，冯友兰任主编。他根据新文化运动的启蒙精神，为《心声》撰写了《发刊词》。《心声》初为周刊，每期 1000 份左右，发行省内外。1919 年改为月刊，篇幅扩大，每期四五万字。杂志地址随着冯友兰的住址变动而变化，先是在开封的老府门，后来迁到了青云街。

11 月，《心声》第 8 号、第 9 号、第 10 号合刊出版。刊出冯友兰的随感录二则，一论"教育界的'害马'"，一论"教育界的'功狗'"。后者认为"中国所以衰弱要亡，就是因为学术思想不及人家"。

冯友兰于 1919 年秋决定在《心声》杂志刊登河南公立法政专门学校进步学生郭须静翻译的《理想家的社会主义》一文，此举可视为河南省最早公开传播马克思主义理论学说的先声，这篇文章发表于 1920 年 1 月《心声》杂志第 2 卷第 1 期显著位置上。五四运动中，《心声》杂志站在学生运动一边，是当时河南同情支持反帝爱国运动的唯一刊物。冯友兰留学美国后，《心声》杂志由徐旭生等接办。

冯友兰在古都停留 6 年左右，开封曾是他青年时期求学之地，更是他开始社会活动与学术活动的地方。在开封，冯友兰先生站在时代潮流的前列，为反帝反封建的爱国运动和新文化运动在中原大地的兴起做出了重要的贡献。开封是他人生道路中的重要一页，他在汴期间也为开封现代文化史上写下了浓重的一笔。

师陀："果园城"中乡土风

　　师陀是从开封走出来的现代著名作家，杞县化寨人，原名王继曾，字长简，曾用笔名芦焚、君西、康了斋等。20 世纪三十年代开始从事创作，擅长写作多种体裁文学作品，是我国现代著名散文家、小说家，剧作家。师陀一直坚持认为自己是个"乡下人"，他在《黄花苔》序中说，"我是从乡下来的人，说来可怜，除却一点泥土气息，带着身边的真亦可谓空空如也。假如世界不妨比作旷野，人生也好算作路，那么，我正是带着这样一颗空空的心，在芸芸众生的路上慢慢走着的人。"正是这个"乡下人"，在中国现代文史占重要的地位，夏志清在 1961 年出版的《中国现代小说史》中，高度评价师陀的长篇小说《结婚》，认为它代表着上世纪四十年代讽刺小说的一个高度。在战火纷飞中，师陀心怀忧患，埋头创作，成就卓著。《无望村的馆主》充分表现出师陀乡土小说的特色，李健吾评论说："诗是他的衣饰，讽刺是他的皮肉，而人类的同情者，这基本的基本，才是他的心。"1946 年 5 月《果园城记》由上海出版公司出版，《文艺复兴》杂志的编者更惊赞其"优美深刻，得未曾有；纯静、凝练、透明，反复闪光的水晶。"

一

　　1910 年 3 月 10 日，师陀在杞县出生，童年和少年时代，生活于落后、闭塞的豫东农村。5 岁时，师陀开始读私塾。每天天不亮，蒙童就得到书馆去读书，这对不满 10 岁的儿童来说，简直是一种磨难。最惬意的是到了伏天，屋里太热，他就睡在天井里搭的小床上，听祖母讲民间的传说故事。读完私塾，父亲便让他去县城读初级小学了。断断续续读了一年多，考入高级小学。高小学二年毕业。在这两年里，他曾听过许多评话，如《东周列国志》《三国演义》《水浒传》《包公案》《济公传》《七侠五义》《封神榜》等。他成了听书迷。除非下雨，几乎每天下午一放学就直奔城隍庙去听，

· 师 陀

不到天黑或不听完就不回家。回到家里，错过了晚饭常常挨骂。在他 14 岁以前，记忆模糊的私塾和小学，是在乏味的朗朗读书声和民间文艺的快乐中度过的。

1925 年夏天，师陀小学毕业考取了河南省立第一商业学校初中部。在开封求学期间，教国文的老师比较和善，教学也十分认真负责，师陀对作文产生兴趣，在国文老师的影响下，读了《儒林外史》《茶花女遗事》等中外名著。在学校里，他曾跟同学一起游行过，在群众大会上，听萧楚女、李伟森的演讲，接受了进步思想，提高了对革命的认识。在开封读了 2 个多学期的书，因北伐战争爆发，教育经费被挪作军费，学校停办，师陀回到了杞县老家。在乡下共住了一年多，为解除精神上的苦闷，他开始接触新文学，读了不少的新文学作品。后来，河南省立第一商业学校并入河南省立第一中学，他又读了一个学期，初中毕业后考取河南省立第一高级中学文科，曾与志同道合的同学创办小型刊物《金桥》。1931 年暑假毕业，便奔赴北平了。"九一八"事变发生后，抗日怒潮席卷全国，师陀参加了中国共产党的外围组织"反帝大同盟"，写标语、游行示威，到工厂，学校宣传抗日。1932 年 1 月，他开始

士志于道明月心

写反映青年学生日爱国运动的《请愿正篇》和《请愿外篇》，这两个短篇后来分别发在《北斗》和《文学月报》上，署名"芦焚"。从此，他就用这个笔名陆续投稿给《现代》《文学》《文学季刊》《申报·自由谈》《大公报》《文艺》等刊物。他说，他还为自己规定了一条戒律：决不向国民党官办报刊投稿。1932年5月25日，他与汪金丁、徐盈合办的文艺刊物《尖锐》在北平创刊。该刊为十六开本，共出三期。7月，因为父亲去世，他回河南办丧事，后来又回杞县老家居住一段时间。

他以故乡的村镇生活为背景创作了一批小说。师陀写这些作品，是要"把所见所闻，仇敌与朋友，老爷和无赖，总之，各行各流的乡邻们聚集拢来，然后选出气味相投、生活样式相近，假如有面目不大齐全者，便用取甲之长补乙之短的办法，配合起来，画几幅素描，亦即所谓'浮世绘'的吧"。他早期的乡土小说是中原故乡的浮世绘，在富有豫东风情的自然美景与丑陋人事的对拟中表达着作家对于故乡的特殊爱憎，展示了各类小人物的命运，揭露了人间的不平和不幸，渗透着悲怆，蕴含着激愤。

二

师陀中等身材，"硕大的头脸，鼻梁上常架着一副度数很深的有边眼镜"（鲁迟：《芦焚——文坛人物杂记》），给人的印象十分和蔼可亲。他以"芦焚"的笔名连续在全国各大报刊发表小说，几年之间成为中国一流作家。1936年他以第一个短篇小说集《谷》与曹禺《日出》、何其芳散文集《画梦录》同时获得《大公报》文艺奖金。1936年秋天，师陀从北京到了上海，参加了中华全国文艺界抗敌协会。师陀的夫人陈婉芬曾这样回忆说，师陀与巴金、卞之琳三个是结拜的好朋友，经常在一起。是师陀成全了巴金和萧珊，当年巴金人长得漂亮，又出了名，好多女孩子追他，给他寄照片，他不知道哪一个好了，就去问师陀。师陀看了看，就说这个大眼睛的看着不错。这位大眼睛姑娘就是萧珊，萧珊很感激师陀。

1941年至1947年，师陀担任苏联上海广播电台的文学编辑，他"心怀亡国之悲愤牢愁，长期蛰居上海"（《师陀自述》）。他生活清苦，却始终保

1985 年师陀（右）与巴金在上海

持着可贵的民族气节，从来不为汉奸报刊写文章。当发现有的汉奸文人在伪《中华日报》上盗用他的笔名招摇撞骗、制造混乱时，他立即在刊物上发表声明，对敌人的阴谋予以戳穿。当时《万象》发表师陀给编者柯灵信。师陀对盗用"芦焚"笔名的文坛丑类首次给予揭露："从去年起便有另一位'芦焚'在上海发表文章，此其所谓以别大雅也。又，今后凡作品以贱名刊出，题目未经制版而字迹不符者，倘非转载，则即为另一'芦焚'所为，与弟无涉。"1946 年 7 月以后他不再使用芦焚这一笔名发表文章，师陀这一笔名开始长期使用。

三

　　他长期居住上海，1946 年冬天他回到家乡，并在开封小住，到 1947 年春天离开。1947 年夏为母亲治病他在开封小住两三个月，期间出席了开封文化界举行的茶话会，和一个话剧团的聚餐会。1947 年 12 月苏金伞创办了文学刊物《沙漠文艺》，师陀还写了篇小说《苦柳》发表在 1948 年 1 月出版的创刊号上。1950 年河南省召开第一次人代会时，邀他作为特邀代表回河南参加大会。

对于开封师陀爱恨交加，1960年他回到开封写了《"变脸城"脱胎换骨》，"我早上离开郑州到开封去，心里充满了矛盾。我做学生时期在开封住过，我也从报纸上、朋友的口头上和信札上得知那里在建设，可究竟又改变了多少呢？""从龙亭上可以浏览开封全景。沿陇海线错错落落，一望无际的是新的厂房，在灰色的城区里，则是乱七八糟的小烟囱。然而真正彻底改变了的是开封人的精神，一改过去那种萎靡不振的习气，现在是连走路都显出工人的气魄……"1981年，开封《中岳》杂志委托师陀在上海代约名作家的稿子。他"不良于行，碍难一一趋访"，于是便使用复写纸一次写了多封信约请名家。师陀说，《中岳》对于名作家的稿子，稿费从优，超过一般最高标准规定。它又是地区刊物，只在河南省发行，外地看不到。因此稿子发表后，不妨拿到其他刊物重新发表。"有这种种好条件，谊属旧交，敢向你约稿。盼赐佳稿。稿子请寄给我，我收到后当转给他们。"附信并寄上《中岳》一份，供作家参考。1986年师陀应邀到河南大学讲学，还回到杞县老家和乡亲们团聚。1988年10月7日，师陀逝世。

张善与：心怀教育救国愿

《开封市教育志》记载："建国中学，创办于 1931 年，地址在开封市小南门里，校长张天放，1948 年停办"。1931 年国难当头，是什么力量促使他致力于教育救国，而且给学校命名为"建国中学"？校长叫张善与，字绍平，号天放，新乡人。张善与生于 1882 年，幼读私塾、天资聪慧、笃厚寡言、性善益友、勤奋好学。光绪三十三年，时年 25 岁的他考取秀才。1908 年，由河南省出资送他到日本文学院速成师范班学习，结业后转学日本早稻田大学法律系，毕业时获日本国政学士学位。在日本期间，他与孙中山先生相识，并深受其民主革命思想影响，毅然加入中国革命同盟会，积极投身革命活动。深受孙中山赏识，1911 年回国后参加了辛亥革命。1912 年他在南京参议院任参议员。1919 年，中华革命党改组为中国革命党后，张善与任中央委员，被委派到北平任众议院议员。

一

受孙中山先生委派，张善与任驻京议员，以监视北洋政府。在此期间，曹锟为拉选票，特贿在京议员每人五千银元。同时命令北京各城门严加防守，跟踪监视，在京议员均不得出京。当家人将曹锟送贿金之事告诉张善与时，他顿时满腔怒火，十分气愤。为了不损于个人的品德，在选举前一天晚上他化装离京，径奔广州，将五千元银元贿选款交给孙中山作政府经费。当时广州政府经费十分困难，此举受到孙中山先生的由衷称赞。面对如此栋梁，于是孙中山建立国民党河南省党部时，任命张善与为河南省党部自治区筹备处处长，从事筹建工作。

1925年3月12日，孙中山先生逝世后，他对国民党官场尔虞我诈、贪赃枉法、裙带风那一套深恶痛绝，逐渐淡出了政界。他有自己的想法，一心为给革命培养人才，1931年，他在开封创办建国中学。日本留学时他就认识到，要想救国只有从教育入手，多为国家造就人才。建国中学设文化班和职业班，职业班又分会计、新闻两班，共有学生400多人，经常邀请社会贤达来校演讲，曾聘请著名新闻记者张了且给学生讲新闻课程。

当时张善与身兼多职。有三处付薪，月总收入1200元，而他只留下200元维持家用，其余全用于办学开支。据当时在建国中学任中学部教导员兼小学部主任的魏晓云回忆：张善与办学凡事从俭，为节省开支，学校不准用电灯而点油灯，不准用洋火，采用古老方法用火石、火镰打火。个人生活更为朴实，早晚是小米稀饭老咸菜，中午常吃大米、面条；穿戴就更不讲究了。张善与以苦为乐，不以苦为耻的勤俭办学精神，深受全校师生钦佩和社会好评。

二

张善与不但勤俭办学，而且还颇有雅兴，爱好古琴。为弘扬民族艺术，他和志同道合者组建"中州琴社"，该社宗旨为保存古乐，发扬传统音乐艺术。社员多数为知识分子，他们自由结合，以互相学习，交流经验，砥砺品格道德。定期聚会，或携琴访友，共赏雅乐。琴社集会地址在建国中学校内。相与谈乐论曲，鉴赏古琴谱、琴的形制等，也接待外地来访者。建国中学成了古琴爱好者的活动地点。抗日战争前，音乐家刘天华为研究古乐，曾来拜访，受到张善与的热情接待。张善与他们还搜集了许多琴书，如《诚一堂琴谱》(六卷，清程允基编)、《琴谱大全》(明杨表正等编)等。除琴家专著之外，尚收集有私传之曲，如明末遗老孙夏峰的自撰琴谱《夏峰曲》，刊入《夏峰集》内。曲词云："薄暮出乡关，听泉声三十年，夏峰烟月浑无厌……"描写他年老耳聋目花、琴书自乐情景。可惜的是，开封沦陷后，很多珍贵的古琴和琴谱都遭受洗劫，或被日军抢走，或毁于兵火，或散落民间。

三

1941年，11月12日，在孙中山诞辰纪念会上，张善与想起近段日寇扫荡，国军败退后十分愤懑。他现场慷慨演讲，讲述黄兴、廖仲恺等革命先驱为建立民国的英雄事迹，对广州七十二烈士为国家、为民族，抛头颅、洒热血，视死如归的崇高牺牲精神，表示由衷的钦佩。他不畏强权，现场义正词严地揭露了蒋介石、宋子文、孔祥熙、陈立夫四大家族的罪恶发家史，猛烈抨击他们违背孙中山先生遗嘱的倒行逆施。"他激昂慷慨的讲话，使台下官兵啧啧称赞"。1945年8月日本投降后，10月份张善与就重返开封恢复建国中学。他辞去国民党河南省党部的经济委员一职，全部精力放在了建国中学。他一直谨遵孙中山遗教："要做大事，不要做大官"。他认为，教育，关系国家兴衰和民族存亡。中国的问题必须从教育入手，以提高全民族的科学文化素质，培养大批有志青年，实行教育救国。为了发挥舆论作用，他在开封成立建国通讯社，自任社长，经常与工农商学兵各界人士联系，倾听其呼声和意见，并公开在报刊发表。开封工商者在沉重的苛捐杂税压榨下，痛苦不堪。他不断以律师身份出面为其辩护，以维护广大工商者的利益。

1946年，蒋介石不顾全国人民和平建国的愿望，又挑起了内战，破坏国共两党合作。张善与教育救国、振兴中华之愿望与日俱增。于是他又在新乡县北陈堡镇创建了开封建国中学分校。他为办学呕心沥血十余载，给国家培养了大批人才。

张登云：誓死不当卖国贼

古城开封，寻常巷陌，几多风云际会，残破旧宅，人道名士曾住。老门楼诉说着岁月沧桑，老房子上演过惊心"大戏"。北太平街16号，张登云故宅，已经被列入"开封市文物保护单位"。当年义薄云天的辛亥志士张登云在古城留下了一段段佳话。住在开封的张方旦已经不在老房子里面居住，但是他特别怀念四合院的那段如水时光，怀念与父亲张登云一起走过的日子。

一

张登云，字跻青，号柿谷道人，汜水人（今荥阳），光绪末年中举，1905年经清政府保送赴日本早稻田大学政法系学习。在日本东京求学期间他结识了廖仲恺、于右任、李济深等革命志士。张登云拥护孙中山先生的革命主张，在日本加入了同盟会。1909年，张登云从早稻田大学毕业，他不但确立了志向，还觅得一日本女子樱田菊子为妻并一同回国。张登云赴日留学前在家乡娶妻王氏育有三女，后娶樱田菊子生有一女。不孝有三无后为大，张登云父母命他又娶李淑珍，生五男二女，张方旦先生为其五子。张登云在河南法政学堂（1922年改名为公立河南省法政专门学校）任教，被推选为河南咨议局议员。张方旦说："法政学堂内的不少房屋都是我父亲主持修建的，今天三胜街31号仍有旧址。"辛亥革命时期，同盟会的思想在河南法政学堂影响很大，以张登云为首的许多教工、学生都是积极革命的志士仁人。张登云一面教书，一面联络革命党人进行秘密活动，使河南法政学堂成为开封革命党人的主要活动基地之一。1911年辛亥革命爆发，他同张钟端、杨源懋、王少湘等在开封积极响应，准备武装起义。张登云负责内部联络和后勤工作，终因内奸告密，起义失败，张钟端、杨源懋等人被杀害。起义地点原定河南法政学堂，张登云作为该校教员，因未住学校而免遭于难。当时清政府继续搜捕"革命党"，张登云已经被便衣密探监视，处境十分危险。"我父亲决定乔装

张登云

打扮，逃离开封。他雇了一辆轿车，身穿花衣裙，头戴红色头巾，仆人林德拿红色包袱，经过胡同口时就遇到警察盘查，林德答是新媳妇回门后就被放行了。"轿车直出北门，转至车站后才换男装，乘车逃至上海，经上海转往日本长崎，在岳母家避难。直到清帝退位，他才再次回国，仍在河南法政学堂工作，并担任国民党河南支部副部长。

袁世凯就任大总统后蓄意称帝，张登云和袁有过交往，便写信规劝袁不要倒行逆施。袁看了大怒，通令捉拿张登云，河南督办张镇芳秉承袁的旨意，派人追捕。张仓促中躲到厕所内暂避一时。"他认为必须出城躲藏，于是就扮成一个妇女，穿上孝衣，坐在一辆轿车上，让车夫扮作哑巴，轿车门上挂着作吊的纸幡，以孝妇上坟为名混出城门，由开封逃回汜水老家躲避。"张方旦说，后来张镇芳又二次派人到汜水老家查找，侥幸脱险。不得已，张登云再度流亡日本。经留日同学开封人张国威介绍，在千叶县结识了中共早期领导人李大钊。1916年6月袁世凯病死后，张登云又回到开封，仍在公立河南法政专门学校担任教务长。张方旦说，听他的奶妈说，1925年7月初，有2个大胡子来拜访张登云，"其实就是李大钊在于右任陪同下，来开封会晤

士志于道明月心

青年时代的张登云

胡景翼时，到我家与我父亲晤谈。于右任当年在日本东京与我父亲相识，彼此交情深厚，当时于右任还给我爷爷张文会写了一副寿联呢。"

1921 年张登云转入政界，先后任河南省实业厅长、政务厅长和代理河南省省长。河南省当时的政法界人士，多出其门，他谦逊和气，廉洁奉公、热心公益，曾协助汜水县在开封建立会馆，办理救灾平粜。1927 年冯玉祥二次督豫，惩办了一批贪官污吏，有人诬告张登云，冯玉祥对他进行了三个多月的审查后无罪释放。张登云看到官场腐败、仕途高危，便辞官闲居。在汜水老家晴耕雨读。他参与了《汜水县志》的重修，初稿完成后他精心审阅，安排出版。1928 年，他重返开封，虽然挂牌律师，却很少替人诉讼，只是减少社会上的麻烦而已。1934 年 12 月至 1937 年 4 月底，刘镇华聘请张登云任安徽省政府法制室主任。碍于面子，他去了安徽。除了办公，其他事务一概不过问，醉心于研究书法。1937 年又辞职回到开封。

二

1938 年 6 月，开封沦陷，张登云与日籍妻子留居开封。侵华日军得知张登云在河南有一定声望，并曾留学日本，还有一位日本妻子，便想拉他参加日伪华北自治区政务委员会，他置之不理。为了拉拢人心，土肥原贤二曾两次造访张登云家，土肥原贤二当时是日本华北驻屯军总司令，他以在日本早稻田大学同学的身份，亲自从北平到开封请张登云出山，张登云事先得知消息后，便躺在床上装作病得神志昏迷。但这个小伎俩怎能瞒过老奸巨猾的土肥原贤二呢？他立即交代驻开封日军请来意大利医生来为张登云诊治。医生看了，说心脏不正常，还常送药上门。但是张登云每次都把药扔掉，说"宁死也不吃他们的药"。"从此后，父亲就托故说有心脏病，需要静养，再不出山了。"

土肥原贤二第二次来张登云家是来告辞的，并交待他的顾问庄村勤来看望。他表示一直有意让张登云主持河南伪政府或参加华北政务委员会。当时张登云以有病需静养，不予回应。土肥原贤二像是胸有成竹，并不着急，唯道保重、三思，然后作别。

土肥原贤二离开了开封，但是庄村却天天来纠缠。"有一天来了两个日本人，在张家前院给我父亲、日本母亲、四姐张英华和我哥哥张方正拍了一张照片。"庄村说这是土肥原贤二想通过新闻照片告知张登云在日本的朋友，不久，日本的《朝日新闻》在头版登出了这张照片。"照片登报后，一度引来很多日本人，有父亲在日本留学时结识的旧友，也有随侵略军进开封的官员、商人、职工和他们的眷属。"张方旦说。

土肥原贤二造访张登云之事，在开封城成了爆炸性新闻。甚至有的谣传日本兵的头目就是樱田菊子的侄子。日本兵不会侵犯张家，所以有不少乡亲怕日军骚扰，来张登云家避难。"凡是来我家的，父亲都予以好好安抚、接待。街坊受到骚扰时，也常找他们排解。"后来附近几条街道的30多名青年妇女都在张登云家中避难，张登云为她们供应食宿，直到局面稳定下来之后，她们才陆续回家。

三

1944年夏，日军在豫中会战后，占据豫中、豫西45县，日军对新占领区除在主要城镇驻兵外，未能建立"稳固"统治。1945年3月，日军划河南新沦陷区为"中原省"，省会驻郑县，欲拉张登云与其合作。日本人强行用汽车把他拉到郑县，用他的名义通知各县到郑县开成立大会。张登云到郑县后大肆喝酒，总是酩酊大醉，疯疯傻傻。日军自行在报纸公布平原省公署于郑县成立，张登云任省长，欲迫其就范。张登云决心以死相拒，提出要先回老家看看。驻郑县的日军司令石夫勇一派车送他回到汜水祠堂沟，并命令汜水县驻军司令中岛注意张登云的行动和安全。他的侄子，氾水县抗日民主政府委员张华强受组织委派秘密回家做他工作，他明确表示，拥护共产党的抗日政策，宁死不做汉奸，并鼓励几个侄子要跟共产党革命到底。张登云在老家的表现使敌人感到张并不是他们所理想的人物，从而放松了对他的监视。于是张登云伺机逃离虎口，与仆人林德在荒僻无人的郊野，顶风冒雪，步行3昼夜后回到开封家中。张登云又躲过了这一劫，保持了一个中国人崇高的民族气节。

张登云曾对孩子们讲："我无力拯救国难，就够惭愧了，岂能再当汉奸，认贼作父，为虎作伥，危害同胞呢？"张方旦先生至今仍自豪父亲当年没有屈服于日本人的威逼利诱。他说："我父亲当年说过，他不能吃子孙饭。现在我才明白，他誓死不当汉奸，其实是给后代留下一条长久之路。"

赵清阁：锦心秀女情意深

赵清阁是我国三四十年代享有盛名的剧作家，她才貌双全、能诗善画，并通晓音律。她是齐白石、刘海粟的得意弟子。她独闯上海，成为最年轻的知名女编辑；她创办了第一个以宣传抗战为主要内容的纯文艺刊物《弹花》；她第一个把古典文学名著《红楼梦》改编成话剧剧本。一个才女，一生未嫁，其中自有玄机，她一生独守香闺，为谁？她十分仰慕老舍，曾是老舍先生的红颜知己，有一年，她生日，他寄赠："清流笛韵微添醉，翠阁花香勤著书。"祝词书写优美，她一直悬挂家中。

一

赵清阁是信阳人，生于 1914 年的 5 月，她的祖父是清末举人，常吟诗作赋，舅舅是进士。母亲长于刺绣女红外，亦能诗会画。赵清阁 5 岁丧母，被寄养在当县长的舅舅家，与表兄妹一起受诗书熏陶。随着年龄渐长，赵清阁与祖母、继母一同生活。在她看来，儿时最喜欢的读物是信札，记得父亲在外地工作，每寄家书回来，总是继母先看，然后再让她念给祖母听。回信也由她用祖母的名义代写，继母回信自己写，不会写的字就留空白，或叫赵清阁填上，或让父亲去猜。有时也索性叫赵清阁代笔，她口述，赵清阁照录，好处是赚点糖果吃，更大的"好处是她学会了写信，从信上知道了许多事情，懂得了不少人情世故、礼仪、规矩"。赵清阁在信阳市读完了小学和初中，一天无意中听到继母要把她嫁给一个不认识的人家，她讨厌这样的封建婚姻，唯一的办法就是逃离这个家庭，祖母把仅有的四块银元交给孙女，支持她出逃。她想继续读书，1929年的一个冬夜，15岁的赵清阁离开信阳，踏上了开往开封的班车。

她唯一的指望就是有一个姨妈在开封。在姨妈家住下之后，她不满姨妈的唠叨和劝告，后来就离开了。开封当时作为省城，偌大的一个地方，却无赵清阁的立锥之地。背井离乡的少女这才感到颠沛流离的生活就要开始，唯有自己的个人奋斗才会换回有尊严的生活。她头也不回地踏入了茫茫社会。生活的残酷启发她思考，必须杀出一条路来才可以安身立命。倔傲顽强的她从此投入到时代的洪流之中。

二

开封是赵清阁的福地。她凭借天生聪慧，没经过专门训练竟然考入了开封艺术高中二年级插班，学习国画兼攻文学。她十分珍惜这次学习机会，在校期间她借阅了大量中外文学名著。她产生了创作兴趣，开始写诗文，多年

赵清阁在书房

之后她在回忆 1930 年发表处女作的情形时说："我贸然第一次投了一首押韵的新诗给《河南民报》副刊，不想没有几天诗就发表了，还得到了稿费。这时候我还不太懂得'诗'的意义，只觉得能将心中的抑郁、愤懑写出来，公之于世，既痛快又有报酬，一举两得！于是从此我便向各报投稿，我什么都写，小说、戏剧、诗歌、散文、杂文，我把一肚子怨气都倾泻到笔墨间，我不仅抨击自己的封建家庭，也批评揭露亲友的家庭。"1932 年高中毕业后，赵清阁在河南大学中文系旁听，并在河南救济院贫民小学任教。她开始发表作品并主编《新河南报·文艺周刊》和《民国日报·妇女周刊》。1932 年，她写了第一个话剧剧本，发表在开封的一个报纸副刊上。1933 年她考入上海美术专科学校插班，并在上海天一电影公司的《明星日报》兼任编辑。1935 年"美专"毕业后她回到了开封，应聘至开封艺术高中教书，暑假时写了些针砭时弊的杂文，刺伤地方当权者。一天深夜，几个军警借查毒品为名，抄了赵清阁的家，查获一封"赤色分子"田汉的信和《资本论》一类的书，以"共党嫌疑"罪而被捕入狱，年底经师友保释。

三

抗战爆发后，1938 年赵清阁在武汉参加中华全国文艺界抗敌协会，老舍是"文协"总务部主任，她是理事会干事，并主编《弹花》文艺月刊，宣传抗日。他们在国难中相识。当时，赵清阁刚刚 24 岁，老舍则已是名满全国的大作家。在共同的工作和战斗生活中老舍把赵清阁看成是知己。

1944 年夏日，老舍应赵清阁之邀，书白居易诗《秋居》扇面相赠，老舍在落款处写到"录白香山秋居应清阁作家之嘱，甲申夏老舍"。1945 年 10 月 23 日，老舍与傅抱石一起到重庆莲花池看望赵清阁，为赵清阁送行。傅抱石赠"红枫扁舟"册页一帧，老舍当即挥毫在上面写下了一首诗，诗曰："风雨八年晦，霜江万叶明。扁舟载酒去，河山无限情。"

诗人牛汉在《我仍在苦苦跋涉》中叙述：有一年他和方殷到上海组稿，到汉口路附近小弄堂二楼找到赵清阁，请她写回忆文章。她在重庆时期和老舍关系十分密切，"一起从事创作，共同署名。后来胡絜青得到消息，万里

忆蜀中小景二绝

萧萧清新捲月明田边菖井晚波生村

姑汲水自来去坐听青蛙断续鸣

杜鹃峰下杜鹃啼碧水东流月向西寞道

花残春窊窎隔窗新笋与篸齐

庚子牡丹初放窎奉

清阁同志两教

老舍於北京

老舍先生赠赵清阁的书法

迢迢，辗转三个月到重庆冲散鸳鸯。"梁实秋在《忆老舍》一文中说的比较含蓄："那时候他的夫人已自北平赶来四川，但是他的生活更陷于苦闷。"老舍1948年从美国写给她的一封信说他在马尼拉买好房子，为了重逢，曾邀请赵到那里定居。

1946年3月老舍赴美之后，赵清阁就创作了一篇短篇小说《落叶无限愁》，并收入自任主编的《无题集——现代女作家小说专集》。小说叙述了中年的邵环教授，有妻子，有两个孩子，但却爱上了未婚的才女灿。抗战胜利后，灿悄然离去，并留下一封婉拒书。这仿佛是她的一篇自传体小说。

陈子善在《这些人，这些书》中有篇写赵清阁的："赵清阁临终前把老舍写给她的七八十封'情书'统统付之一炬，真是可惜啊！"在《沧海往事——中国现代著名作家书信集锦》一书中，赵清阁仅仅收录了老舍的四封书信。笔者专门查阅了赵清阁晚年发表的许多怀念别人的文章，没有一篇是专门写老舍的，只是偶尔在一些文章中点到，而一写到老舍，却又有说不尽的钦慕。赵清阁在《长相忆》自序中写道："老舍的旧体诗有极高的造诣，二战时在重庆，朋友们每联句赌酒，他联的既快又精。他还善于集人名为诗，很有风趣，朋友们称赞他的这种诗作。他给我写过一首五言绝句，是八个人名联集成的，一个虚字没有，不易！诗如下：清阁赵家璧，白薇黄药眠。江村陈瘦竹，高天藏云远。"她十分佩服老舍的才华。

《沧海往事——中国现代著名作家书信集锦》一书中有一封老舍写于

1955 年 4 月 25 日她生日前的信件，老舍说她"你总是为别人想，连通信的一点权益也愿牺牲。这就是你，自己甘于吃亏，绝不拖拉别人！"他称她"珊"，自署"克"，那是赵清阁根据勃朗特《呼啸山庄》改编的话剧《此恨绵绵》中主角安苡珊和安克夫的简称。因为懂得，所以慈悲。后来的几封，老舍称她清弟、清阁，自称"舍"，浓密细致地嘘寒问暖，殷切之意，透出字里行间。

赵清阁一生著述，多为话剧电影剧本，亦有长篇小说、诗歌和散文。郭灿金博士曾赠我《三十年代中原诗抄》（周启祥著），翻阅此书我看到了赵清阁的几首诗歌，被她那细腻的笔触所吸引。上世纪 30 年代，她曾一度引领中原诗坛，乱世红颜笑傲峥嵘岁月，左手写诗，右手绘画。后来茅盾赠诗赞她："黄歇浦边女作家，清才绮貌昔曾夸。"田汉称她说："从来燕赵多奇女，清阁翩翩似健男。"她数十年笔耕不辍，著作等身。晚年她把珍藏一生、价值连城的字画、书信手稿全部捐赠给了国家。

赵清阁一生多病，终生孑然一身，相伴她的是孤灯黄卷。"沧海泛忆往事真，行云散记旧风尘；浮生若梦诗文旧，不堪回首老病身。"这首她晚年的诗作概述了她的桑榆暮景。她的人生之旅是孤独、寂寞的，但又是丰富多彩的。1999 年 11 月 27 日她在上海病逝，享年 85 岁。

刘玉华：双刀如雪扬国威

　　她曾是柔弱的小女子，为了强身健体而研习武术；她武艺精湛，从 13 岁开始参加河南省的武术比赛，直到 1979 年在全国武术观摩交流大会以特邀代表参加表演，在武坛上活跃了 50 个春秋。她巾帼不让须眉，作为中国体育代表团国术队成员参加第十一届柏林奥运会，她的双刀表演，曾轰动柏林。她叫刘玉华，她一家走出四名武术教授，1979 年，中央新闻电影制片厂拍摄的《奇功异彩》曾报道了这一"武术之家"。刘玉华后来从事教学工作，培养了众多的武术专业人才，晚年还担任硕士研究生导师，整理有《龙凤双剑》《对劈刀》等著作，她是开封的骄傲。

一

　　刘玉华 1916 年生于开封市，父亲是以卖小杂货为生的小商人，对独生女格外钟爱，因她自幼体弱多病，又没钱买药，父母希望她能受益于武术锻炼，借以祛病。开封古城文化底蕴丰厚，长期以来民间皆有习武之风，民间大师辈出。6 岁的时候父亲就让她跟赵春山学习武术。赵青山是远近有名的拳师，功夫很好。于是刘玉华从压腿、踢腿、劈叉、弓步、马步到小套路，越练越起劲，进步很大。7 岁的时候，刘玉华师从闻名武林的"何大刀"何福同和"孟大枪"孟广泰。何福同是个粪业工人，其春秋大刀技法娴熟，曾经得到过冯玉祥的嘉奖，上书"赠给何大刀"并奖大刀一口。他们在东蔡河湾街的泰山庙成立了一个"大同武术社"，其目的并不是为了赚钱，而是要将自己辛辛苦苦学来的武艺传下去，所以对于前来学拳的徒弟并不苛求学费。没钱的可以不交，即使交来的钱也只作为晚上的灯费和茶水钱。在当时，一个女孩子大大咧咧地和一群男孩子在一起习武，而且不裹脚，不免引来众多的闲言碎语，有人说："闺女家连脚也不裹。男男女女混在一起，蹦蹦跳跳真不像话，难道想让闺女当武状元吗？"（刘玉华《60年风雨路》）可是为了她的健康，父母不但没有被闲话所动摇，还始终鼓励她好好学习下去。

两位教练在教授学生武术时不分年龄性别，谁做得不标准就会用手中的小木棍儿赏他一棍儿。刘玉华年龄小，加上身体素质不好，力量差，所以是武术社里挨棍子最多的人。两位老师对学生不仅在武术技巧方面严格把关，而且在武术道德培养方面也下了一番工夫。他们常常教导刘玉华要尊老爱幼、扶弱济贫、诚信待人，还说"武人不武，武了出事故""场外似绵羊，场上如猛虎"等等，这些话对刘玉华的影响很大，也让她爱上了武术运动并下决心为武术事业而奋斗。当时，和她在一起年纪相仿的女孩子有五个人，到后来能坚持下来的就只剩下刘玉华一个了，所以老师特别喜欢她，常常在武术社放学后，还到家里给她加课。在老师的严格教导下，她打下了良好的武术功底。

1929年刘玉华从河南省立第三小学毕业，考上了省立第一女子中学。按照规定，那时是应该住校的，可是刘家经济困难，交

1935年"第六届全运会"弹丸比赛第一名获得者河南的刘玉华

士志于道明月心

不起住宿费，刘玉华也不想耽误自己晚上的练功，于是，她向学校提出申请不住校，得到批准。尽管减去了住宿费，可是在那个年月一般老百姓家庭供个学生还是很困难的。所以后来她不得不辍学在家专门练武。不久后她考入了河南省国术馆第二期训练班，这里不用住校，不交学费，而且还供应伙食。她非常珍惜这难得的学习机会，她一方面继续苦练已经学会的套路，另一方面认真学习新的武术内容，诸如形意、太极，拳击等。不到一年，南京中央国术馆招生的喜讯传来，她决定前去报考。南京国术馆是全国有名的武术最高学府。考试结果，总评她的成绩分数最高。她在南京国术馆得到了很多名师的指点，她的武术理论和技术突飞猛进，更加出类拔萃。

二

据《开封市体育志》（初稿）载：自 1929 年起，刘玉华连续参加了河南省的历次武术运动会和河南省考；1931 年和 1933 年在十六届、十七届华北运动会上分别获得拳术、双刀第二名（男女不分组）。1934 年第十八届华北运动会上获棍术第三名（男女不分组），同年获得河南省国术省考"武士"称号。1935 年在第六届全国运动会上获大红拳第三名，弹丸射中第一名。

1936 年，第十一届奥林匹克运动会在德国柏林举办。凡欲参加的武术运动员，按规定，必先在县武术馆举办的比赛中夺得名次，而后才能参加省武术馆举办的比赛，在省武术馆举办的比赛中再夺得名次后，最后才能参加上海举行的全国比赛，这样逐级选拔出来的武林精英，自然功夫高超。但是，其难度也是可想而知的。刘玉华当时已经是省武术馆的教员，所以可以免去县级的选拔赛，直接参加省级的选拔赛。那次省考，是在开封举行的，为期两天，强手林立，鏖战激烈。有一位人称"河北张"的老人，鹤发童颜，眉清目秀，找到她，翘起拇指称赞一番之后，主动提出愿将自己的绝活"牛角拐"传授给她，说："我是择人而教的，我看你是可以做我的传人了。"刘玉华感激之下，找到何福同老师商量，何老师思想很开通，欣然同意，于是她就把"牛角拐"这一绝活学到了手并在这次省选拔赛上进行了表演，当然，枪、棍、刀、剑，大红拳一、二、三路是必不可少的，比赛结果，她的总分最高，

1936年第十一届奥运会中国代表队国术表演队成员、全国著名武术家温敬铭、刘玉华，此照为二人晚年所摄

独占鳌头，成为河南省能参加上海全国选拔赛的唯一巾帼英雄。

在上海的最终选拔赛中，不但有徒手、器械表演，而且还有散打。刘玉华的表演当时就震惊全场。她的空手对打劲敌是南京国术馆的一名女生，而单刀对长枪的对手却是一位男性，经过几十个回合，刘玉华都是以三局两胜完美胜出。当时报纸竟登赫然醒目的大字标题："国手刘玉华，轰动上海滩"。1936年她作为中国体育代表团国术队成员参加了第十一届柏林奥运会，这是中华武术首次亮相奥运会，也是中国武术第一次大规模、有组织地在国外献技表演。

通过短暂的集训，刘玉华随同代表团于8月初到达了柏林。当代表团抵达柏林车站的时候，围观的人争先恐后地一边观看中国女运动员的脚，一边交头接耳地议论。刘玉华很奇怪，就问中国留德的学生。他们说："德国人印象中的中国女子都缠足，男子都留小辫子。"刘玉华的脚是天足，是练武术的，她有些小得意，也算争了口气吧。

柏林奥运会于1936年8月1日开幕后，虽然中国代表团所参加的20余个竞技项目成绩不佳，但中国国术队却让世界见识了中华武术的魅力。由于表演节目太多，他们的表演只安排了十五分钟。上场后，中国武术家不论男女，个个站时如山岳，动时如猛虎，窜蹦跳跃，身手矫健。尤其是对打，撩砍扎刺，闪战腾挪，惊险万状。20岁的刘玉华飞步上台，从背上刷地抽出双刀。那一趟抡劈大舞浑似黄河之水天来，但见银光闪烁不见人形，霹雳哗啦声中，双刀耍得出神入化，滴水难进……拍电影的灯光一刻不熄，照相机镁光频闪。这是我国武术首次在欧洲表演，时间虽短，却特别受欢迎，热烈的掌声一浪高过一浪。表演一结束，观众群情沸腾，中国队员谢幕十几次后才退场。

为了满足观众的要求，组委会特意在汉堡大戏院为中国武术队安排了专场演出。接着武术队又应邀到法兰克福、维斯巴顿等城市进行了表演，均受到热烈欢迎，为中国争了光。

张文广：德艺双馨传四海

他，是中国武术教育家，当代"武林三泰斗"之一，被誉为中国武术界的"巨匠"；他，1936年参加柏林奥运会，第一次将中华武术的魅力向世界展示；他，在北京参与创建了我国高校第一个武术系；他，培养出我国第一批武术硕士研究生；他，第一批获得中国武术最高段位——九段；他是中国武术教育事业的开拓者，是新中华武术的先行者。他就是张文广，从开封走出的武术大师。

一

张文广 1915 年出生于开封通许县，从小喜爱武术。10 多岁的时候，他就拜山东冠县的查拳名师张风岭学习弹腿、查拳。1929 年，他跟随查拳名家常振芳学习查拳。为了学好功夫，他早起晚睡，晌午也不休息，一日三遍功，每遍三回拳，

张文广

就是饿着肚子他也练，打下了良好的根基。常振芳又教他4路查拳和兵器，张文广功底扎实，一学就会，平时更是拳不离手。"拳打千遍，身法自如"。后来，常振芳入国立南京中央国术馆进修。张文广尊师教导，日夜苦练，从未间断。3年后常振芳专程回通许带张文广和3个师兄去江苏深造。在江苏，张文广又学了少林、八卦、太极、形意以及猴拳、醉拳等。为了谋生，常振芳推荐他去报考南京中央国术馆。

当年报考者来自全国各地，张文广功底深厚，深受主考官张之江的赏识。遂录取他为当时国立南京中央国术馆三年体育专科最年轻的第六期学员，时年张文广18岁。在南京中央国术馆，每学期都考试，以成绩决定待遇。当时学校设有中国式摔跤课程，由于张文广身单力薄，年纪又小，在学习中吃了不少苦头。于是张文广避开闲人，每天天不亮就在武术场后面一块背阴地里练武。冬练三九、夏练三伏，他武功大增，练就一双"铁腿"。在南京中央国术馆他系统学习了长拳、太极拳、形意拳、八卦掌等各种拳术和器械套路以及散打、摔跤、拳击等对练功夫，为他今后的发展创造了条件。

二

1934年，南京举行了全国中国式摔跤比赛，全国100多名精英云集南京，张文广力挫群雄，荣获轻量级冠军。1935年，当时报纸在"国术国手点将录"中第一个点了张文广的名字。在一次全国武术比赛中，他获查拳、对打、梅花枪、锁扣枪冠军和男子总分第一名。1935年年底，他还参加了由张之江带队的中国武术队赴东南亚一些国家和地区的巡回表演，张文广和队员的精湛技艺在当地引起轰动，华侨们含着热泪看完他们表演的套路对练、硬气功、散打等节目，纷纷捐钱捐物，他们还受到著名爱国华侨陈嘉庚的盛情款待。1936年，张文广在上海参加了第十一届奥运会武术项目选拔赛，获男子组第一名。由国民党政府组团赴柏林、汉堡等地巡回演出，成为当时德国举办奥运会期间轰动一时的事件，在欧洲掀起一股"中国功夫"热。

日军侵华期间，张文广在南京中央国术馆创编了《大刀进行曲》武术套路，并辗转敌后推行武术教学，培养爱国青年。同时深入军队培训官兵，专门训练大刀队砍日本鬼子的脑袋。

　　1952年，张文广在天津和武术界同仁一起进行募捐武术表演，为抗美援朝志愿军捐款。1960年，张文广作为教练带领武术运动员随同以周恩来为团长的中国体育代表团出访缅甸，在仰光等10个城市巡回表演了11场，给缅甸观众和海外侨胞留下了难忘的印象，获得了巨大成功。1980年，张文广率中国体育代表团在日本东京、横滨等9个城市作了43场公演和特别演出，受到日本各界的热烈欢迎。1988年在春节晚会上，74岁的张文广先生表演的查拳依然是神韵十足、不同凡响。

三

　　从1936年起，张文广应聘到上海体育专科学校当武术教员，开始了他的武术教学生涯。1938年至1944年历任国立体育师范专科学校、四川省体育专科学校武术讲师。1949年起任河北师范学院体育系讲师、副教授。1953年开始在北京体育学院（即现在的北京体育大学）任武术教员并长期担任系主任，为国家培养了大批武术人才。1958年他和同仁一起创办了新中国高等学府中第一个武术系，并于1963年招收了我国首批武术研究生。1978年开设了武术专业硕士研究生学制。他最早参与编写出一部我国体育院校武术教材，

张文广在教授学生

为以后武术教学、训练、科研技术、理论研究及发展奠定了基础。

晚年，张文广撰写了《我的武术生涯》一书，他曾经语重心长地教诲他的学生："习武者，会练几套拳术，会耍两下刀、枪、棍不算难。但是要真正理解武术的真谛、内涵，体现武术的神韵、风采并兼具武德，就不是件容易的事了。"他认为习武者武德武艺应和谐统一，体现一种正气、正道。

张文广门下弟子夏柏华、吴彬、张山、门惠丰因都属牛，被誉为"当代武林四头牛"。是张文广甘为"人梯"、甘当"靶子"、甘于"喂招"，给弟子铺设了一条坦途。吴彬曾动情地说："就是恩师传给我的武德技艺，使我培养出了一大批像李连杰这样有出息的弟子。"

鉴于张文广对武术发展的杰出贡献，国家体育总局颁发给他"新中国体育开拓者"荣誉奖。1995年他被评为全国十大武术教授之一，1998年他被授予"中国武术九段"荣誉称号。2009年12月22日，他被国家武术研究院聘任为首批专家委员会专家。

李时灿：革新教育育英才

李时灿，字敏修，河南汲县人，清末民初著名的教育家。书香门第，幼读诗书，天资聪敏，少年时代便显露才华，在县八股考试中，荣获优秀奖。16岁考上了秀才，20岁考取了举人，26岁考中进士，授刑部主事。曾出任河南教育总会会长，河南教育司司长，河南学务公所议长兼优级师范学堂监督，救灾公所所长，河南救灾总会会长，资政院议员。民国以后，又出任河南教育司司长及北洋政府的参议员和众议员。他曾在开封生活工作，在开封施展抱负、挥洒才华。

一

李时灿少年时代便博览群书，饮誉乡里。步入青年，胸怀大志，深感封建教育的误人误国，决心革新家乡教育，为家乡为国家培养新型人才。他于1891年在家乡汲县首倡开展社会文化教育及讲学活动。他与朋友自筹资金，面向社会开办图书流通阅览活动。每月两日聚会，向前来听讲的青少年学生演讲文章，答疑解难，传习时务。并组织他们互阅日记、讨论时事、研究学问。青年时期的李时灿已经成为河南改革封建旧教育推行新式教育的先行者。1892年他考中进士，在北京期间，他目睹清廷政治腐败、国事日萎的没落状况，痛感官场丑恶，对清廷产生绝望情绪。1898年，戊戌变法运动失败，李时灿愤然辞官返豫，致力于在汲县读书学社的建设，大力提倡新学。他要求所有听讲的学生不但自己要努力学习，而且应向自己周围的民众传播宣讲，以期用新的知识振奋民风、振奋民族。李时灿先生反对八股教条，提倡学以致用的教育主张使"汲县读书学社"的事业迅速发展，创建了更大规模的经正书舍。李时灿亲任舍长，邀集各地较有名望的学者来经正书舍任教讲学，研讨学术。李时灿曾在开封明道书院讲学，很受欢迎。嵇文甫曾在经正书舍受过教育，多年以后，他评价李时灿先生这一时期废科举兴办新式学校的活动时称赞说："在清季末年倡导新学驰名中国文坛的有江南的张季直，河北的严范孙，河南的李时灿。"

1906年10月，李时灿先生被任命为河南学务公所议长兼河南省教育总会会长，协同河南提学使掌管全省教育行政。李时灿先生上任伊始便订下《学务管见十六条》，指出要各级各类新学全面变更州县儒学及书院的教法，新设理化、博物、算学、外语、格致等科目，书院学田，庙产概作教育公款，在河南首次对教育的改革、课程的设置、教法的变更、经费的筹措、政策的厘定等，提出建设性意见。"从而，使河南省的许多学校逐步在教学内容方面走向了以近代科学知识和外国语言文字为主的发展道路。"

二

为了更多地培养国家所需的各类人才，李时灿在开封开办了各类专业新学。他亲自担任河南优级师范学堂校长，聘请外籍教员讲授物理、化学，学生不用翻译直接随堂听课。他重金聘请归国留学生，使优级师范学堂中的留学生很快占到1/3，教学质量迅速提高，为全省各级新学的创办提供一个样板。

1907年，在李时灿先生的多方努力下，河南法政学堂（河南大学法科前身）、中州公学相继在开封建校，他还亲自担任了中州公学的总办。他主张教师深入学生中间和学生交朋友，听取学生对教学的意见，以做到"教学相长"。他廉洁奉公，把各方捐款都用于学校建设，从不挪用。他采取中西结合、洋为中用、新旧结合、兼容并蓄的教学方针，对学生言传身教，提倡学术自由。在他的影响下，河南优级师范学堂、河南法政学堂、中州公学三校很快形成了"学术空气浓厚，思想新颖活跃"的良好氛围。李时灿除了忙于全省教育行政事务外，还在这 3 所学校兼任教授中国文学课。后来这 3 所学校成为资产阶级民主革命在河南的重要活动基地和指挥中心。

1912 年，李时灿被任命为河南省教育司司长。他认为学习欧美先进国家的教育体制十分重要，当王敬芳、林启镐提出筹设留学欧美预备学校的建议后，他全力支持，派出自己的得力助手林伯襄、王尚济负责创办。1912 年 9 月 25 日，河南留学欧美预备学校 (今河南大学前身) 建成开学，成为当时全国仅有的两所择优遣送欧美各国大学留学的外语高等专科学校之一。

1913 年，李时灿在教育经费十分困难的情况下，力排众议，筹办"河南公立农业专门学校"。并亲自出面邀请国内外专家到该校担任教授。1913 年暑期，这所学校正式开学。首届招收农、林两科学生各一个班，次年又扩招蚕科学生一个班，成为河南省培养中、高级农业科技人才的重要基地。

1907 年 7 月 1 日李时灿主编的《河南教育官报》出版。这个近代河南省最早的教育杂志为省内各级新学的创办广造舆论，受到全省教育界人士的普遍重视与欢迎。进入民国后他又主编了《河南教育公报》。1918 年 1 月，他创办了专门研究豫省文化教育的学术杂志《河南教育月刊》，并出任该杂志社社长。梁启超亲自为这份杂志题写了刊名，在全国发行。《河南教育月刊》受到当时河南文化教育界人士的普遍好评。

三

1914 年，北洋政府成立清史馆，任命前东三省总督赵尔巽为馆长，准备编修清史。赵尔巽要求先设各地文献征集处。和他有乡情世谊的徐世昌以国务卿身份嘱托李时灿负责中州文献征集工作，"征集中州贤哲遗书，荟萃编录"。赵尔巽也专函敦聘李敏修为清史馆名誉协修，负责征集和整理中州文献工作。李时灿不负众望，很快便征得大量中州文献。据《中州文献征集处现存书目》统计，征集的各种文献至少有 1500 余部。后来，由于军阀混战、时局动荡，李敏修为了保护这批珍贵文献，将其从北平运回汲县。解放后，其子李季禾将保存完好的 738 部、1682 册、3000 余万字的中州文献捐献给平原省图书馆。现存的中州文献，大都是抄本和稿本。有的已成为稀世孤本。

　　1915 年，先生任"中州文献征集处"处长，先后编纂成《中州先哲传》《中州诗征》《书征》《中州学系考》《中州艺文录》等书。作为一介书生，李时灿著述颇丰。他居官廉洁、生活俭朴，在政治上倾向革命。曾因引荐革命党人几遭杀身之祸。1943 年，李时灿病逝，奔丧者络绎不绝，当时的国民党中央政府、河南省政府特地派专使前去吊唁。军政界要员、文教界名流以及八方学子都送来了花圈。

张钫：心系灾民"老家长"

　　冯小刚的电影《一九四二》中，河南名士张钫在河南大灾荒中捐出一半家产救济灾民，他的气度和魄力让蒋介石感到震撼。张钫在开封生活工作较长时间，开封朝阳胡同至今仍有张钫故宅，被列为"河南省文物保护单位"。在开封期间，张钫先后担任河南省政府建设厅厅长、省振务委员会主席、省政府代理主席、国民政府军事参议院副院长等职。他为官一生，身居高位，却心忧黎民、热心公益。在 20 世纪上半叶河南的几次灾荒之中，张钫曾舍饭于开封、施赈于陕西、济灾于乡里。特别是在 1942 年河南大灾荒期间，张钫曾经为了安置河南灾民殚精竭虑、奔走呼告、赈济粮款。在陕西，他主持安置几百万河南难民，他对河南人民有恩，河南人民一直把他铭记在心，把他誉为"老家长"。

1913 年张钫任陕西第二师长照

士志于道明月心

一

张钫字伯英，是辛亥革命元老，著名爱国民主人士，早年毕业于保定陆军速成学堂，曾牵头策划组织辛亥革命西安起义。1929 年河南发生灾荒时，张钫时任河南省建设厅厅长兼赈务委员会主席。当时，豫西地区兵、匪、旱三灾并袭，大批灾民扶老携幼到省城开封求生。当年，张钫主持赈务，多方筹款放赈。1930 年 1 月中旬，河南省赈务委员会在开封下设救济院，下辖三个舍饭场：第一舍饭场在三官庙，第二舍饭场在龙亭，第三舍饭场在贡院。每个舍饭场收容灾民 1700 人至 1900 人，3 个舍饭场近 6000 人。每天两顿饭，9 时和 16 时开饭，保证每人都能吃饱。赈务委员会对在开封的数万名灾民，除安置在舍饭场和用以工代赈的方式解决他们的生计外，还成功组织、动员了一批灾民"作工就食，垦荒牧畜"，到河北省、东北等地落户垦荒。在迁民之前，张钫派员持河南省政府公文，前往河北、吉林、奉天、黑龙江四省，与当地政府协商，做好落户地点、住房安排、土地分配、粮食供给等工作。由河南省政府负责前往灾民的车费，还发给移民每人单、棉衣服各一套，生活费用 10 块银元。张钫这次共计运送灾民 43 批，到东北垦荒难民达 7 万人。相对于当时政府杯水车薪的临时性救济措施，移民垦殖挽救了大批奄奄一息、坐以待毙的河南灾民，是一项很有意义的工作。后来，其他灾民离汴返乡者，张钫让赈务委员会给每人发口粮 30 斤，路费两元。

1941 年，河南出现旱情，收成大减，有些地方甚至已经"绝收"，农民开始吃草根、树皮。加之战祸绵延，河南 92 个县市遭灾。河南沿陇海线南北各县，春季缺雨，北风横吹，麦田几乎绝收。中部各县，麦收不过二三成。豫南各县阴雨连绵，麦子生芽。秋种之后，80 余日，滴雨未见，秋收基本绝收。1942 年，河南旱灾的形式更加严峻，米珠薪桂，致使一般中等人家无法过活，贫苦之家流离失所，鬻儿卖女的事情亦不断发生。

1942 年，张钫家乡新安县推举地方代表远赴西安，找到张钫，请他出面赈灾。老百姓心里想着张钫，因为他以前有过赈灾经验。于是，在张钫的主持下，新安县成立了救灾委员会，张钫任名誉会长，在全县开设 3 个粥场，赈济时间从当年的农历二月至四月止。凡各村非救济不活者，每人每月发票 3 张，每张票可领杂粮 10 斤，附带粥汤。1942 年 9 月 9 日，张钫向国民政府呈报《为移殖豫省灾民五万人，共需三千万元，祈迅予拟发并条陈七事由》一文中写到："钫于十八年曾移七万难民于东北，当时深得各方协助，逃亡甚少，成效尚着，实缘交通工具完备，运送得人，按站给资，沿途招待，使灾民不知痛苦，乐于成行……移民实边有关国防，再四思维，敢不勉竭驽钝，随时秉承，努力以赴。"9 月 10 日，张钫又呈报《移垦河西方案》，具体提出在西安设西北垦务机构，在河南、陕西、河西设立办事处，在沿途适宜地点设招待所，要求"陕甘宁各省政府、西北公路局、各省驿运处、陇海铁路局、各省赈济会等各有关机关，一体充分协助。"

张钫的呈报引起了蒋介石高度重视，蒋介石先后两次以快邮电稿给时任国民政府行政院副院长的孔祥熙："据本会军事参议院副院长张钫折呈拟具移殖豫省灾民开垦河西进行办法意见，附移垦方案前来。查此事于赈救豫灾、开发西北均关重要，最好由农林部于甘省府负责主持为宜。"（《关于张钫呈拟移垦豫省灾民到河西安置致孔祥熙等快邮代电》）"盖宁夏故河套地，土质肥美，易于耕获，现已灌溉成田约计六百数十万亩，其中二百余万亩为有主熟田，二百余万亩为生荒之地，此外二百余万亩原系熟田，历经兵灾匪乱因而成荒者，一经耕种立有收成。先就此地移民垦治，似属简而易举。试以五口为户，每户授田十亩计算，则二百万亩可移二十万户一百万口，若以救济豫灾之资充作移民之费，就逃荒难民加以组织，移往宁夏，似属一举两得。至此项移民居住问题，似可由农行先行贷款建筑贫民住户。"（《关于移民西北开发西部问题致孔祥熙快邮代电》）

1943 年，河南灾情更加严重，旱蝗交错，经久未雨。夏季收成不到一成。秋苗无法播种，种上也早已旱死或萎黄。当年蝗虫所过之处，遮天蔽日，禾苗叶穗被噬食殆尽。老百姓为了生存，只得外出逃荒。5 月起，伴随着饥荒而来的瘟疫也出现，大批河南灾民乘火车或走水路到陕西避灾。当时灾民不断流入西安，把西安四城围了数十公里，男女老少四周席地而居，无吃无喝，

士志于道明月心

更无住处。陕西省政府不许这些灾民在西安城周围停留，于是河南灾民想起了张钫，灾民代表到西安市小南门内冰窖巷八号院张钫门前请愿。张钫先生的儿子张广瑞在回忆文章中也描述了当时的情景："难民代表来到冰窖巷八号请愿，家父给他们讲话，在五味什字街西北中学（张钫创办的难民学校）右侧小门由河南同乡会人员列表名册，给乡亲们发放救济粮款。"张钫目睹西安各街道屋檐下躺着的大批灾民，他们都是从河南来的，其中以黄泛区的人最多。张钫心忧黎民疾苦，当时就以国民政府军事参议院副院长和河南省旅陕同乡会会长的名义，发出请帖，邀请旅陕的河南名人巨商、陕西的重要官绅、国民政府驻陕的军政要员以及社会各界名流、志士贤达50人，齐聚张公馆，动员为灾民募捐。张钫的请帖主要内容如下：

> 国难当头，民蒙大难，自日军发动河南战役，国军以战略撤退为主，致使中原沦陷，日寇铁蹄践踏，无恶不作，水深火热，民不聊生。目前河南百姓，加之黄泛区灾民为逃活命，纷至沓来，云集西安，白天要饭，夜宿屋檐，饿死、冻死者，比比可见。今邀诸公，商议赈灾，仁者爱人，见诸精诚，此一举措，以伸人道，敬请参加，敝宅恭候。

张钫带头将自己在汉中的水田四十顷全部变卖，捐赠救济。在场诸人无不受感动，纷纷为赈灾尽力，此次募捐所得钱粮，可开设5个饭场，供上万灾民用食3个多月。张钫同各路贤达共同议定："成立豫灾救济会，负责募捐、筹粮及收容灾民，推选陕西红十字会会长路禾父主持救济会工作。在西安北关红庙坡、东关岳王洞和韩信寨等地设立收容所。暂借西安市各学校教室，供灾民住宿。逃往陕西各县之灾民，由救济会与当地政府交涉就地安置。登记灾民中有一技之长者，分别介绍工作。与甘肃、陕西两省政府联系，洽商移民问题。"张钫向中央政府财政部长宋子文争取款项救助灾民，并到四川重庆等地声援救灾，想尽各种办法来救助河南大批灾民。在张钫的呼吁下，西安各界呼吁捐款捐物，西安市民每户人家做3公斤馒头集中送到救灾机构发放给灾民吃。

豫灾救济会工作人员根据灾民意见，或让其往西北迁徙落户，或以后返回老家。鄢陵和扶沟两个县水淹了，那里的灾民愿意迁移到西北去安家；新安和渑池一带的人，在1943年麦子成熟时都回家了。迁移到西北去的灾民，沿路都设有难民站，安排住宿和吃饭地方。如果到站和在路途上出事，都由地方上负责。张钫曾将数十万难民分批安排在陕西、甘肃、新疆以及四川广元、成都一带。甘肃张掖、酒泉一带至今还有两个"河南村"，因系河南移民，以示纪念。移民后代每每谈及移民一事，便异口同声说："河南张伯英给迁来的！"

二

为扩大募捐范围，动员更多的人关注此次饥荒，支持赈济灾民工作，张钫还特意组织陕西省文化界戏班子以及河南演艺界名人常香玉、陈素真、崔兰田等到处义演，大力救助。河南演员甚至把演戏穿的衣物、被褥等都捐了出来。张钫通过义演的方式，打造声势，实现全民赈灾。

逃亡西安的灾民，虽有救济，但死亡者时有所闻，张钫又出资在西安郊区购三四亩地，作为"义地"，埋葬河南人尸骨。每年清明，张钫亲自到"义地"扫墓，安慰客死他乡的亡灵。

1945年，抗战胜利后，大批逃到陕西的难民除移垦到西北边陲的大量灾民外，还有200万河南籍百姓没有安置，他们或无家可归，或有家难归，或归无以养等。张钫心忧河南百姓，于是，1946年4月，他在西安写给时任国民政府行政院善后救济总

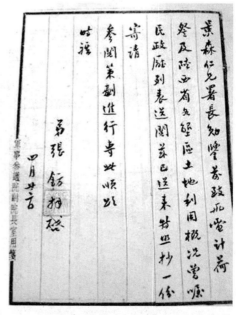

1946年4月22日张钫又致马景森署长信

署河南分署马景森署长三封亲笔信，商议安置灾民事宜。1946年4月11日，张钫致信马景森："贵署派员莅勘，当已专电奉陈，拟请转呈贵总署，早日来陕，筹设办事处，负责救济。"张钫希望开封善后救济总署收容妇孺以减轻家长负担，并且提出"终南山麓及渭南滩地尚可容纳多人，速筹移垦"，建议开展生产自救。并以小本贷款方式给灾民购置农具或者经营生意。当时灾民多蜗居城濠小窑洞，身染疾病，张钫建议在西安、宝鸡、渭南、三原筹建平民住所以安置灾民。4月15日，张钫特地又给马景森修书一封："亟待救济者不过数十万人，统筹施救，尚非甚难，务祈转呈总署，将前电所拟各项，即予核定，以次实施，并在豫陕交界设立接运站，资送复员之难民，暨多带药品，沿途施治，以保健康而免死亡，则惠泽所被，遐迩同钦。"4月22日，张钫先生又将陕西省各垦区土地利用概况列表，呈送马景森。

三

1946年，"河南灾情哭诉团"到了南京请愿，遭遇拒绝。民国政府粮食部部长徐堪态度傲慢。次日除《中央日报》以外的京、沪各大报大都发表了

国民革命军第二十路总指挥张钫的委任状

这一消息。上海《大公报》的标题是《粮食部长官气十足，河南灾情哭诉无门》。后来"河南灾情哭诉团"又到了上海，也没获得支持。他们找到了时任军事参议院副院长寓居上海的张钫。张钫在杜月笙的支持下，在浦东同乡会8楼会议大厅成功举行"豫灾哭诉团"招待会，并邀请到了孔祥熙

开封朝阳胡同张钫故居

参加。孔祥熙当晚的讲话颇为恳切，孔祥熙在赞扬了河南人民毁家纾难的爱国精神，感叹河南人民在抗战中负担奇重之后，深感愧疚地说："多年来，我长期任职中枢，负责行政院工作，目前河南沦为人间地狱，我不能辞其咎。回首往事，深感愧对河南。救灾恤乞，人人有责，救济河南，我更是责无旁贷。我愿解尽绵薄，帮助河南救灾，并希望当局和社会各界，采取有力措施，拯救河南灾民于水深火热之中。"孔祥熙的话虽不多，但影响大，上海许多媒体第二天进行了宣传报道，联合国善后救济署为黄泛区调拨大量物资。在张钫的号召下，京剧大师梅兰芳十分支持救济豫灾，并举行了书画展览，全部收入悉数捐赠给河南。后来国民政府粮食部也下达公文，同意减免河南部分田赋和军粮。

武玉润：身处污浊志不染

裴场公胡同 31 号院乃武玉润旧居。武玉润曾经拒绝袁世凯的邀请，张镇芳在河南的时候聘请他为顾问，后来徐世昌执政的时候他曾任河南图书馆馆长，读过万卷书，行过万里路。20 世纪 20 年代离职后与开封书画家、金石家常有往来，相与甚欢。

一

武玉润，字德卿，1860 年 6 月 12 日生于开封，自幼聪敏过人。其父靠商业起家，开设有钧恒觐鞋帽店、钧恒德、钧恒文汴绸庄、恒裕同鞋店。他晚年生子十分喜爱，见武玉润气质非凡、相貌奇异，便认为小孩儿是个读书的料儿，于是便送入私塾。武玉润勤奋好学，不要父母师长督促便自发学习，19 岁补博士弟子员。光绪十一年 (1885) 考中举人，光绪十五年（1889）中进士，后改为翰林院庶吉士，改刑部主事，补授提牢厅主事，后又升迁为浙江司郎中。在朝廷对官员考核时，其被评为一等，授山东省济南府遗缺知府、署兖州府知府、补沂州府知府。后其调任南昌府知府，再任候补道台，授资政大夫。在补沂水府知府的时候，因圣母去世，而回乡丁忧。其间曾为南阳教谕，丁忧三年未满，授其为江西吉安府知府，深受江西巡抚冯汝骙的信任和赏识。1909 年 10 月，调补南昌府知府，补在任候补道台，授资政大夫（正二品），赏戴花翎。因为抓获不法分子有功，官阶不断上升。

武玉润任职廉洁奉公，身处污浊志坚不染。在刑部做官时，他秉公守法，执法公正。他忧国忧民，关心老百姓的疾苦，为百姓做了不少好事。后来归故里，深居浅出，常闭门谢客。进入民国之后，目睹军阀混战，深恶其黑暗统治，更不愿出来做官。袁世凯与武玉润是旧相识，他为了坐上皇帝的宝座，当时在全国各地网罗人才，寻找支持者，更是大力起用河南籍官绅。袁世凯派人来开封想请武玉润到北京任职的时候，被婉言谢绝。武玉润认为袁世凯是逆流而上，冒天下之大不韪，他弃官回到故里也无心入仕。袁世凯再次请武玉润，又被谢绝。

袁世凯死后，北洋政府的徐世昌也曾多次请武玉润出山。武玉润以宦海沉浮，在外已辗转奔波了20年，不愿再离开家乡为由而推辞。后来，徐世昌一再敦请，无奈之下，民国六年（1917年1月）武玉润答应了出任本省图书馆馆长一职，既不参与政治，又可以启迪民智。

二

河南图书馆馆址在开封市刷绒街西头路北，二曾祠东院的许公祠内。河南图书馆是我国公共图书馆建设较早的省级馆之一，当时居全国第五位。1917年至1922年期间，武玉润任河南图书馆馆长。

武玉润看到图书日增，旧分类法已不适应新的形势。建馆初由明道书院和大梁书院移来图书，加上每年不断购置的图书，再加上由旧文庙内的"平民图书馆"并入河南图书馆带来的书，据1917年统计，河南图书馆有藏书3360多种，100451卷。到1920年藏书增至4340多种，138467卷，另置通俗图书590多部。自清末建馆以来一直使用的是"四库全书总目"分类法，即经史子集四部分类法编制目录。图书的分类、查阅已经受到了影响。因受西方新文化的影响，武玉润想设法寻求一个更恰当的编目法，以利保存、查找和借阅，于是致函北京图书馆及其他省图书馆，向他们取经。武玉润到河南留学欧美预备学校请教，最后决定采用杜威十进分类法改编卡片目录。这使图书管理纳入新规，为河南图书事业作出了重要贡献。

河南图书馆除开展借阅外，还设有阅书室，为读者提供报纸杂志、金石陈列室，陈列碑刻原件和拓片、标本陈列室，陈列动物标本以及矿物标本。开封及河南许多知识界人士，尤其是青年学子更是喜欢留恋图书馆，此馆成为学校教育的第二课堂。许多人终日在馆内阅读、写作。与此同时，武玉润还要求开展解答问题、代为查找资料等群众服务工作。虽然是一个图书馆，实际却办成了一个"平民教育馆"。在当时的社会条件下，他为把图书馆办好，使其在社会上发挥更大的作用而竭尽了全力，显示出了淳淳人文情怀。

三

武玉润家境殷实，家中不仅有大生意，城东汪屯还有田地，日进斗金，富甲一方、吃喝不愁。据他的儿子武大椿回忆，武玉润生活非常简朴，平时吃素食、不饮酒，只在宴会、喜庆时饮一些黄酒，酒量很大，但从不喝醉。不讲究穿着，平时穿长袍马褂，有时着便装。生活也很有规律，上午读书看报、练练书法。下午会友或下棋，多下围棋和象棋。有时也去看戏，尤喜豫剧。一生勤奋好学，手不释卷，虽家藏书万卷，但仍常常去亲友或图书馆借阅。遇有亲友、族人来看望、请教，总是热情接待，尤其对青年人更是谆谆教诲。书案上常放一本历书，封面上写着："关心时序增旧岁，屈指年华到古稀。天道悠悠深未测，更需发奋读书籍。"书案上除一些文房四宝等文具外，还有一个竹制印规，就是盖章时定位的工具，为了防止印章盖偏、盖歪。印规上刻6字，绿色涂抹："行虽园而内方"。既是座右铭，也是以此明志。

1922年1月，武玉润退休在家。他闭门谢客，安享晚年。读书、写字、收藏，与书法家郦禾农、书画家邹少和以及金石家、鉴赏家等文人雅士闲居品茗、论道。1932年农历7月20日因病逝于开封市裴场公胡同东头的寓所。

后　记

　　城是我们的归宿，再黑的夜，都有不眠的灯。再长的路，都有不夜的城。这个世界，只有这座城，不语，但也不弃；相处久了会有牢骚，暂时离开又会念叨，甚至，刚一转身，就想念……

　　19年前，我孤身来到这座城，年少轻狂；19年后，我敬畏这座城，心怀感恩。无数次行走在古城的街巷，无数次被这座城深深感动。一个矛盾的名字，却在史书上书写了最潇洒的瘦金体和最经典的长短句。四合院摇曳的竹影，小胡同幽暗的路灯，夜市悠扬的叫卖声，相国寺的霜钟，还有铁塔的风铃。繁塔的砖雕充满慈悲，门楼的抱鼓石镌刻了画梦。杨柳依依，龙亭湖的浩淼湖水闪烁皇家气度，胭脂河、矾楼的风流传播着故园风情，杨家将留下忠烈故事，双龙巷的确卧虎藏龙。

　　这个城熟稔得仿佛老家，她包容我的一切。少年时代，在乡下，一粒种，植土中，生根发芽并成风景。那时我常常惊叹泥土的神奇，敬畏造物主的万能。后来，入城市，一度迷茫和迷恋后融入老城，10年奔走，收购方志，拍摄建筑，寻访文化老人，抢救散落的历史，沉陷于城，不能自拔。我在发黄的书卷中阅读过东京梦华，我在珍存的档案中寻找梦里开封，我在宋代故地、明清文献、近代建筑中寻找帝都开封。

　　多年来，我依然以农民子弟的虔诚来对待城市的世界，纵是田间的一棵野草，也缀满夏夜晶莹的露珠。一度怀揣少年之梦迷茫于城，多年后才明白，唯有脚下的土地最真实，只有融入野地才会破茧，才会飞翔。城市也如家乡土，播种会有收获。农人土里刨食，而我却开始在废墟中寻找精神食物，楼虽高亦不胜寒，也不敢高声语，脚踏土地我心才安稳，穿越街巷的尘风，触摸消瘦的青砖，捡拾遗落的瓦当，仿佛捡起童年旧时光。徜徉老街区，仿佛玩耍在故乡。于是我明白，这是宿命，他乡住成了故乡，城市变成了梦乡。熟悉抑或陌生都注入了一种感情。这里和那里都是我耕耘的大地，都将是我战死的沙场和葬我的黄土。

这城给了我衣食住所，给了我喜悦欢乐，有我记忆之墙，有我青涩之路，和她相处付出和收获不成正比，往往我种一粒芝麻却长一个西瓜，我要一点阳光却是一片晴空，于我而言，没有城能如此博大、无私、奉献，如果一定要比做一个人的话，那就是母亲。如果我是歌者，我要用歌声献给这座城：歌唱如画的家园，歌唱她的快速发展，歌唱她深厚的文化积淀。开封最值得保护的是历代建筑，那么多的历史街巷，那么多的名人故居，那么多的清代小式建筑，那么多的沧桑门楼。虽然繁华成旧影，虽然风流总被雨打风吹去，但是，精华还在、底蕴还存、韵味还在……

谁会在意一棵草的荣枯，一朵花儿的开合，一抹风的温冷，一丝雨的甜咸，甚至一只蚂蚁的寻路，一粒尘埃的浮沉。谁会在尘世中梦回大宋，在市井中怀想宋词、年画，在老街中寻幽、访古。回望一棵柿树上的风景，享受一片红叶的宁静，寻觅门楼上长出大树的生命奇迹。浪迹废墟，煮字疗饥。

多少繁华事尽付笑谈中，多少烟雨楼尽在城撮城。多少遗民的泪水打湿胡尘，多少香车宝马化作烟云。多少淤泥的淹埋不及一棵古槐的挺拔，多少战火的灾难烧不尽一棵草的不屈，万千繁华，也盖不过一粒砂的伟大。

感谢这座城，向古城致敬。感谢众多师长朋友，向你们致谢。这本书大部分稿子源于《汴梁晚报》"名人与开封"专栏，是副刊部主任赵国栋和龚蘡编辑的策划，"名人与开封"专栏才做成了品牌。恩师郭灿金，给予我多年帮助，多年师生成兄弟，该书从选题策划到编写完成都离不开他的支持。兄长张天良不仅是工作上的领导，还是我写作上的老师，多年来我的文字离不开他的指教。感谢作家赵中森老师，在我写作陷入瓶颈的时候，我曾找他指点迷津，而他对文化的"拾荒"给我树立了一面旗帜。感谢我的母亲王乐真，教我学会做一个正直的人，她不识字却把我培养成才，还有我的父亲刘金祥，年过花甲，依然热爱黄土地在老家耕耘，供应我们绿色的粮油和干净的米面。感谢我的妻子恩慧，她是上帝对我的恩慧，10多年来跟我吃苦受累却默默支持我的业余爱好并成就我的今天。感谢著名专栏作家李开周先生，多次的交流和启发，使我不断开阔视野提高能力。感谢任崇喜兄长经常对我文章的指点，感谢报社的马丽编辑，她经常催逼我加班去完成一版版稿子，感谢汴梁博客圈的诸位朋友，赵西红大姐的热心执着，王学春老师的大家风范……还有很多朋友，在此不再一一写出，千言万语，难以表达谢意。

刘海永

2014 年 4 月 12 日于古城开封